中央党校（国家行政学院）
离退休人员科研成果资助出版项目

欧洲联盟与中国

赵伯英 著

人民东方出版传媒
People's Oriental Publishing & Media
東方出版社
The Oriental Press

图书在版编目（CIP）数据

欧洲联盟与中国 / 赵伯英著. -- 北京 : 东方出版社，2022.3
ISBN 978-7-5207-1397-9

Ⅰ.①欧… Ⅱ.①赵… Ⅲ.①中外关系—研究—欧洲联盟 Ⅳ.① D822.35

中国版本图书馆CIP数据核字（2021）第243855号

欧洲联盟与中国
OUZHOU LIANMENG YU ZHONGGUO

责任编辑：张晓雪　李小娜
出　　版：东方出版社
发　　行：人民东方出版传媒有限公司
地　　址：北京市西城区北三环中路6号
邮　　编：100120
印　　刷：北京汇林印务有限公司
版　　次：2022年3月第1版
印　　次：2022年3月第1次印刷
开　　本：787毫米 ×1092毫米　1/16
印　　张：22.5
字　　数：295千字
书　　号：ISBN 978-7-5207-1397-9
定　　价：78.00元
发行电话：（010）85924641　85924738

目录

下编　波折与进展

导 言

区域一体化和经济全球化是当代世界上具有深远影响的两大趋势。随着经济全球化发展趋势加快，区域一体化蓬勃发展。第二次世界大战后开始的欧洲一体化不断深化和扩大，从单一经济领域扩展到多个领域，从经济一体化走向政治一体化，经历了欧洲煤钢共同体、欧洲经济共同体、欧洲共同体、欧洲联盟等发展阶段，已成为区域一体化建设的范例。目前，大多数区域一体化组织还处于一体化的初级阶段，而欧洲联盟则是当今世界上规模最大、一体化程度最高的区域性经济和政治联盟，是塑造当今国际体系中的一支重要力量，在国际事务中发挥着重要作用。与世界上其他大型国际组织不同，欧洲联盟是一个独特的、集经济实体和政治实体于一身的超国家组织，在贸易、农业、金融等方面近似于一个联邦国家，而在内政、防务、外交等方面则类似于主权国家组成的联盟。《欧洲联盟与中国》收录作者发表的关于欧洲一体化进程和理论、欧洲联盟建设、中欧关系及相关方面的文章。全书编为两个部分，上编为“进程与理论”，下编为“波折与进展”。下面是对两编内容的简略介绍。

一、进程与理论

本书上编中的文章主要论及欧洲一体化进程与理论、“欧洲统一”观念、欧洲联盟的超国家治理、国家主权与主权让渡、欧洲文化与认同、认同危机与文化建设、欧洲议会选举、英国大选、德国大选等方面的内容。

欧洲一体化是一个渐进的、不断深化和扩大的进程，其中交织着欧洲国家的各种利益诉求、冲突与合作，也包含着国家主权和超国家权力的矛盾和调适。为了深刻认识欧洲一体化启动和发展的动力，《“欧洲统一”的源流及历史遗产》探讨欧洲漫长历史进程中形成的同一性和多样性，指出基督教文化渗入欧洲社会，希腊罗马古典文明与日耳曼文化结合在一起，形成了欧洲文明的基础。西欧是一个基督教化的信仰共同体，拥有特征鲜明的欧洲文明，孕育了一种“欧洲人”的自觉意识，即“欧洲观念”。近代以来，民族国家逐渐形成，国家主权的观念进一步确立，国家利益在政治生活中起支配作用。各民族国家形成了各具特色的民族文化，其个性表现在语言、文学、习俗、观念、生活方式等各个方面。因此，欧洲既是一个具有同一性的欧洲，是“一个心照不宣的大民族”，又是一个由各民族国家组成的、具有多样性的欧洲。该文论述在欧洲同一性和多样性的基础上欧洲统一观念的形成和发展，评析但丁、圣皮埃尔、卢梭、康德、圣西门等人以欧洲统一来消除战争、实现和平的探索，以及他们提出的和平方案。该文讨论第二次世界大战后欧洲各国走上联合道路的动因，包括紧迫的战后经济重建、悬而未决的“德国问题”、“苏联的威胁”、欧洲统一运动的发展、欧洲联合声势的高涨、“马歇尔计划”的要求等内外因素。欧洲人在联合的目标、路径选择、机构性质等方面存在种种分歧，反映了国家主权和超国家治理的内在矛盾。舒曼计划的实施在“国家主权的城堡上”打开一个缺口，国家主权的让渡和欧洲煤钢共同体的建立使欧洲 6 国走上一体化道路。维护和平、保证国家安全和实现经济复兴是欧洲各国的最大利益，国家主权的维护和让渡始终是欧洲一体化进程中矛盾的焦点，欧洲一体化在重重阻力中向前发展。

欧洲一体化是指第二次世界大战结束以来，欧洲 6 国从建立欧洲煤钢共同体开始，进而建立欧洲经济共同体、欧洲共同体，直到欧洲联盟的历史过程。在欧洲一体化进程中，欧洲各国以让渡部分国家主权、建立超国家机构为标志，不断推动经济融合，并且逐步推进社会与政治融合。《欧洲联盟（欧盟）及中国与欧盟的关系》论述欧洲一体化逐步深化和扩大的进程，探讨欧洲联合和一体化的背景和动因，分析一体化进程中“联邦主义”和“联盟主义”理论和主张。联邦主义者主张建立以政治一体化为目标、拥有超国家权力机构的共同体，最终目标是建成一个“欧洲联邦”，而联盟主义者则主张建立仅限于经济领域、实行政府间合作的联盟。该文阐述欧洲经济货币联盟和欧洲政治联盟建设，包括关税同盟、内部统一市场、共同农业政策、共同外交与安全政策、共同安全与防务政策、司法与内务合作等方面的进展，讨论欧洲一体化过程中面临的挑战，包括主权让渡、超国家机构职能、超国家治理等问题。该文还论述中国与欧共体建交以来中欧关系的发展，阐释中国对欧洲一体化的态度和发展中欧关系的原则，叙述中欧建交以来特别是 20 世纪 90 年代中期以来双方开展经贸合作、发展面向 21 世纪的健康稳定的建设性伙伴关系、建立年度领导人会晤机制等方面的情况，进而分析中欧关系中存在的问题和发展前景。

欧洲一体化启动以来，学术界从不同角度和侧重点出发，探讨欧洲一体化进程、动力、性质、运行机制、治理体系和根本目标等，提出多种相互竞争的一体化理论或范式，试图说明欧洲一体化的合理性、合法性和发展前景。《欧洲一体化理论及其未来》评析欧美学者提出的欧洲一体化理论，主要是诠释和比较新功能主义、相互依赖理论、新联邦主义、政府间主义、自由政府间主义等，并把这些理论大致上归入现实主义和自由主义两派。其中，解释力较强、真正可以称为“宏大理论”的是新功能主义和自由政府间主义。欧洲一体化理论的发展以及各种理论间的争论，是与欧洲一体化进程的基本走向和阶段性特征密切相连的。欧洲一体化实践和一体化理论相互影响、相互作用，一体化的实践为各种一体化理论提供了实验场所，一体化理论在一体化进程中不断丰富和发展，并希望能为一体化进程提供行动指南。各种理论流派之间既相互争论又相互借鉴，或者通过借鉴其他学科的理论成果进行修正。总体上看，由于欧洲一体化特有的复杂性，迄今没有一种理论能够对欧洲一体化进行全面、充分的解释。多种理论的综合创新可能是未来一体化理论发展的趋势。该文通过剖析欧洲联盟的结构特征和机构职能来说明其体制的性质，认为欧洲联盟是“一个具有联邦特征的国家联盟”，进而阐述欧盟改革和制宪的新进展，预测欧洲联盟的超国家主义色彩会更为浓厚。

根据国际法的定义和国家主权原则，当今世界上形形色色的国际组织只能是“国家间”性质，而不具有“超国家性”，不能侵犯成员国主权，不能干预本质上属于成员国管辖的事务。然而，在欧洲一体化进程中，成员国通过让渡一部分主权，设立超国家性的机构，构建超国家性的法律秩序，创设超国家性的治理体系，形成了一种新的欧洲经济政治秩序。《主权观念和欧盟成员国的主权让渡》剖析这种主权让渡现象对传统主权观念和国家主权原则的严峻挑战，讨论博丹、格劳秀斯、霍布斯、卢梭、洛克、黑格尔等人关于主权的论述，阐述近代以来国家主权理论的发展，界定主权观念和国家主权原则。根据公认的国家主权原则，国家主权体现为国家对内的最高权和对外的独立权。该文讨论欧盟的职能、权力、运作方式以及欧盟机构与成员国的关系，指出成员国采用特定授权方式向欧盟让渡了一些权力，辅助性原则增加了欧盟机构的行动权，欧洲法院对条约的解释扩大了欧盟机构的权限，欧盟机构具有超国家性，因此欧盟是一个特殊的、具有超国家性的组织。该文考察欧盟法律体系、立法和司法程序以及欧盟法与成员国国内法的关系，指出欧盟法构成一种自主的法律秩序，直接效力原则和优先适用原则体现了欧盟法的超国家性，进而说明欧洲一体化的实践丰富和发展了国家主权理论，认为主权观念是随历史进程而演化的，国家主权是可分的，是可以转让和共享的，同时也指出国家主权原则并未过时，就当今国际关系的实际而言，国家主权原则是必须维护的。

欧洲一体化进程是主权国家逐步向超国家机构让渡主权的过程，同时也是寻求超国家机构和成员国之间权力平衡的过程。随着成员国让渡越来越多的职能和权力，欧洲联盟建构了一种新的经济政治秩序，在一定程度上实行超国家治理。《欧洲一体化与超国家治理》回顾欧洲一体化进程，探讨其中重大的主权让渡情况，指出欧洲一体化以向超国家机构逐步让渡主权为基本特征。主权让渡是欧洲一体化发生和发展的必要的前提条件，而欧盟法律体系近似于联邦法，是欧盟实现超国家治理的保障。欧盟设立超国家机构，采取超国家性的决策方式，实行多层面的治理，具有联邦制的一些结构特征，体现了超国家主义和政府间合作的微妙平衡。该文讨论菲舍尔关于“建立完全议会化的欧洲联邦”和签署“宪法条约”的倡议，考察欧盟推进体制改革、筹备制宪的进程，指出改革进程不会一帆风顺，其结果未必是三个支柱完全合并的欧洲联邦，欧盟的结构和体制可能继续维持政府间合作和超国家治理的混合形式，但欧洲一体化的进一步发展则具有必然性。

欧洲文化为欧洲一体化提供了一个广阔的人文背景，深刻影响欧洲一体化进程，促进欧洲民众多重认同建构和重构。欧洲一体化和欧洲认同相互促进，决定欧洲建设的未来。《欧洲一体化中的文化与认同问题》论述欧洲文化的形成和发展，提出欧洲文化孕育了欧洲意识和欧洲认同，论证共同的文化渊源、共享的基本价值、本质上相同的民主政治制度和市场经济体制以及相似的法律体系，是欧洲一体化启动和发展的重要条件。该文讨论欧盟文化政策和欧洲文化认同构建，指出欧盟试图通过实施文化政策，弘扬欧洲传统和文化遗产，促进文化交流和融合，推进欧洲文化建设，从而培养欧洲意识和文化认同，为欧洲一体化奠定坚实基础。该文讨论欧盟制宪与欧洲政治文化建设的重要意义，即以新的共同的政治价值观为基础构建欧洲公民身份，在欧洲多元文化社会里形成以共同利益和政治文化为基础的欧洲认同，进而探讨构建欧洲集体身份和欧洲民众多重认同的前景。

随着经济全球化的深入发展，“认同危机”问题日益显现。《全球化、认同危机与文化建设》在界定民族、认同、民族构建、国家建设等基本概念的基础上，探讨民族认同、文化认同和国家认同的关联性，进而论述中华民族与民族文化的形成和发展，提出中华民族文化具有强大的生命力、整合力和包容力，成为中华民族安身立命的精神家园和生存发展的力量源泉。该文分析经济全球化对国家认同、民族认同和文化认同的冲击，讨论中外文化冲突在中国造成的文化认同危机。文章探讨近代以来中外历史上出现文化认同危机的教训和启示，指出中华民族的伟大复兴就是中华民族文化的伟大复兴，强调要继承和弘扬中华民族优秀传统文化，吸收整合世界先进文明成果，建设中华民族现代新文化，强化公民的文化认同。中华民族强大的凝聚力和强烈的文化认同是在参与经济全球化进程中实现中华民族伟大复兴的根本保障。

欧洲议会是世界上唯一一个直选的超国家议会。2009 年 6 月 4 日至 7 日，欧盟举行其历史上规模最大的欧洲议会选举，27 个成员国的选民选出了第七届欧洲议会的 736 名议员。《2009 年欧洲议会选举及其影响》一文考察和分析这次选举的突出特点：选民态度冷漠，投票率创历史新低；多数成员国的执政党遭遇挫折；欧洲议会内右翼党团扩大，左翼政党衰退，极右势力取得突破，一些边缘小党获得席位；议会构成发生变化，但传统格局基本未变。该文探讨出现这些特点的多种因素，主要是欧盟民众对欧洲议会缺少深刻认识，在全球金融危机的冲击下民众更易于接受右翼政党的政策主张，民众的欧洲认同意识依然薄弱。成员国公民的利益主要是在欧盟和国家这两个层次上实现，但民众的欧洲认同薄弱，这一直是欧洲一体化深化的内在障碍，也是此次选举投票率低的主要原因之一。论文探讨欧洲议会选举结果的影响，包括影响成员国国内政治，暴露欧盟“民主赤字”，维持议会内部力量均衡等，并且指出欧洲议会选举结果可能使欧盟在推进欧洲市场统一方面更加谨慎，采取更加保守的议程；欧洲议会主要党团会继续辩论与合作，推进欧洲一体化进程。

2010 年 5 月，在英国经济遭受金融危机打击后开始缓慢复苏的形势下，英国举行了议会选举。《英国大选和新政府面临的挑战》阐述这场充满悬念的选举过程和“创造历史”的结果，即出现1974年以来第一个“无多数议会”、第二次世界大战结束以来第一个联合政府、英国有史以来第一个保守党—自民党联合政府，以及自民党人第一次进入内阁。文章剖析工党败北的原因，主要是在工党政府领导下英国经济进入1955年以来持续时间最长的严重衰退，工党政府形象因一系列政治丑闻而受到严重损害，追随美国参加伊拉克战争和阿富汗战争，工党内部派系斗争引发政治危机，竞选纲领缺少足够的吸引力，布朗本人缺少领导人魅力和灵活的应变能力。该文分析英国历史上第一个蓝黄联盟的施政纲领和面临的严峻挑战，指出新政府的内政和外交政策框架融合两党的政策主张，中右政党和中左政党明显差异的政见将造成联合政府的脆弱性和不确定性，新政府在财政政策、选举制度改革等方面会遭遇困难，在欧洲政策、英美关系等方面可能出现新的变化。

在欧洲债务危机肆虐的背景下，大多数欧元区成员国政府接连被民众用选票赶下台。然而在2013年9月举行的德国第18届联邦议院选举中，中右政党联盟党（基民盟/基社盟）战胜中左政党社民党，默克尔三度连任政府总理。《2013年德国大选评说》论述德国联邦议院选举的结果，探讨联盟党获胜和默克尔连任总理的主要原因，分析新政府的欧洲政策走向。此次选举改变“五党并立”的格局：联盟党和社民党分别保持第一大党和第二大党的地位；左翼党和绿党得票率下滑，但获得进入联邦议院的资格；自民党得票率未能跨过进入联邦议院必需的5%得票率门槛，成为这次选举的最大输家。默克尔领导的联盟党之所以赢得大选，主要是多数民众充分信任默克尔的执政能力。默克尔的政绩、个人魅力、竞选策略、政策主张使联盟党毫无悬念地赢得选举。新政府会继续保持内外政策的连续性，基本上会实施现行的欧洲政策，积极推进欧洲一体化，坚定地维护欧元。在解决欧洲债务危机的过程中，德国会继续发挥主导作用，推进欧元区制度建设，强调标本兼治，推进欧元体制改革；推动欧元区成员国向欧盟机构让渡相关领域里的政策制定权和执行权，赋予欧盟机构在一些领域里的最终话语权，从而奠定欧洲一体化深化的基础。

二、波折与进展

本书下编收录进入21世纪以来发表的一些文章，主要是论述21世纪欧洲一体化进程中的波折与进展，包括欧元的启动和发展、共同防务建设、全方位的外交、欧盟制宪、《里斯本条约》、债务危机、中欧关系等方面的内容。

欧元是欧洲经济一体化最重要的制度性成果，欧元问世不仅深化了经济一体化，而且促进了政治一体化进程。1999年1月，欧元以强币姿态进入汇市，然而流年不利，欧元汇率持续不稳，连创新低。最初欧元对美元的汇率为1∶1.1877，此后一路下滑，一年多的时间跌至1∶0.9365的水平。《坎坷但坚定前行的欧元》一文探讨欧元汇率持续下滑的原因，主要讨论三个方面的问题：欧元区大国经济相对疲软，而美国经济持续强劲，二者形成强烈反差；欧元区和美国实行不同的货币政策，欧元和美元之间利率差显著，使美元持续走强；科索沃危机、北约对南斯拉夫的轰炸、欧元区内关于欧元汇率的分歧、意大利财政赤字超标和政府危机等一系列事件，冲击了市场对欧元的信心。但是欧元的成就不可低估：欧元基本上站稳脚跟；保持欧元区内价格稳定，并促进经济复苏；促进欧元区成员国财税、管理、工资、社会福利制度等多方面的改革；欧元债券发行量猛增，欧元成为全球第二大储备货币和重要的贸易结算货币。另外，还应高度评价欧元增强欧盟地位、促进政治一体化的作用。从发展趋势来看，欧元会日益坚挺，汇率逐渐走强，欧盟将因此而在世界舞台上发挥更重要的作用。

《马斯特里赫特条约》确立了欧盟大厦的三个支柱，其中共同外交与安全政策是与欧洲共同体事务和司法与内务合作并列的第二大支柱。欧盟把实行共同防务政策作为共同外交与安全政策的重要组成部分，要以此增强欧洲的统一性和独立性，促进欧洲和世界和平、安全与进步。《欧盟致力推动共同防务建设进程》一文探讨欧洲共同安全与防务方面进展缓慢的原因，讨论欧盟成员国在发展欧洲防务特性方面的分歧以及美国的干扰，阐述欧盟加快共同防务建设的一些重要因素以及新的进展。该文论及 1998 年 12 月法英首脑圣马诺会晤和联合声明的重要意义、科索沃战争对欧盟成员国的刺激作用、1999 年 6 月欧盟首脑科隆会议关于加快欧洲共同防务建设的决定、1999 年 12 月欧盟首脑赫尔辛基会议关于在共同外交与安全政策框架内建立并启动欧洲共同安全与防务政策的决议，列举了为落实科隆会议精神和赫尔辛基会议决定而采取的具体行动，包括制订欧洲共同安全与防务计划、成立共同安全与防务机构、组建快速反应部队等。根据欧洲一体化的发展逻辑，欧盟成员国在启动欧元、建成经济货币联盟的同时，必然会加快欧洲政治一体化进程，推进共同安全与防务建设，以欧洲防务力量来捍卫“欧洲的安全和利益”，逐渐摆脱对美国的依赖。

欧元的启动标志着欧洲经济与货币联盟的形成，而共同外交与安全政策的逐步实施，尤其是共同防务建设方面的突破，则标志着欧洲政治联盟建设的重大进展。《推进全方位外交的欧盟》阐述欧盟实施共同外交与安全政策的方略，以及谋划并推进全方位外交的举措。欧盟以整体实力为依托，强调欧洲特性，加强同世界主要力量的协调，构建以欧盟为主导力量的欧洲格局，并且调整欧美关系、欧俄关系、欧亚关系等，扩大在世界上的影响，谋求在世界上发挥与其经济实力和政治地位相称的“大国”作用和影响。欧盟把“稳定欧洲大陆”作为“主要战略目标”，制订并逐步实施大规模东扩计划，对中东欧国家实行经济和政治双重整合，构建欧盟主导的地缘政治格局。欧盟在防务、环保、贸易、巴尔干和伊拉克等问题上同美国产生严重分歧，开始全面调整欧美关系，在继续同美国保持密切协调与合作的同时，批评和抵制美国的“超级301条款”“导弹防御计划”“环保政策”“单边主义”，谋求在政治上独立自主，改变在战后形成的欧美不平等关系。欧盟调整对俄外交方针，确立以政治对话取代对抗、以扩大交流取代孤立的战略思想，发展同俄罗斯的合作伙伴关系，扩大经济、安全领域里的合作，促进俄罗斯的“稳定、民主和繁荣”，逐步将俄罗斯融入欧洲发展进程。欧盟重视全面拓展同亚洲的关系，改变欧美亚三角关系中欧亚关系滞后的局面：通过召开亚欧会议，加快推进亚欧合作，构建亚欧全面伙伴关系框架，确定贸易自由化时间表。欧盟通过全方位外交在世界舞台上显示了力量和影响，开始改变“经济巨人，政治侏儒”的形象；在一定程度上发挥了平衡作用，促进了多极化趋势的发展。

欧盟制宪是欧洲一体化进程中的一个重要事件，《里斯本条约》是欧盟陷入制宪危机后在《欧盟宪法条约》基础上修改而成的一份重要文件。2007年12月13日，欧盟非正式首脑会议在葡萄牙首都里斯本签署被视为《欧盟宪法条约》简化版的《里斯本条约》。《〈里斯本条约〉：欧洲一体化的新起点》一文阐述了《里斯本条约》的主要改革内容。《里斯本条约》保留了《欧盟宪法条约》的实质内容，对欧盟机构设置和决策机制进行大刀阔斧的改革，包括设立欧洲理事会常任主席职位，取消半年轮值主席国制度；设立欧盟外交和安全政策高级代表一职，全面负责欧盟对外政策；缩小欧盟委员会的规模；扩大“有效多数表决制”决策的范围；扩大欧洲议会在立法、预算以及政治控制方面的权力，让成员国议会在欧盟决策过程中发挥更大作用等。《里斯本条约》纳入《欧盟基本权利宪章》，以保护欧盟活动领域里的公民权利、政治权利、经济权利和社会权利。《里斯本条约》为欧盟推进运行机制改革和深化政治一体化提供了必要的法律框架和工具，有助于保障公民权利、提高欧盟运行效率和民主合法性，避免陷入机构庞大、运转失灵、议而不决的局面，使欧盟更现代、更高效、更民主，具有更强的行动能力。《里斯本条约》依然面临着诸多挑战，但是无论如何，《里斯本条约》为欧盟的未来绘制了蓝图，成为欧洲一体化进程中一个重要的里程碑。

2008 年 2 月 20 日，《里斯本条约》获得欧洲议会批准，此后交由欧盟成员国批准，预定于 2009 年 1 月 1 日生效。为确保《里斯本条约》顺利完成批准程序，欧盟 27 个成员国中有 26 国选择议会表决方式来审批，只有爱尔兰因本国法律的要求而举行全民公决。《欧盟改革进程再遇危机》一文阐述爱尔兰 2008 年 6 月 12 日举行全民公决的经过以及否决《里斯本条约》的结果，探讨引发条约批准危机的原因。反对派认为《里斯本条约》的一系列改革措施威胁爱尔兰的国家自主权和国家利益，例如改革决策方式、按成员国人口分配欧洲议会席位等措施，会削弱爱尔兰在欧盟决策中的影响力；“共同防务条款”和“团结条款”会损害爱尔兰奉行的中立立场；在更多领域里实行共同政策，会迫使爱尔兰改变企业税率，削弱繁荣的爱尔兰经济；《欧盟基本权利宪章》将迫使爱尔兰修改相关的国家法规，冲击爱尔兰文化和社会生活。反对派进行大量宣传鼓动，利用民众对社会现状的不满以及对未来不确定因素的忧虑和不安，通过投票否决了《里斯本条约》。爱尔兰的否决造成一次严重危机，打乱了欧盟改革的全盘计划，严重影响欧洲一体化进程，引发欧盟内部矛盾。但是欧盟成员国不会停止欧洲一体化的步伐，而是努力找到走出危机的办法，因为通过深化改革来推进欧洲一体化，符合欧盟成员国的根本利益。

2009 年 10 月 2 日，《里斯本条约》在爱尔兰第二次全民公决中以 67.1% 的支持票获得通过，这个旨在深化欧盟改革、推进欧洲一体化的条约向正式生效迈出重要一步。《爱尔兰全民公决成功的多种因素》探讨爱尔兰全民公决中《里斯本条约》获得绝对多数支持的原因：欧盟首脑会议就爱尔兰的要求作出让步和承诺，打消了爱尔兰民众的疑虑；全球性金融危机导致爱尔兰经济衰退，促使一些反对者转入支持者阵营；爱尔兰政府广泛深入的宣传对爱尔兰人产生一定的心理影响，多数人决定继续留在欧洲大家庭里；更加便利的投票措施提高了投票率。投票结果反映了多数民众的意见，即认为《里斯本条约》的实施有助于增进爱尔兰和欧盟的根本利益。《里斯本条约》在爱尔兰全民公决中成功过关，消除了条约批准过程中的一大障碍，对欧盟深化改革具有重要意义。

《里斯本条约》是欧盟制宪受挫后形成的一个重大成果，是欧洲一体化进程中的重要法律文件。《爱尔兰第二次全民公决及其后的欧盟局势》阐述《里斯本条约》的由来及其在爱尔兰全民公决中遭遇的挫折，分析爱尔兰第二次全民公决成功的因素，进而论述爱尔兰全民公决成功的积极影响，包括促使持保留态度的波兰总统兑现承诺，签署《里斯本条约》，也将促使以“疑欧派”著称的捷克总统作出妥协，除了签署条约之外别无选择。欧盟迈过《里斯本条约》批准过程的这道坎，从《尼斯条约》时代走向《里斯本条约》时代，将全面推进组织机构、运行体制和决策机制的改革，以更强的行动能力应对各种挑战。

2009 年 11 月 3 日，捷克总统克劳斯在一片呼吁和批评声中签署了《里斯本条约》，捷克成为欧盟 27 个成员国中最后一个签署国，至此《里斯本条约》批准程序全部完成，于 2009 年 12 月 1 日正式生效。《欧盟进入一个新时代》一文阐述捷克批准《里斯本条约》的过程，讨论捷克总统反对《里斯本条约》的理由，揭示成员国领导人在欧洲一体化路径选择以及国家利益方面的分歧。在捷克总统看来，《里斯本条约》赋予欧盟的权力过大，侵犯了成员国的民主特性和国家主权，损害成员国的国家利益，但是在国内外的强大压力下，在欧盟对克劳斯提出的条件作出让步之后，克劳斯也只好作出妥协。《里斯本条约》正式生效，扫清了欧盟深化改革的一个政治障碍，也有利于加快其他国家申请入盟的谈判进程。欧盟进入一个历史性变革的新时代，将全面推进欧洲一体化进程，开始展示一个准联邦的形象，成为当今世界舞台上发挥重大影响的政治力量。

2009 年 12 月希腊政府公布过高的财政赤字和巨额公共债务，全球三大信用评级机构相继调低希腊主权信用评级，由此拉开希腊债务危机的序幕。欧盟经历金融危机后经济开始复苏之际，希腊陷入债务危机，动摇了市场对欧元的信心，进而引发欧元危机和欧洲债务危机。《希腊债务危机的背后》一文阐述希腊爆发债务危机的经过以及希腊自救和欧盟救助的情况，探讨造成债务危机的内外因素。希腊债务危机实际上是在内外多种因素作用下出现的一场信用危机。希腊经济存在结构性缺陷，实行过度扩张性的财政政策，造成财政收支长期失衡，为债务危机埋下隐患。希腊经济发展水平相对较低，政府效率低下，劳动力市场僵化，企业缺少竞争力，却建立了高福利的社会保障制度。欧元区内经济发展不平衡，单一货币政策无法满足所有成员国经济调控需求，希腊采用过度扩张性财政政策来刺激经济发展，积累了巨额债务。由于全球金融危机的冲击，希腊融资成本高，融资非常困难，濒临债务违约或破产的困境。希腊政府采取财政紧缩的自救措施，欧盟、欧元区成员国、国际货币基金组织等决定联手救助，缓解希腊债务困境，维护欧元区金融市场的稳定。这个救助计划可以在一定程度上解决希腊眼前的困难，但从根本上说，希腊必须实施严厉的紧缩政策，减轻财政负担，同时进行大刀阔斧的改革，实现可持续的经济增长，恢复竞争力，增加财政收入，才能有钱还债。欧元区除了财政救援这一短期救助方法外，还要通过深化一体化的改革，消除欧元体制的结构性缺陷。

希腊债务危机爆发后，欧盟救援行动迟缓，欧元汇率下跌不止，债务危机呈现蔓延之势。直到 3 月 25 日，欧元区成员国领导人达成协议，决定向希腊提供救助。《希腊救助计划及其缘由》一文论述救助计划出台的经过及其主要内容和目标，指出欧盟既要帮助希腊解困，又要督促希腊实行有效的财政紧缩措施；既要维持欧元区稳定，又要防止出现道德风险；既要求希腊引以为戒，又督促所有成员国大力改革，严守财政纪律。这个救助计划有助于重振市场对欧元的信心，避免希腊债务危机升级，危及整个欧元区的金融秩序。该文讨论希腊债务危机的现状、希腊政府的自救措施和两难处境，实行冻结工资、削减福利、提高税收、改革养老体系等财政紧缩措施，同时要安抚不断罢工和抗议的民众。该文分析欧元区成员国在救助希腊问题上的利害考量，指出希腊救助计划是欧元区成员国不同意见相互妥协的产物：救助希腊就是救欧元，欧元的命运关系到所有成员国的利益。这个救助计划满足了希腊希望得到救助的要求，达成各种利益和原则的相对平衡。标本兼治需要希腊和其他成员国进行全面改革，也需要欧盟和欧元区推进体制改革。

随着希腊债务危机引发欧洲债务危机，欧美媒体充斥各种报道和评论，分析希腊债务危机的成因，讨论希腊救助计划的必要性，论证欧元的前途命运，既有乐观的预言，又有悲观的论调。《欧洲债务危机与欧元的命运》论述希腊债务危机的影响和欧盟的救助行动，评析一些著名学者和政治家的不同观点，讨论希腊的自救措施和欧盟的救助行动，进而从经济和政治角度以及一体化的逻辑方面来论证欧元的命运，指出欧元汇率下滑不等于欧元会崩溃，成员国不会轻言放弃欧元，欧盟也不会轻易让任何成员国出现债务违约、退出欧元区或听任欧元区解体，从而否定了关于欧元崩盘或欧元区将分崩离析的论点。文章还指出，欧盟的援助计划不可能解决根本问题，但是为欧元区成员国进行深层次改革、解决欧元区经济发展不均衡和欧元体制缺陷提供了必要的时间。欧元的未来取决于欧元区成员国的政治意愿和改革举措。

希腊债务危机在欧元区蔓延，引发政治动荡，而政治动荡又反过来加剧债务危机。意大利是欧元区第三大经济体，在稳定欧洲金融体系中发挥着重要作用，然而意大利却变换了角色，从提供援助的施救者转变为需要救援的受助者。《意大利风险骤升，欧元区何去何从》论述意大利债务危机的起因及其对欧元区的影响。在金融危机冲击下，意大利的财政稳定计划难以实施，债券市场几近崩盘，债务违约风险骤升，债务危机和政治动荡相互作用，迫使贝卢斯科尼总理辞职。过渡政府面临严峻挑战：国债收益率大幅飙升，融资成本剧增，融资极为困难，难以通过借新债偿还巨额债务；强力推行财政紧缩计划有可能催化政治危机和社会动荡；大力削减公共开支和增加税收，却没有促进经济增长的有效措施；缺少对财政结构进行体制性改革的措施，难以从根本上缓解财政压力；财政紧缩方案可能降低经济增长速度，难以在2013年前实现预算平衡的目标。该文认为，由于欧元区成员国之间存在利益差异，在扩大欧洲金融稳定基金、发行共同债券、分摊救援成本等问题上议而未决。但是，意大利的债务问题并非无解，只是各方正在博弈，同时也在思考欧元机制的缺陷和未来发展道路。欧元是成员国共同利益之所在，欧元区是一个基于共同利益的共同体，债务危机的压力可以转化为推动一体化的动力。多数意大利人希望留在欧元区内，成员国领导人在维护欧元的原则性问题上保持一致。只要协力推进一体化，就可以恢复市场信心，吸引更多投资，走出债务危机的泥淖，实现欧洲经济形势的好转。

在欧洲债务危机仍未平息、经济复苏乏力之际，时任中共中央政治局常委、国务院副总理的李克强于2011年1月4日至12日对西班牙、德国、英国3国进行正式访问。《继续推进“欧洲外交”，发展中欧战略伙伴关系》一文阐述了李克强副总理欧洲之行取得的重要成果和重大意义。李克强副总理对欧洲3国的访问，表达了中国对欧洲经济和欧元的信心，采取支持和帮助欧盟成员国的具体措施，有助于欧元区摆脱债务危机，也有益于中国经济发展。中国与欧洲3国签署了多项政府协议和商业合同，增加从3国的进口，以利于减少3国贸易逆差，促进经济复苏，也有利于促进贸易平衡。中国购买这些国家的政府债券，并且承诺根据情况购买更多欧元债券，以帮助欧盟国家解决资金短缺问题，维护欧元稳定，避免债务违约或债务重组。李克强副总理与3国领导人进行深入会谈，增进了相互了解和战略互信，把经贸合作提升到更高层次和更广领域，并且丰富中欧合作的内涵，扩大政治、经贸、能源、人文等领域的交流；就国际和地区性问题深入交换意见，推动中欧在国际事务中的协调与合作，促进世界和平、发展和稳定。中国和欧洲3国都高度重视并妥善处理彼此重大关切，就中欧之间的分歧和摩擦，坦率交换意见，增进了相互理解，化解了具体分歧。李克强副总理的欧洲之行是一次重大的对欧外交行动，取得了圆满成功，扩大和深化了中欧务实合作，促进了中国与欧洲3国的关系以及中欧关系健康发展，成为进一步发展中欧全面战略伙伴关系的新起点。

随着欧洲债务危机愈演愈烈，欧盟成员国领导人清楚地认识到，债务危机的问题在于金融业不负责任的行为、成员国经济结构缺陷和政策失误、巨额财政赤字和公共债务、欧元区经济发展不平衡、欧元体制的结构性缺陷等。进入2012年，欧元区重债国纷纷实施财政紧缩计划，欧盟采取一系列重要行动。《欧债危机蔓延，欧洲一体化加速》论述欧盟应对债务危机的一系列措施和针对欧元体制固有缺陷的突破性方案，包括迈向财政一体化的“财政契约”、与财政紧缩并进的“增长与就业契约”、推进金融一体化的“单一银行业监管机制”、作为欧元区永久性金融防火墙的欧洲稳定机制、欧洲央行作为“最后贷款人”的“直接货币交易”，同时开始研究推进财政联盟建设的欧元区中央预算计划。欧盟委员会主席巴罗佐在向欧洲议会发表讲话时，呼吁把欧盟建设成为“民族国家的联邦”。欧盟已经制订并开始实施多项“治标”和“治本”的应对方案，勾画出金融一体化、财政一体化、政治一体化的路线图。欧洲债务危机正促使欧盟各国大力推进欧洲经济和政治一体化。

中国加入世界贸易组织，有益于中国经济快速发展，但国家主权是否会受到损害？这个问题引起许多学者的关注和讨论。《中国加入 WTO 与主权观念的调整》依据普遍确立的主权观念和国家主权原则，探讨中国加入世贸组织所涉及的国家主权问题，指出中国“入世”是中国政府为了国家长远利益而作出的自愿、自主的抉择和行动。该文剖析 WTO 规则对其成员政府职能的限制，讨论 WTO 规则可能对中国产业结构、经济体制、行政管理体制以及立法和司法等方面的影响，进而论证主权概念属于历史范畴，始终服务于国家的根本利益和政治目标。文章认为，在经济全球化日益发展的新形势下，主权国家要为增进国家利益去主动适应和利用新的形势变化，深化对主权概念和国家主权原则的认识，并对具体方针政策进行适当调整。中国在维护国家主权与领土完整的前提下加入 WTO，是具有战略意义的重大抉择，目的在于维护和发展最广大人民的根本利益，加快经济发展，增强综合国力，实现中华民族伟大复兴。

欧洲一体化就其内容而言，包含经济一体化、政治一体化、防务一体化、社会一体化等不同层次，涉及经济、政治、法律、社会、文化等广泛领域里的互动和融合，是一个复杂的、动态的进程。欧洲联盟是一个独特的超国家组织，拥有复杂的体制机制、组织结构、决策制度和治理体系，并且处于不断发展变化中。欧盟的运行和发展基于欧盟成员国之间的协调和互动，而且欧盟通过与世界各国以及国际组织的广泛联系，推动世界经济政治发展，参与全球治理体系变革。中欧关系既包括中国和欧盟的关系，也包括中国和欧盟成员国的关系。20 世纪 90 年代中期以来，中欧关系全面深入发展，特别是经贸关系发展迅速，中欧在政治、经济、社会、文化等领域里进行广泛交流，不断深化互利合作，但同时也存在一些分歧和摩擦。作为维护全球和平稳定和推动全球发展繁荣的两大重要力量，中欧双方要进一步增进相互理解，促进战略互信，努力建设面向未来、平等相待、互利共赢、可持续发展的全面战略伙伴关系。所有这些都为学者们提供了大量研究课题，需要多学科的学者们从多角度进行更深入的研究。

上　编

进程与理论

“欧洲统一”的源流及历史遗产 *

欧洲一体化现在进入了一个新的发展阶段，特别令人瞩目的是欧洲货币联盟将于1999年1月1日正式启动，实行单一货币欧元；同样令人瞩目的是欧盟成员国在涉及国家利益和国家主权的问题上所进行的激烈争论。实际上，一体化进程中始终存在着国家主权和超国家权力的内在矛盾，要深刻地认识欧洲一体化，有必要考察“欧洲统一”的源流及历史遗产。

一、欧洲的同一性和多样性

“欧罗巴”这个词的起源可以追溯到美妙的远古神话，欧洲文明的逐步形成却是从中世纪初期开始的。日耳曼人大迁徙和西罗马帝国崩溃之后，世俗政权与教权的结合使基督教得以在西欧广泛传播，基督教文化渗入欧洲社会的各个方面，同时希腊罗马古典文明和日耳曼文

* 原载于《理论前沿》1999年第1期。

化融合在一起，从而形成欧洲文明的基础。随着西欧各民族全面的基督教化，西欧成为“一个真正的信仰共同体”。11 世纪末，罗马教皇乌尔班二世发起讨伐穆斯林以收复圣地的“圣战”，在近200 年的时间里，先后进行了 8 次十字军东征。其最重要的结果之一是加固了基督教信仰作为“欧洲社会意识的凝固剂”的作用。各民族中产生了一种强烈的文化认同——有别于外界其他民族的“欧洲人”的自觉意识，即所谓的“欧洲观念”。

在中世纪后期，西欧大国中就出现了强烈的民族感。进入近代史期，民族国家逐步形成，国家主权的观念进一步确立，国家利益在政治中起支配作用，而宗教利益不再是决定因素。各民族国家由于历史和地理的差异，形成了具有各自特点的民族文化，其特色表现在语言、文学、宗教、习俗、观念、生活方式、政治制度等各个方面。总之，民族国家取代了基督教世界的宗教大一统，各民族文化呈现出多样性。但是西欧各国地域毗连，政治思潮、文化艺术和科学技术的传播跨越国界，经济、政治的发展相互影响，各民族共同创造了以中世纪基督教文明为基础的近代欧洲文明。因此，欧洲既是一个具有“同一性”的欧洲，是“一个心照不宣的大民族”，又是一个由各民族国家组成的、具有“多样性”的欧洲。

欧洲的多样性常常被视为欧洲强盛的主要原因之一：各国在竞争中发展，在竞争中创造了巨大的物质和文化财富，“使它们统治了世界”。但是国家之间激烈竞争的危险却不容忽视，“冲突的激化把一个休戚相关的但又自相分裂的欧洲引向灾难”。各国由于“民族利益”的冲突而经常处于对抗和战争之中，给欧洲人民带来无尽的痛苦，造成了民族之间难以消除的隔阂和仇恨。正是基于欧洲内在的一致性和分裂的现实，人们开始了以欧洲统一来保证和平的探索。

二、欧洲统一观念的形成和发展

早在 14 世纪初，诗人但丁就提出为了保证世界和平，各国君主应服从皇帝。但是各国统治者都在维护和扩大各自的势力，不再愿意接受皇帝或教皇的仲裁和约束。此后出现了一些和平方案，然而各种“欧洲统一”方案都必然触动国家主权，因此不能为各国统治者接受。

法国神甫圣·皮埃尔以基督徒的心态面对欧洲的现实。他在 1713 年发表的《给欧洲永恒和平的方案》里分析了建立邦联的有利因素和不利因素之后，建议欧洲各国组成一个牢固、持久的邦联，各国相互依存，从而保证欧洲的和平，并且能够抵御外来的威胁。他的方案中，要求各国君主缔结永久的盟约，服从欧洲参议院的决定。他还提出，欧洲参议院应拥有立法权和司法权，而接受法治是集体安全的先决条件。圣·皮埃尔寄希望于各国君主的善良愿望，他所建议的邦联也完全依赖于君主们的一致。

让-雅克·卢梭对社会现实持冷峻的批判态度。他认为，各国君主的本性是贪婪地追求权力，对外实行扩张，对内强化统治，因此必须首先进行国家内部结构的革命，实现人民主权。只有依据各民族人民的意志，欧洲联合才可能实现。杰里米·边沁比卢梭前进了一步，坚持认为欧洲统一有利于人民的利益。他在《国际法原则》一书中提出了“普遍和永久和平的计划”，呼吁减少军备，建立国际议会和国际法庭，实行自由贸易，放弃殖民地等。但是他的规划也是不现实的，因为他相信道德约束力基本上可以保证新欧洲法律的实施。

康德从政治哲学和历史哲学的角度研究欧洲和平问题。他在《永恒和平的哲学方案》和其他著作中强调法治，否定国王对人民实行专横统治的权力，同样否定普遍君主国的观念。他认为，法律必须以“自由国家的联邦”为基础。他建议各国通过签订和平条约来解决国家之间的争端和冲突。他认为，欧洲各主权国家应首先实行共和制，然后由共和国组成欧洲联邦，进而扩大为世界联邦。但是有一个根本性的问题没有解决：在国家主权观念已经确立的时候，民族国家怎么会把国家主权转让给一个欧洲联邦？怎么肯受制于一个超越国家的权力机构？

圣西门致力于“重新组织欧洲社会”，否定旧体制、平衡体系和极端民族主义，主张建立一个议会制的联盟。大欧洲议会拥有最高权力，有权裁决所有民族政府之间的纠纷，并且有权从事涉及总体利益的公共工程和管理整个联盟的教育。在整个19世纪里，圣西门的追随者都在宣传他的思想，并且“热衷于搞运输革命，陶醉在到处建筑铁路之中”。

1848年革命使人们更深入地思索本国和欧洲的未来，考虑如何改造欧洲社会。知识界形成了明确的欧洲统一观念，并且发展成为和平运动。但是，和平的呼声并不能阻止民族主义的恶性膨胀。第一次世界大战的爆发震动了欧洲，使更多的人加入到了欧洲统一运动中来。及至战后，当国联显得无所作为时，欧洲联邦主义也就愈加发展了。各界人士纷纷著文，指出欧洲分裂的原因在于强烈的民族主义，只有结成联邦，欧洲才能保证和平和经济繁荣，才能遏止“欧洲的衰败”。法国总理爱德华·赫里欧是第一次世界大战后第一位呼吁“欧洲统一”的政治家。法国外长白里安在1929年9月5日的国际联盟会议上提出建立欧洲联邦的想法。然而白里安计划最终不了了之，因为随着经济危机的爆发，各国都极力维护各自的利益。另外，欧洲形势发生了巨大变化，希特勒正在把欧洲推向另一次大战。

三、欧洲统一实践的开端

经过第二次世界大战，德、意、日法西斯被彻底打败了，欧洲也成了一片废墟。战争造成的深重灾难刺激了欧洲统一运动的发展。在多种因素的推动下，西欧各国开始走上联合的道路，欧洲统一观念进入了实践的阶段。在西欧的舆论界，欧洲联合的声势大大超过了民族主义。一些有影响的政治家，如丘吉尔，呼吁欧洲联合起来消除国家间的仇视和对抗，重建欧洲大家庭，实现欧洲和平。一些以“欧洲统一”为口号的组织建立起来，坚持不懈地宣传和推动欧洲联合。美国出于控制西欧和遏制苏联的需要，推出了“马歇尔计划”，积极支持西欧各国的联合。但促使各国政府行动起来的根本动因是内部和外部的压力，包括安全和经济方面的压力。西欧各国不仅面对着经济重建的任务，而且在安全方面必须解决“德国问题”，还要抵制“苏联的威胁”。正是在这种特定的形势下，各国政府开始把欧洲联合作为摆脱困境、实现和平的出路。

西欧各国认识到欧洲联合的必要性，但是并不愿意走联邦主义道路，不肯接受凌驾于国家政府之上的联邦机构。“欧洲统一”之所以成为各国政府政策的目标之一，完全是为了实现和维护国家的安全利益和经济利益。在联合的目标和组织机构的性质等方面的种种分歧，实质上还是反映了国家主权和“超国家”权力的内在矛盾。面对着巨大的内外压力，面对着难以逾越的分歧，各国成立了欧洲经济合作组织，在经济领域里开始了以政府间合作为特征的联合。

舒曼计划的实施在“国家主权的城堡上”打开了一个缺口。1951年4月18日，西欧6国代表签订了《巴黎条约》，决定把各国的煤钢部门置于超国家机构的控制之下。1952年，欧洲煤钢共同体诞生，欧洲统一观念开始落实为一个一体化的实体，超越了纯粹的政府间合作。虽然欧洲煤钢共同体是一个经济组织，但是它的建立主要是出于政治和安全的考虑。西欧一些国家的领导人把经济一体化看作保证欧洲各国之间不可能再发生战争和冲突的手段。冷战加剧，尤其是朝鲜战争爆发，使西德重新武装的问题突出起来，这对西欧6国接受舒曼计划起了推动作用。

西欧6国建立欧洲煤钢共同体而英国等国家拒绝加入，都是反复权衡的结果。法国政府并不愿意接受欧洲联邦，但是一个由法国占主导地位的欧洲联盟符合其利益：可以约束德国，同时可以用来发挥法国在世界上的影响。欧洲煤钢共同体的建立有利于法德两国的和解；把具有战略意义的煤钢生产部门置于超国家机构的管理和控制之下，可以保证一个重建的德国不致对法国的安全构成威胁。其他几个国家也认为，一体化和超国家机构建设可以消除法德对抗，促进两国和解，并且可以把即将重新武装的西德融入西欧，从而保证欧洲和平。

英国的一些领导人呼吁欧洲联合，却不肯加入欧洲煤钢共同体，自然有自己的理由。战后的英国还要继续维持其世界大国的地位，要谋求在全世界的利益，避免过多地卷入欧洲大陆事务，不肯等同于一般的欧洲国家。从经济上说，英国也不会从共同的煤钢市场获得很大的经济利益，而且可能有损国家的经济。尤为重要的是，英国希望的是各国政府间的磋商合作，绝对不能接受一个限制其主权和行动自由的、“不民主和不负责任的”超国家机构。

欧洲统一的观念以欧洲的同一性和多样性为基础，反映了对和平与安宁的热切追求，同时也反映了经济发展的内在需要，只是在战后内外压力下才在经济领域里越过了国家主权，落实为一个“超国家”的机构。40 多年的一体化进程中，矛盾的焦点始终是国家主权的维护和让渡。内部维护和平和经济发展的压力，外部政治、经济和科技激烈竞争的压力，虽然在不同时期的相对重要性有所变化，但是都一直存在，都促使西欧各国为谋求各自的和共同的安全利益和经济利益让渡部分主权，推动一体化进程。在这一进程中，国家主权观念已有所变化。另外，新职能主义的逻辑也起了一定的作用。经济一体化的成果不仅增强了成员国进一步合作的凝聚力，而且对其他西欧国家产生了强大的吸引力，使共同体在不断调整中巩固和扩大。

今天，无论是国际形势还是欧洲形势都发生了巨大的变化，但是欧洲各国仍然面临着压力和挑战。各国领导人和相当多的民众都认识到，只有联合起来才能保证和平与稳定，才能进一步发展与繁荣，才有可能成为多极世界中的一极。这种政治共识将推动欧洲一体化在重重阻力中向前发展。

欧洲联盟（欧盟）及中国与欧盟的关系*

欧洲曾是两次世界大战的策源地。在第二次世界大战中，西欧遭到严重破坏，国际地位大大下降，经过战后的经济恢复和重建，西欧各国的经济实力逐步增强。为了在美苏对抗的夹缝中谋求生存和发展，西欧各国走上联合自强的道路，经济迅速发展，实力大为增强，如今已成为世界三大经济中心之一。在欧洲共同体基础上建立起来的欧洲联盟以实现经济、政治一体化为目标，目前已是世界上规模最大、关系最紧密的区域一体化实体，在国际舞台上发挥着非常重要的作用。欧盟在内部正加快和深化一体化的程度，进一步加强自身发展；对外调整战略，推行全方位外交，加紧扩大势力范围，以便作为独立的一极在多极化的世界中发挥更大作用。

---

* 原载于《当代国际政治与中国对外关系》2000 年 5 月。

一、欧洲共同体和欧洲联盟的建立

（一）西欧联合与一体化的背景和动因

第二次世界大战后，美国和苏联在欧洲形成对峙的局面。1945 年 2 月，在苏、英、美 3 国首脑雅尔塔会议上，两大政治集团划分的势力范围，把欧洲分为东欧和西欧两个部分。西欧包括易北河和奥得尼斯以西的 24 个国家：英国、爱尔兰、法国、荷兰、比利时、卢森堡、挪威、冰岛、瑞典、芬兰、丹麦、德意志联邦共和国、奥地利、意大利、瑞士、希腊、西班牙、葡萄牙、马耳他、列支敦士登、摩纳哥、圣马力诺、安道尔和梵蒂冈。这些国家虽然各有其特点，但是有更多的共同点。它们历史、文化渊源相通，价值观念接近，地理疆界毗连，经济制度基本相同，发展水平相近，经贸关系密切。战后初期，它们的一个共同点是都陷入了困难重重的境地。

战争的炮火使西欧列强遭到沉重打击，德、意法西斯被彻底打败，德国一分为二，英、法被严重削弱，其他西欧国家也虚弱不堪，各国经济濒临崩溃的边缘。1946 年底严重自然灾害的袭击，更是雪上加霜，导致粮食和燃料极度匮乏，人民饥寒交迫，阶级矛盾激化，政局动荡不安。西欧各国黄金外汇储备枯竭，资金拮据，任何一个国家都不可能仅仅依靠本国的力量摆脱困境，迅速恢复和发展经济，再现昔日的辉煌。一些政治家、思想家认识到，西欧各国只有联合起来才能实现欧洲的复兴和繁荣，才能维持长久的和平。这也是几个世纪以来欧洲联合理想的复萌。

战后美国具有强大的经济和军事实力。美国出于自身利益的需要，支持西欧的复兴和联合，并把援助和保护西欧、使西欧按照美国的意志恢复和重建作为其对外战略的重点。为了实施由美国国务卿乔治·马歇尔于1947年6月提出的援助欧洲复兴的计划（简称“马歇尔计划”），1948年4月成立了几乎包括所有西欧国家在内的经济合作组织。随着马歇尔计划的实施，西欧经济得到逐步恢复和发展。到1950年，西欧各国经济已恢复到或接近战前的水平。美国也由此达到了目的：增加了美国商品和资本的输出，缓和了国内经济改组中的困难；削弱了西欧各国的关税壁垒，直接插手受援国经济，控制了西欧经济命脉。美国进而组建北大西洋公约组织，并通过这个政治军事联盟控制了西欧的政治和军事，把西欧变成它与苏联抗衡和冷战的工具，变成它与苏联争霸的马前卒。

随着西欧各国自身实力的逐步增强，对战后初期形成的美国控制日益不满，更重要的是深深感到苏联的强大及其与东欧的联合对它们是一种严重的威胁，因此酝酿已久的联合自强的问题被提到议事日程上来。西欧联合自强，既是为了防止来自苏联的侵略威胁，又是为了摆脱美国的全面控制，但是从本质上说是要加速西欧的发展，在同美国的联盟中增强自身独立的力量，真正恢复欧洲在世界上的重要地位。由此可见，促使西欧联合并走上一体化道路的既有经济因素，又有政治因素，它是适应西欧国家生产和资本国际化趋势的产物，是国际政治格局变化的产物。

（二）欧洲联盟的建立

欧洲联盟是在欧洲共同体基础上发展而来的。西欧各国虽然对西欧联合取得了共识，但是在联合的目标和一体化组织的性质方面却存在分歧，主要有“联邦主义”和“联盟主义”两种理论和主张。进入20世纪50年代，位于西欧中心的法国、西德、荷兰、比利时、卢森堡、意大利等国家，倾向于联邦主义，主张建立以政治一体化为最终目标、拥有超国家权力机构的共同体；处于西欧外围的英国和中欧、北欧的一些国家，倾向于联盟主义，主张建立仅限于经济合作，实行政府间合作性质的联合。西欧的一体化进程从一开始就涉及两种一体化理论与主张的矛盾和争执，贯穿于全过程，几乎所有的争论和问题都可以溯源于此。虽然西欧一体化进程是逐渐向联邦主义方向发展的，但是矛盾重重，阻力巨大。

西欧一体化始于20世纪50年代初，并逐步发展。1950年5月9日，法国外长罗贝尔·舒曼提出法国和西德的煤钢生产实行联合经营的建议，并欢迎其他国家参加，即所谓的“舒曼计划”。该建议得到西德、意大利、荷兰、比利时和卢森堡的响应。于是，6国代表经过谈判，于1951年4月18日在巴黎签订了为期50年的《建立欧洲煤钢共同体条约》，简称《巴黎条约》。1952年7月25日，条约正式生效，欧洲煤钢共同体成立，由此推动了法国和西德的和解，促进了6国的经济发展，加强了6国的经济和政治联系，为50年代后期欧洲经济共同体的建立奠定了基础。

1957年3月25日，欧洲煤钢共同体6国的全权代表在罗马签署了《关于共同市场和欧洲原子能共同体的政府间会议的最后文件》《建立欧洲经济共同体条约》《建立欧洲原子能共同体条约》，统称《罗马条约》。1958年1月1日《罗马条约》生效。至此，西欧有了3个共同体——欧洲煤钢共同体、欧洲经济共同体和欧洲原子能共同体。1967年7月1日，6国将3个共同体的机构合并，称为欧洲共同体（简称欧共体）。《罗马条约》使欧洲一体化的范围从煤钢工业扩大到整个经济领域乃至政治领域，标志着欧洲联合发展到了一个新阶段，是欧洲一体化进程的重要里程碑。

到 1970 年，欧共体已经成为一个强大的经济实体。1970 年的统计数字表明，欧共体 6 国的面积和人口虽然小于美国和苏联，但是国民生产总值已超过苏联，正在追赶美国，一些重工业产品产量已超过或接近美、苏，出口贸易和黄金外汇储备已遥遥领先。在政治一体化方面，欧共体成员国协调对外政策，“要使欧洲用一个声音在世界上说话”，使欧洲政治一体化出现一个新的开端。

欧共体实力不断增强，对周围国家产生了相当大的吸引力。欧共体建立后，先后经过 4 次扩大。第一次是 60 年代初，英国、爱尔兰和丹麦分别申请加入欧共体，经过近 10 年艰苦谈判，终于 1973 年 1 月 1 日正式成为欧共体成员国。这次扩大实现了欧共体向北发展的愿望，同时也说明西欧国家已经清楚地认识到，西欧必须壮大自己的力量，走联合的道路。这种组织形式既是西欧国家组成地区性垄断联盟、实行国际调节的主要手段，也是西欧国家联合起来抗衡超级大国霸权主义的有效途径。第二次和第三次扩大是向南方的发展。1975—1977 年，希腊、葡萄牙和西班牙分别提出加入欧共体的申请。由于这些国家经济相对落后，谈判也相当艰苦，希腊直到 1981 年 1 月才正式加入欧共体，西班牙和葡萄牙于 1986 年 1 月先后加入欧共体。第四次是从 1993 年起，欧共体开始就奥地利、瑞典、芬兰的申请进行谈判，稍后就挪威的申请进行谈判。1995 年 1 月 1 日，奥地利、瑞典和芬兰正式加入，挪威由于国内全民公决未获通过，尚留在欧洲联盟之外。如今，第五次扩大正在谈判之中。1997—1998 年，提出入盟申请并进行谈判的国家有波兰、捷克、匈牙利、爱沙尼亚、斯洛文尼亚和塞浦路斯；1999—2000 年，第二批进行入盟谈判的国家有罗马尼亚、保加利亚、拉脱维亚、立陶宛、斯洛伐克和马耳他。现在，欧盟成员国还是15国。这12个国家的入盟谈判还在进行。

欧洲共同体过渡到欧洲联盟，是欧共体12国首脑于1991年12月在荷兰马斯特里赫特会议上决定的。在这次会议上，12国首脑就建立内部统一大市场、进一步建立政治联盟和经济与货币联盟问题达成协议，通过并草签了《欧洲政治联盟条约》和《欧洲经济与货币联盟条约》，统称《马斯特里赫特条约》，也即《欧洲联盟条约》。1992年2月7日，成员国外长和财长正式签署上述文件合而为一的正式文本——《欧洲联盟条约》。1993年11月1日，《马斯特里赫特条约》（简称《马约》）正式生效，欧洲联盟（简称欧盟）建立。欧盟的宗旨是在成员国之间"建立无内部边界的空间，加强经济、社会的协调发展和建立最终实行统一货币的经济联盟"，并"通过实行最终包括共同防务政策的共同外交和安全政策，在国际舞台上弘扬欧盟的个性"。1994年1月1日，经济与货币联盟按预定日期进入第二阶段，欧洲货币局宣告成立。《马约》的签订，使欧洲一体化在广度和深度上发生了质的飞跃，被认为是《罗马条约》签订以来欧洲一体化进程中一个新的里程碑。

在欧洲联合和一体化进程中，还出现了另一个联合体——欧洲自由贸易联盟（简称欧自联），亦称"小自由贸易区"。欧自联的产生和存在反映了西欧在联合的目标及组织方式上的意见分歧。1960年1月4日，英国、奥地利、丹麦、挪威、葡萄牙、瑞典和瑞士在斯德哥尔摩签署《建立欧洲自由贸易联盟公约》。该公约经各国议会批准后于同年5月3日生效，欧洲自由贸易联盟遂告成立。欧自联成员国倾向于建立主权国家合作的邦联性质的组织，其目标限于经济合作。欧共体和欧自联的出现同时反映了欧洲联合和一体化的要求，它们有时是平行的，有时是交织的。双方都十分重视相互经济关系的发展。1991年10月22日，欧洲共同体与欧洲自由贸易联盟在比利时首都布鲁塞尔达成建立欧洲经济区的协议。1992年5月，双方在葡萄牙波尔图正式签署建立欧洲经济区协议。根据协议，从1993年1月1日起，两组织的成员国之间实现商品、人员、劳务和资本的自由流通。30多年来，欧自联成员国几经变化，冰岛、芬兰和列支敦士登先后加入欧自联，而英国、丹麦和葡萄牙则因加入欧共体相继退出欧自联，奥地利、瑞典和芬兰也因加入欧洲联盟而退出欧自联。欧自联所采取的一系列一体化措施，往往是对欧共体相应措施的响应和调整。这些变化是欧洲一体化进程中的突破性进展，为欧洲联盟的发展奠定了强有力的物质基础。

二、欧洲联盟的现状和面临的问题

(一)欧盟的现状

1.欧盟概况与对外关系

欧洲联盟现有15个成员国，包括了主要的西欧国家，总人口为3.68亿；总面积为324.1万平方公里；1994年国民生产总值达到7.3129万亿美元，比美国多10%，比日本多44%。欧洲统一大市场于1993年1月1日正式运转，基本实现商品、人员、劳务和资本四大自由流通，对欧盟各国的经济发展起了积极的促进作用，将进一步与美、日拉开距离。如今，欧盟是世界上一体化程度最高、关系最密切、经济实力最强的地区性政治经济组织。

以欧洲联盟为主的欧洲经济区，北起北冰洋，南到地中海，与另一大贸易区——北美自由贸易区相比，人口稍多；国民生产总值大大超过北美自由贸易区的 6.5 万亿美元。欧洲经济区吸引了发达国家直接投资的 50% 左右，集中了世界外汇资金的近 50%，生产出工业发达国家输出商品和劳务的 60%，外贸总额超过 3 万亿美元，占世界外贸总额的 46%。欧洲经济区是世界上最大的经济区。

欧盟的发展使它产生了强大的吸引力，剧变后的东欧国家纷纷要求加入。目前，大多数东欧国家已与欧盟签署协议，成为欧盟的联系国，都在进一步创造条件，等待被吸收为正式成员。另外，马耳他、塞浦路斯、突尼斯等也已成为欧盟的联系国。欧盟正推进欧洲一体化进程，提高其影响力，建立大的欧洲自由贸易区。

欧盟向地中海国家提供经济援助，加强政治经济联系，拟在 2010 年前建立包括 30—40 个国家的欧洲—地中海自由贸易区。欧盟签订了洛美协定，与非洲、加勒比、太平洋 69 个国家保持特殊关系。欧盟还将与南锥体共同市场签署协定，双方建立共同市场。欧盟 15 国同亚洲 10 个主要国家从 1996 年起每两年召开一次亚欧首脑会议，商讨经济合作，为建立未来富有成效的伙伴关系奠定基础。

欧盟与美国有千丝万缕的联系，二者既是重要的贸易伙伴，又是强劲的竞争对手。欧盟与日本经济关系日益密切，合作加竞争，但双方相互借重，谋求构筑美、欧、日三方共管的世界经济秩序。

2. 欧盟雄厚的科技力量

欧盟各国重视科技研究和开发，拥有雄厚的科技力量，目前在药物和生物工程方面仍保持着传统优势，在能源、环保、材料、建筑、天文、分子生物、高能物理、核能、医学、航空、高速铁路等领域位居世界前列，使西欧仍然是世界上科学技术最发达的地区之一。

从20世纪80年代起，欧共体和欧盟先后推出《科技发展框架规划》《欧洲质子物理实验室计划》《尤里卡计划》《欧洲信息技术发展战略计划》等。这些联合攻关计划促进了欧洲科技发展，提高了欧洲整体科技水平。欧盟投入巨资从事高新技术开发。尤里卡计划总投资已达242亿埃居，[①]研究项目越来越集中在高速计算机、通讯设备、节能技术等高新技术上。欧洲信息技术研究发展战略计划经费为32亿埃居，促进信息技术和微电子技术的发展。欧盟科技发展战略有两大目标：一是与美、日竞争，在世界高科技领域占据有利地位；二是协调成员国的科技发展，壮大科技力量，保持综合国力稳步增长。欧盟从1994年起集资1200亿埃居用于扩大泛欧交通、通讯网络等基础设施建设，各成员国已开始建设“信息高速公路”。欧洲高科技发展迅速，在不少领域里正在赶超美、日。有学者预计，在21世纪，欧洲将异军突起，成为经济、科技竞赛的胜者。

3. 欧盟加快建立独立防务

战后以来西欧防务一直依赖美国，现在欧盟已走上建立欧洲独立防务的道路，并且正在加快步伐，以改变军事上“跛足巨人”的形象。欧盟为此采取4个措施：一是制定共同防务政策“白皮书”，二是强化共同防务机构，三是组建军事实体机构，四是合作研制、生产先进武器。西欧联盟（由英、法、比、荷、卢、德、意7国组成）这个没有美国参

① 埃居（European Currency Unit，缩写为ECU）是欧盟使用的货币单位，1埃居约等于1.4美元。

加的“集体自卫”组织，现在建立了军事指挥机构。欧盟考虑将西欧联盟并入，使之成为欧盟的武装臂膀。欧洲军团参谋部和后勤部均已成立，到 1995 年 10 月由法国、德国、比利时、荷兰、卢森堡、意大利、西班牙等国参加的欧洲军团兵力将达到 3.5 万—4 万人。1994 年底成立了英法联合空军司令部，以加强统一的空中力量。欧盟正在组建多国快速反应部队、南欧快速反应部队、南欧海空部队等联合作战部队。欧盟中的两个核国家英国和法国正在讨论建立联合核威慑力量问题。两国有可能共同建造和管理核潜艇，更新驱逐舰等。欧洲军火工业公司开始加强联合。1993 年底，法、德等 8 国决定联合生产军用宽体运输机。1994 年 7 月，意、德、英协议投入 120 亿美元共同生产欧洲护卫舰。欧盟各国正酝酿建立西欧独立的间谍卫星系统、全球导航系统、反导弹预警系统等。欧盟的目标是逐步建立独立的欧洲防务体系。

1999 年 12 月 11 日，欧盟首脑会议在芬兰首都赫尔辛基召开。会议批准了欧洲共同安全和防务计划，并决定在 2003 年前建立一支独立于北约的 5 万—6 万人的欧洲快速反应部队，使欧盟在不依赖北约的情况下对欧洲安全防务承担起责任。为了具体落实这一共同防务计划，担负起领导和掌握军事行动的职能，欧盟决定在布鲁塞尔设立一个政治和安全委员会、一个军事委员会及其下属机构参谋部。

4. 欧盟在国际事务中发挥举足轻重的作用

欧盟内部建设不断深化，相互关系得到协调，整体实力增强，开始对外用一个声音说话，因此国际地位日益上升，成为国际舞台上的主角之一，在国际事务中发挥越来越重要的作用。曾遭受战争蹂躏的欧洲各国人民反对战争，渴望和平，欧盟各国的持续发展和繁荣，需要和平、稳定的国际环境，这就决定了欧盟要在国际事务中发挥维护和平、制约战争的作用。欧盟中的大国对国际事务有很大的影响力，现在欧盟努力把共同外交政策付诸行动，进一步提高了欧盟发言的分量。当今世界，各种力量重新分化组合，向多极化方向发展，欧盟力求发挥平衡作用。欧盟实力的增长促使其独立意识日益增长。在争夺欧洲事务主导权的斗争中，欧盟尽力摆脱美国的影响和控制，进而发挥抗衡超级大国的作用。世界各国交往日益密切，相互依赖程度加深，具有强大经济实力的欧盟可以为共同的发展发挥促进作用。不过，由于尚未完全摆脱对美国的依赖，由于内部存在诸多复杂矛盾，也由于其本质上的弱点，欧盟在国际事务中的作用受到了很大限制。然而欧盟在发展，它朝着世界上独立一极方向前进的趋势已不可阻挡。

（二）欧盟面临的问题

欧盟在经济一体化方面取得重要进展，外交和防务合作不断加强，并且推进司法与内务合作，但是欧洲一体化的进一步深化和扩大，涉及国家主权向超国家机构的转移，涉及民族利益的得失。欧盟只是主权国家的联合体，成员国既有共同的利益和需要，又有各自的利益和需要，因此在联合的深度和广度上必然会产生矛盾和分歧。共同利益是联合的基础，利益冲突又制约着一体化的速度。欧盟内部的诸多矛盾都反映了利益的冲突。

1. 在欧洲一体化的目标上，始终存在着走联邦制道路还是走政府间合作道路的分歧。德国力主扩大欧盟的政治联合，加快欧洲一体化进程，使欧盟带有更多的联邦色彩。德国的目的是消除其他成员国的疑惧和担心，凭借自己的实力，并依托欧盟，成为欧洲的核心和主导力量。

法国是欧洲一体化的积极推动者，但又不完全赞成联邦制。法国试图利用提高欧洲一体化程度作为制约德国的机制，从而保持其大国地位，借重欧盟的合力在塑造欧洲新格局中扮演主角。英国对于向全面一体化方向深入发展总是持保留态度，反对试图加强欧盟成员国之间政治联合的重大举措，但又不愿被抛在一边，希望欧盟具有更多的政府间合作的性质。其他成员国各有所图，有的希望借欧洲一体化深化之机摆脱大国的支配，以增强发言权，获得“平等”的地位；另一些则希望从欧洲一体化深化中得到更多经济上的实惠，等等。

2. 在政治联盟的结构问题上，也与欧洲一体化目标有关，德国主张联邦主义，英国反对联邦主义，法国则站在中间位置上。德国提出，为促进欧洲发展，在欧盟内部首先建立由德国、法国、荷兰、比利时和卢森堡组成的“硬核心”。这一建议遭到包括法国在内的其他国家的强烈反对。法国提出“三层欧洲”“三个同心圈”的建议，即在不同的领域里，如货币领域或军事领域，成员国中有条件的可以进入圈内，条件不成熟的可以走得慢一些。法国的建议也遭到强烈反对。英国由于被排除在核心之外或被置于慢车道上而大为恼火。英国提出分领域的统一的联合，各成员国可以在共同感兴趣的领域进行较为密切的联合。多数成员国强调“欧洲必须一起前进”。德国的建议如果能得以实施，结果将可能是欧洲成为“德国的欧洲”。按照法国的多圈模式，法国将是进入所有这些圈子中的唯一大国；一旦德国有越轨嫌疑，法国就可以联合其他国家制约德国。英国希望建立较为松散的“欧盟”。它赞成防务方面的联合，而不愿参加单一货币，不会在 1999 年成为第一批参加欧洲单一货币的国家。另外，在机构体制、表决机制、财政预算的分摊及权力分配等方面也出现了许多争议。

3. 在对外政策方面，尽管欧盟强调“共同外交政策”和“对外用一个声音说话”，但是由于欧盟内部民族利益的差异，缺少必要的凝聚力，政治一体化只达到有限的程度。各成员国在一些重大问题上往往把本国利益置于整体利益之上，甚至立场对立，相互拆台。由于历史的原因，欧盟国家之间仍存在着根深蒂固的“互不信任感”，甚至彼此视为潜在的威胁，在重大的欧洲和国际事务上相互提防，相互牵制。这突出地表现在对待北约未来的作用、欧盟的扩大、中东和平进程、波黑战争等一些重大问题的态度和做法上。

4. 在共同安全和防务方面，欧盟各国的联合虽已取得一定进展，但欧盟独立防务的实现绝不是一件轻而易举的事。首先它会遇到来自美国的反对、阻挠和牵制，其次还会受到来自内部因分担防务经费而发生意见分歧的干扰。欧盟推进独立防务建设，对内对外都还要做大量的解释、说服与协调工作。一些专家认为，欧洲要获得有限的独立防务，还需要花几年的时间，由美国控制的北约在今后相当长时期内仍将担负着欧洲安全的主要任务。

5. 在深化和扩大的问题上，首先发生“东进”还是“南下”的争论。德国出于地缘政治和使自己成为欧盟中心的考虑，强调要“建立一个完整的欧洲”，迫切要求欧盟向中东欧扩大。法国主张先深化后扩大，目的在于牵制德国在经济和政治上的“东进”，并力图把德国的东进政策纳入欧盟共同政策的范围之内。英国主张扩大的调子比德国还高，但是出发点大为不同。英国除了着眼于对东欧的变革施加影响外，主要意图是以欧盟的扩大制约其深化的进度，要放慢一体化的步伐。为了防范德国，法国同英国、意大利一起力促欧盟向南部地中海地区发展，试图通过吸收地中海沿岸国入盟来平衡欧盟东扩后德国影响力的扩张。西班牙等南欧较穷的国家反对东扩，担心接纳中东欧国家入盟会损害自己在欧盟中的既得经济利益，因为中、东欧国家经济发展水平与西欧差距太大，它们入盟后会使援助资金改变流向，会减少南欧各国从欧盟结构基金中获得的份额。这又涉及建设什么样的欧盟的根本问题：是坚持《马约》规定的欧盟模式，还是降格以求建设一个类似大自由贸易区的欧洲？

在扩大的速度上，德国主张加快接纳中东欧国家入盟，一再提出要为中东欧国家入盟制定具体时间表，以重建其势力范围。法国主张欧盟要分层次、分阶段吸收新成员国，并且强调“不能让不顾一切的扩大来损害成员国之间联合的步伐”。英国不反对东扩，但也不愿看到德国的势力和影响迅速膨胀。意大利等国则一直反对加速扩大。此后法国为了在深化的问题上争取德国的支持，在扩大问题上向德国让步，但仍希望扩大与深化不紧不慢地并行发展。

1999 年 12 月欧盟首脑赫尔辛基会议对欧盟东扩问题进行了富有成效的讨论，决定在加速同波兰、塞浦路斯、捷克、爱沙尼亚、匈牙利和斯洛文尼亚 6 国进行入盟谈判的同时，在 2000 年 3 月开始同立陶宛、拉脱维亚、斯洛伐克、保加利亚、罗马尼亚和马耳他 6 个新的申请国进行入盟谈判，并根据入盟标准，从 2002 年开始接纳新成员，实现欧盟东扩计划。此外，欧盟首脑赫尔辛基会议还决定，将土耳其也作为入盟的一个候选国。

6. 在经济与货币联盟建设中，亦出现严重问题。90 年代初，欧盟成员国相继陷入经济衰退，多数国家难以达到《马约》规定的 4 项经济指标：（1）财政赤字不得超过国内生产总值的 3%；（2）国债不得超过国内生产总值的 60%；（3）通货膨胀率不得超过 3 个物价最稳定国家平均数的1.5个百分点；（4）长期利率不得超过3个物价最稳定国家平均数的2个百分点。1992年9月开始的货币危机使成员国的经济货币政策进一步拉开距离。1995年2月，美元汇价大幅下跌，再次猛烈冲击欧洲货币体系，德国马克大幅升值，打破欧洲货币汇率机制调整的浮动幅度，而有几个成员国货币多番贬值。目前欧洲经济虽已复苏，但经济增长率较低，一般是2%以下。1999年1月1日，欧元正式启动。欧元区的11个国家虽然出现经济发展的良好兆头，但也不是没有问题。主要问题表现在欧元区内经济发展不平衡：爱尔兰、荷兰、葡萄牙、西班牙和法国经济增长“相当强劲”或“强劲”，而德国和意大利经济增长则“比较缓慢”。没有加入欧元区的英国，经济呈下降趋势。目前欧元区国家经济发展的不平衡，将为欧洲中央银行制定统一的货币政策带来困难。此外，居高不下的失业率仍是困扰欧元区经济的一大难题。

三、中国与欧盟的关系

（一）中国对西欧联合的态度及同欧盟发展关系的原则

中国一贯奉行独立自主的和平外交政策，反对霸权主义和强权政治，维护世界和平，在和平共处五项原则的基础上，积极发展同世界各国的友好合作，坚持不懈地为世界的和平、稳定、发展和人类进步事业而奋斗。这是中国政府坚定不移的方针。

支持西欧联合自强是新中国的一贯外交政策，中国领导人对此做过许多精辟的论述，概括起来就是：支持西欧团结、强大；希望西欧有自己的防务，奉行独立自主的外交政策；希望西欧的发展有利于世界和平。

20世纪60年代后期以来，在美苏争霸中出现“苏攻美守”的态势，而欧洲始终是美苏争夺的重点。西欧既受美国的控制，又面临苏联的军事威胁，为了确保自身安全，西欧国家加强团结，在国际舞台上尽可能用一个声音说话，这完全是顺理成章的事。西欧团结和强大，不仅有利于欧洲和平，也有利于世界和平。

随着国际形势的发展和国际关系的变化，世界和平力量的增长超过了战争因素的增长，世界大战暂时打不起来。中国于20世纪70年代末开始进行改革开放，进行四个现代化建设，需要有一个和平的国际环境。中国同西欧发展关系，支持西欧联合自强，也就是增强和平因素。为贯彻壮大欧洲和平力量的方针，中国领导人几乎遍访欧洲国家，同时也接待了这些国家领导人的来访。在互访中，中国领导人阐述所奉行的独立自主的和平外交政策，表明反对霸权主义、维护世界和平的坚定立场，以及中国人民一心一意从事四化建设的诚意和信心。1979年至1989年的10年间，中国同西欧国家在各个领域的合作迅速发展。党和国家领导人相继访问了法国、欧共体总部、意大利、联邦德国、英国、荷兰等国。联邦德国总统、法国总统、奥地利总统、英国女王以及英国、意大利、西班牙、瑞典、芬兰、挪威、丹麦、比利时、葡萄牙等国首相或总理及欧共体委员会主席访问了中国。所有这些访问，都有力地推动了中欧双边关系的发展。

20世纪80年代末90年代初，世界局势发生重大变化。东欧剧变，苏联解体，两极格局终结，各种力量分化组合，世界向多极化方向发展的趋势日益明显。西欧加快一体化步伐，积极向外扩展，力求摆脱美国的控制，争夺欧洲事务的主导权，谋求成为世界上独立的一极。欧洲一体化有利于其自身力量的发展，从而有利于制衡冷战后的唯一超级大国为所欲为，有利于保持世界地区力量的战略平衡，有利于国际局势的缓和与稳定。支持西欧联合自强的积极意义就在于此。

随着国际形势的变化，欧洲联合过程中也出现了消极的一面，主要是搞集团政治和强权政治的一面更加突出，对发展中国家搞贸易保护主义更加明显。中国对此持坚决反对的立场。近年来，针对西欧一些国家利用人权、台湾问题、西藏问题等干涉中国内政的行径，中国政府予以坚决斗争，揭露它们干涉中国内政、损害中国主权的强权主义实质，揭穿它们利用“制裁”手段遏制中国发展、实行和平演变的真相，从而维护了中国的主权和尊严。对于西欧国家采取的贸易保护主义措施，中国进行了有理、有利、有节的斗争，捍卫自己的经贸利益。

各国的社会制度、文化传统、宗教信仰、价值观念以及所处的发展阶段都不尽相同。各国应相互交流借鉴，尊重别国的国情和别国人民的自主选择。对于各种分歧和争端，应当通过谈判求得和平解决，不得使用武力和以武力相威胁，或者采取强权政治的做法。各国主权范围内的事情应当由各国自己去办。世界事务应当由世界各国平等协商解决。在事关我国主权和领土完整的问题上，我国一贯坚持原则，坚持有理、有利、有节的斗争。1980 年 11 月，荷兰政府无视中国政府的严正立场和抗议，批准莱茵—斯凯尔特—维罗梅集团为台湾地区建造海军潜艇。1991 年 9 月，法国政府不顾中国的强烈反对和抗议，宣布批准向台湾地区出售 6 艘“拉法耶特”护卫舰；1992 年 11 月批准达索公司向台湾地区出售幻影战斗机。1996 年，德国联邦议院不顾中国的严正交涉，讨论并通过了所谓“改善西藏人权状况”的决议。对上述严重违犯国际法准则、侵犯中国主权、干涉中国内政、伤害中国人民感情、干扰和损坏两国关系的行径，我国均作出了强烈反应，迫使这些国家认识到问题的严重性，作出改正错误的表示，使双边关系重新走上健康和正常发展的道路。

面向21世纪，努力发展长期稳定的友好合作关系；相互尊重、求同存异；互补互利、促进共同发展；加强在国际事务中的磋商与合作，这四项原则是中国发展同欧盟关系的长期指导原则。中国重视欧盟在国际事务中的地位和作用。双方在维护世界和平与稳定、促进世界经济的发展与繁荣方面，有广泛的共同利益，应当在上述四项原则的指导下发展相互关系，在国际事务中加强磋商与对话，在经贸领域里继续扩大合作。中国这个世界上最大的发展中国家同欧洲发达国家之间在各个领域的友好合作关系的进一步发展，必将对世界的和平与发展产生积极而深远的影响。

（二）中国与欧盟关系的发展

70年代以前，由于大多数西欧国家追随美国参加反共的冷战，实行“两个中国”或“一中一台”的政策，中国没有同它们建立外交关系。后来，随着中美关系的改善，西欧国家调整外交政策，中国与梵蒂冈以外的所有西欧国家先后建立了外交关系。中国与西欧国家的关系进入一个新的阶段，政治、经济、贸易、科技、文化各个领域的交往都有很大发展。

1975年5月6日，中国与欧洲经济共同体建立外交关系，开启了中欧关系的崭新篇章。同年9月，中国在布鲁塞尔设立驻欧共体使团。1980年，欧共体给予部分中国商品普惠制待遇，为双方贸易持续稳定发展创造了条件。1980年双方贸易额达到36.41亿埃居。1983年11月1日，中国与欧洲煤钢共同体和欧洲原子能共同体建立关系，从而实现与欧共体全面建交，建立定期协商制度，并在联合国大会期间举行外长级会晤。从1984年起，每年举行一次经贸事务部长级会晤。1987年3月，双方签署欧共体向中国派常驻代表团的协定。1988年5月，欧共体在中国设立了代表机构。双方人员往来频繁，领导人多次互访，合作领域不断扩大，贸易额逐年增加。

中国支持欧洲国家走联合自强的道路，希望欧共体的发展有利于世界和平。欧共体国家认为，中国可以成为一个重要的政治经济伙伴，通过同中国发展友好合作关系有利于提高欧洲在国际舞台上的地位；中国还可以成为欧共体扩大出口的市场和原料供应基地，这对于欧共体不仅具有重大的经济意义，而且具有重大的战略意义。由于双方的努力，中国与欧共体的关系得到顺利发展。

1989年后，欧共体追随美国对中国实行“制裁”，致使中国同欧共体国家关系受到严重影响。然而事过一年，欧共体国家终于面对现实，意识到它们对中国形势的估计是完全错误的，中国不断发展壮大，对华制裁反而有损于它们的利益。从1990年下半年开始，欧共体国家开始调整对华政策。它们意识到中国是一个大国，是联合国安理会常任理事国，在国际事务中起着重大作用，不应该也不可能把中国孤立起来。于是，在1990年10月的欧共体卢森堡首脑会议上，决定取消对高级官员访华的限制，1991年7月又取消了政府首脑访华的限制，以后逐步解除对中国的大部分“制裁”，恢复对华关系。1990年11月，西班牙外交大臣第一个来华访问；1991年9月，英国首相、意大利总理先后来华访问；随后一些欧共体国家领导人相继访华。与此同时，中国方面则有李鹏总理，邹家华、朱镕基、田纪云3位副总理及钱其琛副总理兼外长频频出访、顺访欧共体国家，特别是江泽民主席1993年11月顺访葡萄牙，1994年9月访问法国，打破了西方的“制裁”，标志着中国与欧共体国家的政治关系基本恢复正常，重新走上正常发展的道路。1994年9月，江泽民主席对法国进行国事访问，根据邓小平对欧工作思想，提出中国与西欧关系的四项原则：面向21世纪，发展长期稳定的友好合作关系；相互尊重，求同存异；互补互利，促进共同发展；加强在国际事务中的磋商与合作。1995年7月，江泽民主席应邀对芬兰、匈牙利和德国进行国事访问，取得圆满成功，进一步推动了中国同欧洲国家关系的发展。

1995年7月5日，欧盟通过了《中国—欧盟关系长期政策》。这是欧盟着眼于21世纪、发展中欧关系的全面政策性文件。文件主要内容包括4个方面：促进政治对话，发展经贸关系，加强全面合作和树立欧洲在华形象。这是欧盟有史以来制定的第一个全面对华政策文件，其涉及面之广、内容之丰富，在欧盟的对华关系史上尚属首次，标志着欧盟发展对华关系的一个新起点。这份文件表明，欧盟对中国的形势及其在国际事务中的地位和作用作出了积极的评价，并且要以实际行动来发展与中国政治经济地位相符的长期关系，以此作为欧盟面向亚洲乃至整个对外政策的基石。这份文件表现出欧盟对发展中欧长期合作关系的积极主动的姿态和诚意，必将推动欧盟及其成员国发展对华关系，有可能使中欧关系的发展进入一个崭新的阶段。

1996年欧盟提出了《欧盟对华新战略》，强调对华政策的全面性、长期性和独立性。1997年5月，法国总统希拉克访华，中法发表联合声明，决定建立面向21世纪的全面伙伴关系。其他西欧国家领导人也相继访华。1998年3月，欧盟出台《与中国建立全面伙伴关系》政策文件，提出把对华关系提高到一个新的水平，包括加强欧中政治对话，每年举行一次首脑会议，定期举行高官会议等。

1998 年是中国同欧盟国家领导人互访最多的一年。意大利、葡萄牙、卢森堡、法国、英国、爱尔兰、芬兰、比利时、西班牙等国领导人和欧盟委员会主席相继访华。1998 年，中国同欧盟首次领导人会晤在伦敦举行，双方发表联合声明，强调中欧愿建立面向 21 世纪的健康稳定的建设性伙伴关系，并决定建立年度领导人会晤机制。1999 年，第二次中欧领导人会晤在北京举行。中欧领导人的会晤增进了相互理解和战略互信，促进双方各领域的合作健康、稳定向前发展。

近年来，中国与欧盟的经贸关系发展迅速，贸易额连年创新纪录。1993 年双边贸易额为 261 亿美元，1994 年达到 315 亿美元，1995 年则达 403.4 亿美元，占中国进出口总额的 14.4%。中国是欧盟的第四大贸易伙伴，位居美国、瑞士、日本之后。欧盟加强对华投资力度，投资额出现较大幅度增长，截至 1995 年，协议投资金额 202 亿美元，实际投入 62 亿美元。同时拓宽合作领域，促进科技、文化交流，并向中国提供发展援助。欧盟看好中国市场，双方经贸关系出现进一步发展的良好势头。

（三）中国—欧盟关系的前景

中国正在进行社会主义现代化建设，实行改革开放，根据“面向21世纪，努力发展长期稳定的友好合作关系；相互尊重、求同存异；互补互利、促进共同发展；加强在国际事务中的磋商与合作”的原则发展中欧友好合作关系；欧盟出于战略考虑，决定同中国“全面发展政治、经济和贸易关系”。中欧关系已有良好的基础，不存在根本的利害冲突，因此中欧关系的发展具有广阔的前景。

1. 中欧经济关系会有较大发展

中国是一个大国，通过深化改革、扩大开放，实行社会主义市场经济，经济持续高速增长，政局稳定，取得了令人瞩目的成就。过去20年，中国国内生产总值增长率年均约10%。对外贸易逐年增长，1995年进出口贸易总额为2700亿美元左右，比1994年增长了约15%；1996年为2890多亿美元，比上年增长3.2%。1999年，中国国内生产总值为9.1万亿元，进出口贸易总额为3606.3亿美元，国家外汇储备超过1546.8亿美元，居世界第二位。

欧盟各成员国经过连续5年的经济衰退之后，从1995年起经济转入回升，但经济增长并不强劲，仍面临着许多严峻问题，如失业率居高不下、财政赤字庞大、内部市场需求不旺等，因此急需开拓外部市场，以促进自身经济增长，创造就业机会，振兴欧洲经济。庞大的中国市场对欧盟各国具有强大的吸引力。它们不仅可以通过发展中欧经贸合作扩大在华市场份额，而且可以中国为基点开拓亚太市场。

在过去的几年里，欧盟先是忙于内部统一大市场的建设，然后急于调整与中东欧的经济关系，忽略了亚洲和中国，以致欧盟各国对中国的贸易、投资、经济技术合作等大大落后于美国和日本。以投资为例，1979年至1993年间，欧盟企业在中国的投资总额为25亿美元，不足美、日的一半。欧盟迫切希望改变这种不利局面，力图通过加大对华政策力度，提高在中国市场上的竞争力。

着眼于21世纪，欧盟欲在多极世界中真正发挥独立一极的作用，必须增强与美国和日本竞争的能力，保持和加强它在世界经济中的实力地位。中欧经济合作已有良好的基础。欧盟是中国技术设备最大的供应伙伴；1998年中欧贸易额超过488亿美元，是1978年的20.4倍。截至1998年底，欧盟国家在华投资项目累计达9330项，协议外资金额为363.5亿美元，实际投入为174.1亿美元，在中国引进外资总额中居第三位。中国已成为欧盟第四大贸易伙伴。通过进一步发展经贸合作的潜力，将促进中国经济继续快速发展，也将对欧盟实现其全球战略具有重大意义。

2. 中欧政治关系将可进一步改善

中国是一个发展中国家，在广大发展中国家中颇有影响；中国是联合国安理会常任理事国，又是有核国家，无论是解决全球问题，还是解决地区问题，无论是和平问题，还是发展问题，都离不开中国。随着经济实力的增强，中国在国际事务中发挥着越来越重要的作用。中国的发展离不开世界，世界的发展需要中国。

欧盟的实力虽然已大大增强，但是其政治经济危机及内部矛盾和分歧，也大大削弱了其对外行动的能力，尤其是在处理欧美矛盾方面显得软弱。欧盟已认识到，中国不仅在经济领域里而且在国际政治领域里，都是国际社会的一个重要合作伙伴。欧盟需要中国的合作，以提高其自身的国际地位，增强其作为多极世界独立一极的作用；需要借助中国，以维护自身利益，在争夺欧洲主导权中居于有利地位。欧盟希望通过与中国建立密切的合作关系，抵消美国在欧亚的影响，达到战略上的平衡。

欧盟在许多重大国际问题上同中国有类似的看法，在对外政策方面，在处理和解决全球热点地区的危机和冲突方面，十分需要借重中国的支持和合作。在处理与发展中国家的关系问题时，欧盟也需要中国的配合。尤其是在保持亚太地区乃至世界的稳定和安全方面，欧盟离不开与中国的对话和磋商。总之，中国在欧盟外交与安全战略中具有极为重要的地位。

对华“制裁”政策失败后，欧盟不得不面对现实，在一些问题上采取灵活态度。西欧一些国家在 1989 年 6 月以后追随美国对华“制裁”，但结果与它们的愿望相反，中国不仅没有垮，而且继续蓬勃发展，越来越强大，而它们自己却吃了亏，失去了中国市场上的许多机会，处于被动地位。在人权问题上，欧盟国家开始认识到，追随美国在联合国人权会议上多次搞反华提案的失败，证明搞对抗是错误的，转而强调对话和注重国际合作的重要性，批评美国“只关心在国内是否受欢迎，而不关心政策的效果”。在台湾问题上，欧盟国家重申坚持“一个中国”的政策，不向台湾地区出售武器。在中国加入世界贸易组织的问题上，欧盟表现了更加理解、灵活和积极的姿态，提出中国可以分阶段履行世贸组织义务准则的主张。2000 年上半年，欧盟国家同中国关于加入世贸组织的谈判将会顺利完成。

欧盟成员国在许多重大问题上存在分歧，但是在对华关系方面却有着广泛一致的政治经济利益，都希望通过发展中国与欧盟的合作关系，谋取实际利益，进而实现其战略目标。欧盟在未来几年里推进中国与欧盟关系发展，似已成为必然。1999 年 3 月，江泽民主席在瑞士进行国事访问期间，发表了《发展中欧友好合作，推动建立国际新秩序》的重要演讲，着重指出，只要中欧双方都从战略高度和长远观点出发，本着相互尊重、求同存异、互补互利、共同发展的精神，以务实审慎的态度处理相互关系，就可以将一个充满活力的中欧建设性伙伴关系带入 21 世纪。

欧洲一体化理论及其未来*

对于复杂的欧洲一体化进程，学者们进行了多视角研究，建构了各种一体化理论，其中新功能主义和自由政府间主义是比较系统化的理论。不同的理论对欧洲一体化的前景作出了不同的预测。欧洲联盟正面临着为扩大而必须进行的体制改革，未来的大欧盟将具有更浓厚的超国家色彩，实行更高程度的超国家治理。

从欧洲煤钢共同体建立到今日的欧洲联盟，欧洲一体化已经经历了50多年的发展进程，除了规模和职能的扩大，更有体制的深化，其内容包括经济、政治、社会等方面。与世界其他地区的一体化相比，欧洲一体化显示出其突出的、特有的政治一体化特征。正是因为这一点，一些政治学者特别关注欧洲一体化进程，从不同的视角进行解释，提出了各种不同的理论。但是目前的理论并不能充分解释欧洲一体化，也不可能确切地预测最终的结果。不过，随着欧盟改革的展开以及制宪工作的进行，一个超国家色彩更浓厚的欧盟将会渐渐清晰地显现。

* 原载于《国外社会科学前沿（2002）》2003年2月。

一、欧洲一体化的种种理论

在20世纪40年代，欧洲政治家思考的一个关键问题是如何防止欧洲再次爆发战争，他们提出的观点被冠以联邦主义和功能主义，并且对欧洲一体化进程产生了一定的影响，但是并没有被系统化为“硬理论”。50年代以来，欧美学者从不同的角度解释欧洲一体化进程、动力、性质、演化，并预测未来的发展趋势，构建了各种理论或范式。随着欧洲一体化的进展，这些理论通过借鉴别的学科理论的成果或者相互借鉴而不断修正，并且出现了新的理论。这些理论可以大致上归入现实主义和自由主义两派。其中，解释力较强、真正可以称为理论的是新功能主义和政府间主义。

（一）新功能主义

如果说莫内是功能主义的实践者，那么美国学者哈斯则是第一位新功能主义的创建者。他的理论曾产生过很大影响，他的《欧洲联合：政治、经济和社会力量1950—1957》《国际一体化——欧洲和全球的进程》等著作被一些人视为欧洲一体化理论的经典之作。林德伯格的《欧洲经济一体化的政治动力》也对欧洲一体化作了精辟的论述。他们之所以对欧洲煤钢共同体和欧洲经济共同体感兴趣，是因为成员国在一体化进程中共享主权的方式。由于他们与欧洲经济共同体官员的广泛接触，新功能主义理论不仅被看作解释性的，而且常常被视为一种一体化战略。因此，新功能主义也被称为“一体化的共同体方法”。

新功能主义对欧洲一体化实践的分析，借鉴了社会科学的新成果，例如系统论和多元主义，认为政治与其说是思想的问题，不如说是利益集团之间竞争的问题，因此把压力集团、政党以及社会精英作为关键的行为者。新功能主义当然也吸收了米特兰尼的功能主义的一些观点，例如强调背景条件的重要性、福利利益的吸引力、管理技能的重要性、由“外溢”引起的逐渐变化以及对民族国家的怀疑。但是新功能主义至少有三方面的新内容：第一，哈斯认为一体化是国际政治中的一个动态过程，而非一种长期向往的状态；第二，提供了一个用社会科学概念表达的过程观，不但涉及经济决定论而且包括政治行动；第三，不但承认国内政治发展的重要性，而且重视欧洲经济共同体这样的一体化机构的重要性，因为它能推动一体化进程。

哈斯的研究重点是政治一体化进程。他认为，一体化是“说服几个国家内的政治行为体把它们的忠诚、期望和政治活动转移到一个其机制拥有或要求拥有高于现有国家管辖权的、新的中心的过程。这一政治一体化过程的结果是产生一个高于现有政治实体的新的政治共同体”。从他的定义来看，一体化涉及建立和发展高于国家管辖权的机制，转移忠诚、期望和政治活动。实际上，共同机制的建立和发展成为一体化的区别性特征。

新功能主义强调利益的概念。在哈斯看来，每个人都追求自己的利益，行为体之间的利益分歧和冲突是人类社会的本质。而行为体之间的合作是出于不同利益的考虑，一个国际组织的建立是基于共同利益，是聚合了不同环境因素、追求公共产品和普遍福利的工具。一体化是利益主体为实现自身利益而有意进行的，是追求共同利益的手段，而不是米特兰尼所说的由于技术管理的需要而自发产生的。

米特兰尼的功能主义本质上是经济的、技术的，功能性机构网络的扩展以及经贸政策的和谐，将会“外溢”到政治领域。他强调“技术自决”，侧重内部组织松散的共同体的形成，而不设定最终的政治目标，实际上他厌恶政治，甚至对联邦怀有敌意。新功能主义则把联邦主义作为欧洲联合的目标，同时也认为经济和政治已经变得相互交融，两者不能完全分开。因此，新功能主义的经济一体化是导向政治目标的途径，通过成员国的部分主权让渡和超国家机制的建立，形成一个联邦结构的政治共同体。

新功能主义的一个主要论点是：在条件适合的地方，就会有一体化的动力和扩展的逻辑，最终会由一种新型的实体——超国家共同体而非联邦，来取代可能过时的民族国家。这种情况只会发生在已经在很大程度上相互依赖的复杂而发达的多元社会里。一体化是通过“外溢”逐步进行的。“外溢”是新功能主义的重要概念，强调一体化从一个功能部门向另一个部门的扩散。一个部门实行一体化后，为了完成政策变化过程，会在这个部门内造成进一步一体化的压力，也可能要求另一部门的一体化（或者标准的变化），并且要求赋予一体化机构更多的职能和权力。换言之，原初的目标只有通过采取进一步的行动才能得到保证，这又反过来造成了一种进一步的条件以及更多行动的需要。另外，经济部门的一体化也会向政治方面“外溢”。

新功能主义认识到一体化进程中政治层面的需要。国内特定部门的人们意识到，他们达到目的的最佳途径，是在超国家层次上的游说和活动，因此会出现政治的“外溢”。这一过程有助于他们达到自己的目的，可能得到中央机构的鼓励。他们会为此集结国家的精英人物，结成同盟，在国外宣传他们的思想。因此这一理论对共同体官员颇有吸引力。民众中存在一种“放任的一致”，也有助于这种精英层次上的一体化。只要一体化不对大众造成负面影响，他们就会允许一体化发生。长远地看，所有的人都会获益，因此会逐渐认同超国家机构，这也就易于形成一个更加完善的政治共同体。民族国家可能试图回避一体化进程，但是出于自身利益的考虑，最终会顺应一体化进程，让渡部分主权。因此，新功能主义有时也被称为联邦—功能主义。

新功能主义是基于欧洲一体化的现实，而非理想主义的愿望，因此成为 20 世纪 60 年代最全面、缜密的一体化理论，当时在欧洲经济共同体内外都很有影响。但是由于自身方法论上的弱点，这种理论遭到许多批评。“外溢”的观点被认为是不确定的，因为一体化进程中也可能出现机构职能减弱的情况。这个概念的规定性和意识形态意愿太强，而且过分关注最终结果。另外，这种理论也被认为忽略了更广泛的国际环境，例如美国的霸权使欧洲一体化具有必要性并成为可能。新功能主义从经验研究中得到了可以检验的假设，但是它对欧洲一体化动力的描述是不完全的，对未来政治一体化的预言也证明是错误的，一体化进程中的事件表明这一点。压力集团没能发挥其预定的作用，共同体执委会证明是调停者而非创造者，欧洲人仍然忠诚于自己的国家，更重要的是成员国政府没有退缩，没有心甘情愿地让渡政治主权。“空椅子危机”表明国家利益和偏好的持续重要性，“卢森堡妥协”表明民族国家在现实世界中的顽强生命力。

1965 年的欧共体体制危机给新功能主义一个沉重的打击，新功能主义者和联邦主义者都进行重新思考，试图完善他们的理论。哈斯本人也考虑“戴高乐将军给我们上的一课”，承认新功能主义的缺陷，甚至灰心丧气地放弃了欧洲一体化研究，转向相互依赖的理论研究。新功能主义落入低潮，但是并没有消亡。随着 20 世纪 80 年代中期一体化的进展和欧共体活力的恢复，制度的新变化，以及后来的危机，引起了理论的探索，新功能主义作为一种战略，也作为一种理论，获得了新生。

作为一种理论，新功能主义在布格斯、平德、斯布拉贾、希焦克斯基等人的著作中都是很明确的。他们的观点常常跨越从分析到规劝的界限。关于欧洲一体化的最终结果将是联邦的说法，未必正确。沙夫认为，未来出现的将不是美国式的联邦，而是更像德国合作体系模式的联邦。

与其他理论相比，新功能主义是比较有说服力的理论，现在得到不断完善，运用在一体化进程中。

（二）相互依赖理论

由于“空椅子危机”和 20 世纪 70 年代出现的困扰，“外溢”概念和民族国家转化为欧洲联邦的观点被削弱了。美国学者感到失望，对一体化理论产生了怀疑，开始考虑欧共体是否有什么特别之处。哈斯把区域一体化研究纳入相互依赖理论，认为经济和社会一体化与相互依赖没有根本的区别。有人认为，他的这种做法未必恰当。

罗伯特 · 基欧汉和约瑟夫 · 奈在《权力和相互依赖 —— 转变中的世界政治》一书中系统地阐述了相互依赖的观点。他们认为相互依赖已成为国家间关系的现实，并且试图以此超越摩根索的现实主义权力观。根据相互依赖的观点，随着对日益彼此关联的西方经济的控制减弱，各国发现自己的规模太小，难以对付所面对的问题，于是努力加强国际协调。互惠的经济关系的代价，造成了国家间复杂而松散的联系。克拉斯纳等人把由这种趋势造成的特定合作形式称为机制。机制被定义为一种社会制度，包括所同意的原则、标准、规则、程序和过程，制约特定问题领域里行为者的相互作用。20 世纪 70 年代，相互依赖的观点在国际关系理论界很流行。它揭示了一种普遍存在的现象，但是相互依赖并不等同于一体化，难以充分解释一体化这种国家之间的特殊安排。因此，将欧洲一体化研究并入相互依赖的理论框架，不可能有很强的解释力。

华莱士指出了交流理论的优点，如同多伊奇最初所做的那样。他们认为，由于非正式接触的密度和强度增加，包括文化、经济、政府、法律、货币、社会、技术等方面的接触，欧洲已经变得很独特。欧洲联盟作为共享主权的复杂网络，居于中心位置，甚至欧洲货币联盟也可以看作为减少交流代价而发展起来的。但是，很难断定这种增强的接触是否会产生更强的共同体意识。

（三）新联邦主义

欧洲学者生活在欧洲一体化的环境里，不愿放弃对欧洲一体化进行理论解释的努力。一些人认为，欧共体的发展表明莫内的务实的联邦主义是有道理的。平德对联邦主义进行了重新评价。

传统的联邦主义主要是表达了对欧洲一体化前景的理想展望，而不是归纳现实情况和构造理论框架，然后进行严谨的论证。但是，联邦主义者总是不断提出联邦主义方案，进行宣传、鼓动和说服工作，因此对欧洲一体化进程起了推动作用，尽管他们对逐步推进的一体化方式感到不满。新联邦主义仍然是一种政治策略，又是一种理论探索。但是，新联邦主义在三个方面不同于传统的联邦主义。第一，新联邦主义从较传统的政治学角度看待联邦制，认为那是一种连接不同国家的方式，以便保证那些国家在更大的结构内保留自己的特性。欧洲一体化可能导向一种独特的制度结构，而不是传统的联邦制或以美国比照的联邦制国家。第二，新联邦主义认为，联邦依然是一个长远的目的，但是这个发展过程将是逐步的，道路是曲折的，不可能通过制定一部宪法来实现。不过，在各国内和共同体内都有一种向联邦发展的趋势，政治活动可以推动这一进程，例如建立机构性的联盟，利用持支持态度的国家领导人，吸引公众舆论。通过民众广泛参与的讨论，发现欧洲的共同利益，构建欧洲的政党制度，塑造共同的政治文化，确定成员国和共同体之间的职能划分。第三，经典的联邦主义认为，欧洲联邦可以在一张白纸上设计出来，而新联邦主义认为欧洲联邦只能建立在欧共体的前联邦制性质上。希焦克斯基认为，欧共体正在发展准联邦的特征。尤其是欧洲议会实行直选后，欧共体有了与联邦国家平行的机构。随着欧共体获得更多的权力，包括开始实行相当于联邦国家的财政再分配，欧共体也培养了一种共同利益意识。这种前联邦制不是国家主权向中心的单向转让，而是实行合作性的联邦制，或者说是国家和共同体机构分享权力。

欧共体仍然是一个邦联，但是有可能向联邦进一步发展，因为这样的实体被认为必然会趋向于联邦。逐步发展的战略能够促进这一进程。随着公众的赞同，欧洲议会最终能够把欧共体转变为一个真正的立宪制联邦。这种看法现在比较流行。

新联邦主义反映了人们的期望，体现了持续的洞察力和希望。但是新联邦主义阵营内没有形成一套严密的一体化理论体系，仍然是太多的叙述，而且过于天真，算不上真正的理论。

（四）政府间主义

斯坦利·霍夫曼注意到，欧洲建设进程中的一些事件，显示了民族国家的重要性。斯堪的那维亚国家对早期的联邦主义计划的抵制，此后戴高乐的缺席抵抗，英国等持怀疑态度的国家在萧条时期的我行我素，都清楚地表明了民族国家在一体化中的重要地位。成员国首脑会议的引入，也反映了共同体权力重心转向成员国的趋势。根据这些情况以及欧洲一体化的进展，霍夫曼重新评价了现有的各种理论，撰写了《大西洋龃龉的欧洲进程》《顽强还是过时：民族国家的命运和西欧的事例》《对今日西欧民族国家的思考》等文章，构建了政府间主义的理论框架。

霍夫曼的政府间主义以摩根索的现实主义为基础，坚持认为民族国家仍然处于世界政治的中心地位，强调国家利益在欧洲国际政治中的重要性。政府间主义接受新现实主义对国家和国家利益的强调，但是在研究欧洲的情况时，政府间主义者比美国的冷战思想家更认真地对待欧共体。他们同新现实主义的差别在于，他们承认欧共体及其所进行的国家间合作的独特性和持久性。但他们认为，国家并没有失去控制或失去特性。霍夫曼实际上认为，国家具有适应力，不可能由于建立欧共体作为进一步谋求自身利益的框架而消亡，同时也吸收了自由主义和认知理论的一些观点，提出国家利益是“观念和理想、先例和经验、国内力量和统治者都在其中扮演角色的构建”。

霍夫曼认为，由于国家内部需要的多元性和国家在国际体系中独特的位置，任何国际体系都倾向于造成分裂，而国内和世界两方面的因素造成离心倾向，造成国家内的分散。霍夫曼认为西欧处于一体化和分散化并行的矛盾状态。按照他的分析，戴高乐否决英国加入共同体的申请，抵制共同体的机构改革，以及各国之间的争执，都是因为各国对共同体在全球体系的不同定位、地缘政治形势的差异以及与美国的不同关系、敏感领域里的一体化涉及国家根本利益等。

霍夫曼提出“低级政治”和“高级政治”的概念，是很有意义的。他用这两个概念来解释欧洲一体化进程中出现的问题。“低级政治”是指经济、贸易障碍那样的技术性、管理性的领域，那些领域里的一体化不会危及国家精英的地位，也不会对国家的根本利益造成威胁。国家政府愿意在低级政治领域里进行合作，并且有能力加以控制。“高级政治”是指关系到国家自主权和国家特性的领域，如军事、外交等领域，涉及国家的根本利益。国家政府难以把握高级政治领域一体化的不确定性，于是选择依赖自己或由自己来控制那种不确定性。一体化进入高级政治领域里时，民族国家便会予以抵制。因此，在经济领域里的一体化是可能的，而政治一体化可能永远无法实现。

霍夫曼批评超国家主义过分强调一体化的过程而忽视国际环境，突出超国家机制的作用而忽视民族国家的中心地位，强调功能性联系的力量而忽视民族国家的反应能力。对于“外溢”，霍夫曼也提出了批评，认为当一体化涉及国家根本利益时，可能出现停顿，甚至“返溢”。

泰勒认为，欧共体实际上能够使国家更加强大，并反过来使欧共体变成为一个邦联。成员国依然是控制一体化总体节奏的主要行为者，而一体化只能逐步地、困难地而非自动地前进。经济合作和传统国家外交政策利益之间的障碍是无法跨越的。换言之，与新现实主义相比，政府间主义更强调国家的个性特征，不那么强调结构的重要性。

作为对欧共体及其发展的政治战略的解释，政府间主义在20世纪70年代和80年代初颇为流行。但是，政府间主义并不是完善的理论。例如，霍夫曼对低级政治和高级政治的划分虽然有一定的解释力，同时也暴露出这种理论的弱点。实际的政治生活表明，高级政治和低级政治之间的界限并非泾渭分明，而且任何“低级政治”领域的事情都可能涉及国家的根本利益。从70年代的一体化实践来看，经济一体化出于种种原因难以取得突破，而在高级政治领域里却开始了欧洲政治合作。另外，对于欧共体机构框架和决策的复杂性，一体化机制对成员国政府的约束和规范作用，国家利益观念的变化，共同体意识的发展等方面，霍夫曼都低估或忽视了。

霍夫曼同现实主义的看法也有所不同。20 世纪 80 年代中期尤其是 90 年代以来，欧洲形势和世界格局都发生了巨大变化，全球化浪潮汹涌澎湃，但是现实主义和新现实主义仍然坚持国家中心论，认为欧洲一体化是一种反常的现象。他们在经过理论反思之后，认为冷战时期核对抗的结束消除了欧洲一体化的动力和条件，因此欧洲大陆将回归到原来的混乱方式。霍夫曼同意强调冷战结束的重要意义，但是认为其影响更加微妙。格里科等人提出，现实主义可以解释《马斯特里赫特条约》（简称《马约》）的谈判和签订，认为那是小国为维护其货币影响而采取的行动，或者解释为法国和德国之间的高级政治交易。

英国学者米尔沃德对欧洲一体化起因的历史研究，加强了政府间主义。他认为，一体化启动有两个原因：一是西欧国家战后重建的一些政策需要通过国际构架才能完成，或者才能更好地实行；二是试图使工业部门在国际竞争中获得比较优势或竞争优势，或推动经济进一步发展。民族国家不是因为无能而采取一体化的治理形式，以便实现对民族国家的超越，而是为实现和增进自己的经济利益、恢复和增强自己的实力而采取的主动行动，是一种国家意志的行为。一体化是为了拯救面临种种危机的民族国家，一体化并不总是削弱民族国家。“20 世纪后半期的欧洲历史主要有两个方面：一方面是民族国家作为政治、经济和社会存在的基本组织单位的重新伸张，另一方面是把它的一部分权力转交给欧洲共同体。”

（五）自由政府间主义

近年来，政府间主义出现了新的发展，自由政府间主义就是在政府间主义的基础上吸收了传统国际关系理论的方法和观点而形成的，主要代表人物是安德鲁·莫拉维茨克。莫拉维茨克研究了《单一欧洲法令》的谈判之后，发表了《单一欧洲法令的谈判：国家利益和欧洲共同体内的常规政略》一文，把《单一欧洲法令》的签署解释为成员国同意新自由经济议程的结果。此后，他又发表了一些文章，并于1998年出版《欧洲的选择：从墨西哥到马斯特里赫特的社会目标和国家权力》一书，阐述了他的自由政府间主义。这一理论基于传统的现实主义，强调国家在一体化进程中的作用，但是也抛弃了现实主义的一些观点，修正了政府间主义，强调国家参与一体化是为偏好而非权力所驱动，是国家的理性选择。同时也从国际政治经济学中吸取了一些内容，强调竞争、市场和机制对国家的含义，并且认为制度并不是政府间主义的对立面。鉴于国家—社会关系在形成国家偏好中的重要性，还吸收了国内政治学的内容。自由政府间主义可以说是调和了传统理论的产物，代表了修正政府间主义理论适应20世纪80年代新现实的努力。

莫拉维茨克认为，欧洲一体化是国家领导人根据国内各组成部分的经济利益的限制和机会，各国在国际体系中的相对力量，以及国家制度作为增强国家间承诺的可信度的角色而作出的理性选择。他认为，一体化进程中五次重大的政府间谈判反映了国家的意图。一体化是政府间谈判和利益交换的产物，而不是超国家的功能力量、现实主义的地缘政治权衡或欧洲联邦观念。成员国是主要行为者，一体化的决定是由内部和外部的压力驱动的，但反映了国家领导人的政治意志。如果他们不同意，就不会出现一体化。

经济利益是在一体化进程中发挥决定性作用的因素。与安全方面的考虑以及政治家和公众舆论的思想观念相比，经济利益集团的压力一般会对政策造成更多的限制。莫拉维茨克用国家偏好这个概念来分析国家经济利益的权衡。他提出了形成一体化的三阶段框架，即国家偏好的形成、国家间谈判和制度选择。这三个阶段的决定性因素分别是商业优势模式、重要政府之间的相对谈判实力、增强国家间承诺的可信性。

国家偏好中有两个基本变量，即地缘政治利益和经济利益。国家政府当然密切关注对国家主权或领土安全的可能威胁，但是在国家偏好的形成中经济利益占据支配性地位，而国家经济利益是由内部利益集团的竞争形成的。政府考虑一体化时的主要动机，是对正在增加的有利可图的经济交换所创造的机会作出反应而进行政策协调的压力。国家政府认识到，通过国际协议来采取集体行动可以比单边行动更好地实现一些偏好，因此选择国际合作。莫拉维茨克在对国家间谈判的分析中引入了外部性概念，认为国际合作也是控制政策外部性的一种措施。在国家间谈判中，国家是一个统一的理性行为体，国家的相对实力决定谈判的结果，国家偏好的融合导致一体化。

国家政府选择利用国际制度来实施所达成的协议，采取委托或汇集国家主权的方式，以确保各国信守诺言。所谓主权的汇集，就是各国政府同意通过投票程序而非一致同意来决定未来的事务；而主权的委托就是允许超国家行为体采取某种程度的自主政策，没有干预性的政府间投票或单边否决。莫拉维茨克认为，无论是哪一种情况，制度创新都是在国家的精心策划和谨慎控制下进行的。

自由政府间主义是致力于解释一体化新发展的成果，是 20 世纪 90 年代以来讨论得最多，也是最重要的一体化理论之一。这一理论是一种大理论，把对形成国家偏好的自由主义和构建国际制度的现实主义的解释结合起来，也就是把可以分开的国内和国际这两个层面上的分析合并在一起；另外，把对欧洲共同体的分析纳入可以应用于所有国家的政治学模式中，用来说明一体化发生的条件。但作为一种调和折中的理论，自由政府间主义还有待完善。

另外还有一些一体化理论，虽然也有一定的解释力，但是还有待于系统化。总体上看，没有一种理论能全面地解释欧洲一体化。多种理论的综合可能是未来理论发展的趋势。

二、欧洲一体化的未来

欧洲一体化难以全面充分解释，原因之一在于欧洲一体化是一个独特的、发展的过程。静态的描述难以说明一体化的进程，但是至少可以了解欧洲联盟是什么。可以先用否定词语来描述它：欧洲联盟现在不是一个简单的共同市场，不是一个简单的经济实体，不是一个单纯的经济货币联盟，不是一个普通的国际组织，不是一个邦联，不是一个联邦。欧洲联盟拥有一个近似于联邦法的特殊法律体系，形成了一个独特的法律秩序。欧洲联盟作为欧洲民族国家的利益共同体，采用具有超国家性的决策方式，并且采用辅从原则，具有联邦制的一些结构特征，形成了一种新的独特的政治秩序。鉴于上述特征，欧洲联盟似乎可以视为一个具有联邦特征的国家联盟。但是，人们对欧洲一体化的前景更感兴趣，更关心欧洲联盟会成为什么。英国《金融时报》的一篇文章中就提出这样的问题："欧洲究竟要成为一种什么东西？一个联邦，一个国家联盟，一个自由贸易区，还是一个价值共同体？各个国家应该拥有哪些权限，欧盟又应该拥有哪些权限？”

欧洲联盟的建立标志着欧洲一体化达到一个新的高度，但是并没有解决欧洲一体化往何处去的问题。《马约》没有对“欧洲联盟”作出明确界定，仍然沿用“更紧密的联盟”的说法，而不是草案中提出的“具有联邦目标的联盟”。欧盟与欧洲共同体相比，在许多方面已经大不相同，不过，大致上还是沿袭早期的组织结构模式。《马约》的内容体现了超国家主义和政府间合作的微妙平衡，这种混合的政治传统没有为欧洲一体化的未来发展提供一个明朗的前景。

德国外长菲舍尔于2000年5月12日在洪堡大学发表演讲，倡议将欧盟“从今天的国家联盟过渡到完全议会化的欧洲联邦”。他建议，将来的欧洲议会具有双重代表性，既代表民族国家的欧洲，又代表公民的欧洲。在欧洲议会的两院中，一个议院由各国当选的议员组成，另一个议院由公民直接选举的议员组成。另外，通过签署一个“宪法条约”，对联邦和成员国之间的主权分配作出规定，联邦负责处理必须在联邦范围内解决的问题，其他所有问题都留给成员国处理。德国政府领导人也都持同样的见解。关于欧洲联邦问题，并不是一个新话题，但是菲舍尔的报告还是立即引起了各国的强烈反应，欧洲政界展开了热烈的讨论。

法国赞成推进一体化，但是不同意建立“欧洲联邦”的设想，而主张制定一部欧洲宪法，建立一个“欧洲国家邦联”，或者如德洛尔所说的“欧洲国家—民族联邦”，是介于联邦和政府间合作的一种形式。英国在经济货币联盟建设中已经落在后边，现在更担心被排斥在欧盟“核心”之外，反对把欧盟演变成为“超级国家”，同意欧洲议会增设一个由各国议会成员组成的“代表院”。众说纷纭，莫衷一是。但是这个问题到了不能回避的时候了。

2000年12月的欧盟首脑会议通过了《尼斯宣言》，宣布塞浦路斯、爱沙尼亚、匈牙利、拉脱维亚、立陶宛、马耳他、波兰、斯洛伐克、捷克和斯洛文尼亚等10个候选国基本达到入盟的标准，可望在2002年底前结束与欧盟的谈判，在2004年正式加入欧盟；同时也决定进行机构改革，为这次欧盟历史上最大规模的扩大做准备。组织结构、运行体制和决策方式的改革如果不到位，扩大后的欧盟将不可避免地陷入机构庞大、运转失灵、议而不决的困难局面。可以说，改革关系到欧盟的生存和发展。但是在尼斯会议上，由于各方意见分歧，利益难以摆平，因此难以取得重大突破，而只能在现有的架构内达成妥协。

2001年12月15日，欧盟首脑会议在比利时首都布鲁塞尔召开，通过了题为“欧盟前途”的《拉肯宣言》。这份文件称欧盟目前正处在“十字路口”，欧洲正走向一个逐步统一的“大家庭”。欧盟面对着新的挑战，需要强化自身的建设，成为当今世界中的“强国”，在不断全球化的世界中发挥新的作用。《拉肯宣言》分析了欧盟面临的一些主要问题，并提出了制定一部欧盟宪法的前景。会议决定成立由成员国政府和议会、欧洲议会和欧盟委员会以及欧盟候选国代表组成的制宪筹备委员会，由12人组成的主席团领导筹委会的工作，法国前总统吉斯卡尔·德斯坦被任命为主席团主席，意大利前总理阿马托和比利时前首相德阿纳被任命为副主席。制宪筹备委员会将对欧盟的发展方向进行广泛深入的研究，向2004年召开的欧盟政府间会议提出欧盟体制改革的预案，作为欧盟未来改革计划的基础。

《拉肯宣言》为欧盟深化改革开辟了新的前景，但是可以预料，改革进程不会一帆风顺。欧盟组织结构基本上还是一体化合作初期的模式，运行机制和决策方式已经难以适应当前的目标，更不用说扩大后20多个成员的欧盟了。成员国都认识到改革的必要性，但是改革关系到各成员国的主权和切身利益，成为一个长期以来议而不决的难题。目前的改革涉及一系列问题，例如，欧盟的目标和欧盟机构实现目标的权力之间的差距问题，欧盟机构和成员国之间的权力分配问题，成员国之间的利益和权力平衡问题。这些问题主要是由3方面的原因造成的。第一，由于主权情结的作用，成员国一方面希望从一体化合作中获得尽可能多的利益，另一方面又尽可能少地转让国家主权。《马约》提出了政治联盟建设的新目标，但是成员国没有赋予欧盟机构实现这一目标所需要的足够的权力。作为应对欧洲局势和世界格局剧变带来的各种挑战的产物，欧洲联盟采用复杂的"柱形"结构。《马约》和《尼斯条约》都没有改变3个支柱不对称的状况。第二，由于成员国发展的不平衡和具体条件的差异，欧盟的整体利益不可能完全涵盖所有成员国的国家利益，有时甚至会排斥个别成员国的某些特殊利益。各成员国尽力维护国家主权，并且试图控制所让渡的主权，以便维护本国利益，因此代表整体利益的欧盟委员会考虑问题的角度，往往不同于成员国政府以及代表成员国利益的部长理事会。随着一体化的深入发展，超国家机构和成员国之间的权力平衡问题会日益突出。第三，由于共同体实行一定程度的超国家分配，也就必然存在成员国之间利益和负担分配不均的问题。因此，在组织机构、运行体制和决策方式方面，成员国各有不同的要求，都希望有关的安排符合本国利益。大国和小国之间，穷国和富国之间，都存在分歧。欧盟委员会的席位分配问题，多数表决制问题，"多速欧洲""核心欧洲"等问题，都是成员国之间分歧的反映。然而，欧盟机构和体制改革势在必行，否则欧盟的进一步深化和扩大都会遇到严重障碍。

关于“欧洲联邦”以及改革问题的争论，说到底还是主权让渡问题。问题的关键在于欧洲一体化是否有足够的动力。欧洲一体化的进展取决于各国对国家利益和共同利益的权衡，增进共同利益的预期始终是一体化合作的基础。欧洲一体化的初始动力是在欧洲消除战争、维护和平。50多年来，安全方面的压力、经济发展的动力以及地缘政治影响促使各国为了生存和发展的共同利益而推进一体化合作，并且在一体化进程中发展了成员国之间业已存在的相互依存关系，而相互依存的需要又进一步推动一体化合作。经济一体化是经济意义上国家幅员的扩大，削弱了国家边界的重要性。统一大市场的建成，把欧盟成员国的经济普遍而紧密地联系在一起，加固了一体化合作的基础；欧元顺利地取代各国货币，表明了欧盟开始得到欧洲人的认同。如今全球化成为一股势不可当的潮流，任何国家都难以回避全球化的强烈影响和冲击。欧盟成员国需要通过推进一体化合作来应对各种压力和挑战。如果说欧洲联邦不是成员国的初衷，那么深化一体化合作是各国维护国家利益的主动选择，而要维护本国利益就必须增进共同利益，否则，本国和欧洲没有出路。必须看到，一体化作为组织政治经济生活的一种特殊方式，是从分散走向集中的过程，从本质上说是联邦化的过程。欧洲经济领域里表现出的权力集中的趋势，势必推动政治领域里的权力集中，并且导致文化领域里的趋同。另外，随着经济全球化的发展，人类的经济政治生活日益展示出整合的趋势，尽管在这一过程中不乏多样性和差异性的冲突。欧洲一体化进程在矛盾和冲突中不断向深度和广度发展，反映了通过区域合作来解决共同问题的整合趋势。

无论是在制宪筹备委员会上还是在欧盟政府间会议上，对于欧盟改革或联邦建设问题都会出现激烈的争论。欧盟三个支柱的完全合并将意味着欧洲联邦的形成，但是这需要成员国让渡外交、国防等最重要的政治主权，而这绝不是轻而易举可以实现的。不过，经过多年来的一体化合作，欧盟成员国乃至各国公民之间已经形成了休戚与共的一体感和认同感，在尽力维护国家主权的同时，也在改变而不是固守国家主权的传统观念，“民族国家已不再是欧洲人至高无上的参考系”。成员国之间相互交织的利益关系和谋求共同利益的政治意愿，使它们难以舍弃一体化合作。各种矛盾将会继续存在，各种协调也将会继续进行。政府间会议的结果未必是欧洲联邦或欧洲国家邦联，欧盟结构也许在相当长的时期里继续维持超国家治理和政府间合作的混合形式。

2002 年 2 月 28 日，欧洲制宪筹备委员会第一次会议在布鲁塞尔的欧洲议会大厦隆重开幕，这当然对欧洲一体化进程具有深远的意义。制宪筹委会的 105 名来自欧盟成员国、欧盟机构和候选国的代表齐集一堂，使人“联想起 1789 年在美国费城召开的制宪会议”。制宪筹委会将针对欧盟体制和条约的改革等问题组织广泛的讨论和磋商，为 2003 年召开的政府间会议提供有关改革方案和制宪建议。筹委会将通过公开透明的讨论，充分听取公众对机构改革与欧盟发展的意见，让欧盟的决策中心贴近公众。筹委会最后会提出什么样的建议？欧盟驻华大使安高胜在 2002 年 1 月一次座谈会上说：“欧洲的未来不会出现联邦的欧洲或欧洲合众国，但是超国家主义的色彩会更为浓厚。”正如人们所说的，欧洲宪法“是个梦”，但并非“不切实际的梦”。

参考文献

① Balassa, Bela, "The Theory of Economic Integration: An Introduction" ,in *The European Union: Readings on the Theory and Practice of European Integration*, Brent F.Nelsen, Alexander C-G.Stubb(eds.), Lynne Rienner Publishers, 1994.

② Baun, Michael, *An Imperfect Union, The Maastricht Treaty and the New Politics ofEuropean Integration*, Westview Press, 1996.

③ Borchart, Klaus-Dieter, *European Integration, ECSC-EC-EAEC*, Brussels, Luxembourg, 1995.

④ Bulmer, Somon and Andrew Scott, *Economic and Political Integration in Europe: Internal Dynamics and Global Context*, Basil Blackwell Ltd., 1994.

⑤ Calingaert, Michael, *European Integration Revisited*, Westview Press, 1996.

⑥ Church, Clive H., *European Integration Theory in the 1990s*, *European Dossier Series*, University of North London, 1996.

⑦ Habermas,Jurgen, "The European Nation-State and the Pressures of Globalization", Translated by G.M. Gosbgarian, *New Left Review*, 5/6, 1999.

⑧ Milward, A. S. , *The European Rescue of the Nation State*, Routledge, 1994.

⑨ Moravcsik, Andrew, "Liberal Intergovernmentalism and Integration:A Rejoinder", *Journal of Common Market Studies*, Vol. 33, No. 4 (December 1995).

⑩ Rosamond, Ben, *Theories of European Integration*, Macmillan Press Ltd., 2000.

⑪ Nelsen, Brent F. and Alexander C-G Stubb, *European Union: readings on the Theory and Practice of European Integration*, Lynne Rienner Publishers Inc., 1994.

⑫ O'Neil, Michael, *The Politics of the European Integration: A Reader*, Routledge, 1996.

⑬ Wallace, Helen and William Wallace (eds.), *Policy-Making in the European Union*, 4th eds., New York: Oxford University Press, 2000.

主权观念和欧盟成员国的主权让渡*

随着国际关系的日益发展，当今世界舞台上出现了形形色色的国际组织。根据国际法的定义和国家主权原则，国际组织的性质只能是“国家间的”，而不具有“超国家性”，不能侵犯成员国主权，不能干预本质上属于成员国管辖的事务。但是，目前一些国际组织，虽然其运作也是以主权国家签署的条约为依据的，其职能是条约赋予的，但其作出的某些决定对成员国的确具有约束力。现有的主权原则似乎不能解释主权国家和国际组织之间的这种关系。那么主权国家建立或参加国际组织，赋予国际组织职权，是否涉及国家主权的让渡？进一步说，国家主权是否可分？传统的主权属性分析是否依然成立？本文试图通过对欧洲联盟的权限、欧盟法律、立法程序以及欧盟法律和成员国国内法的关系的分析来回答这些问题。

---

* 原载于《中共中央党校学报》1999 年第 2 期。

一、主权观念和国家主权原则

自近代国家主权观念产生以来，关于主权的性质曾出现过各种不同的学说和理论。法国政治思想家博丹于1577年发表《论共和国》，指出主权是“国家支配其公众和臣民的不受法律约束的最高权力”，是“国家内绝对和永久的权力”，这种权力不能转移。17世纪时荷兰法学家格劳秀斯提出，主权是国家的最高统治权，主权行为不受其他权力的限制，不从属于其他任何人的意志。英国哲学家霍布斯于1651年出版《利维坦》，认为主权是不受任何约束的，主权者拥有超越一切的权利，甚至有超越宗教的权利。18世纪时法国启蒙思想家卢梭提出人民主权的学说，强调国家主权属于人民，是公共意志的运用，并确认了3个原则，即主权是不可转让的，不可分割的，绝对的、至高无上的和神圣不可侵犯的，逐步形成了古典的主权观念。尽管他们在主权的归属问题上存在分歧，但是在主权的实质和特征方面则是一致的，都认为主权必须是最高的、完整的、无限的和不可分的。18—19世纪时曾出现过主权可分的主张，认为主权可以分割，并且可以在国家之间转让。那种主张是为适应殖民主义和帝国主义侵略扩张的需要，为奴役、掠夺和压迫弱小国家制造理论根据的。主权可分论受到大多数国家的反对，自然也得不到国际法的承认。

英国哲学家洛克对民主、分权和法制进行了论述。但他的分权理论是指在一个国家内部，政府权力的各个组成部分应置于不同的人手中以求其平衡，同主张主权可以分割和转让的主权可分论完全是两回事。洛克特别强调立法机关的支配地位。他在1689年发表的《政府论》中说，“立法权，不论属于一个人或较多的人，不论经常或定期存在，是每个国家中的最高权力”。他还补充说，一个国家还应该有自己的“执行权”和“对外权”。作为国家最高权力的“立法权”，再加上“执行权”和“对外权”，就构成了国家主权。黑格尔在《法哲学原理》中同样是把国家主权分为立法权、执行权和对外权，但他比洛克更强调国家主权的威严，尤其强调对外权。他认为，对内主权的体现是有“自己的最高政府”，“自己的政府”表现在“对外完全独立”上。一个国家如果没有独立的对外权，也就没有充分的主权。国与国之间的关系是独立主权间的关系。

《布莱克维尔政治学百科全书》里对主权概念进行了概括性的阐述，但对主权是整体的、绝对的、不可分的主张提出疑问，指出“主权的首要标志不是不可分性”，“主权能够清晰地分割为许多成分”。但这里所说的可分性也是从国家内部分享权力、制约权力等制度因素考虑的。在实行联邦制的国家里，其国家权力的分立可视为“（对外）主权的（内部）分权”。因此可以说，各国的意识形态和社会制度可以有所不同，国家内部的统治方式和管理形式各有差异，但是对于“一个自主国家里的主权的特征在于它是最高的、最终的和最普遍的权力或权威”，则是肯定无疑的。

国家主权原则作为国际法的一项基本原则为国际社会所公认，并已载入许多重要的国际法文献。国家主权体现为国家对内的最高权和对外的独立权。因此，每个国家都有独立自主地处理自己的内政外交事务的权力，即有权选择自己的社会政治制度，确立自己的经济体制，进行立法、司法、行政活动，对自己领土内的人和物行使排他性的管辖；都有权独立自主地制定自己的对外政策，从事对外交往，参与国际活动，排除任何外来干涉，不从属于任何外部的意志。如果一个国家受制于外部的力量，遭受外来的干涉，在内政外交中失去了独立性（或自主性），也就意味着失去了主权。无论一个国家内部实行何种社会政治制度，就对外而言，主权则是不可分割、不可让与的，否则，也就无所谓主权国家了。

当今世界上，任何国家都不可能置身于国际社会之外。国家的独立性只有置于国际关系中才是有意义的。在国际交往中，每个国家既维护自己的主权，又尊重他国的主权，都处于平等的地位，这才谈得上彼此的独立。互相尊重国家主权，互不干涉内政，是国际法的一个基本原则。这是就主权国家之间的关系而言的。国家为了自己的利益，也为了彼此间的共同利益，依据国际法签署条约，建立国际组织，这是行使了自己的权力；同时也应履行条约义务，服从条约的约束，尽管有些条约并不具有国际法的地位。国际组织独立于国家之外，但不是凌驾于国家之上；只是“执行条约所确定的组织职能的工具”，“在那些超出了成员国单个的行动权力的领域里发挥国家间合作的职能”。这里说的是主权国家和国际组织的关系。然而国际关系的现实并非完全如此。有些依据条约建立的国际组织，如欧洲联盟，就具有超国家的性质。欧盟的性质、职权、运作方式以及欧盟机构与成员国的关系，冲击了传统的主权观念。

二、欧洲联盟的权限

欧洲联盟与普通国际组织的相似之处在于它也是依据国际法的条约建立的。然而就职能和权限来说，欧洲联盟与一般的国际组织大不相同。一般的国际组织通常承担严格限定的专业技术任务，而欧盟机构则拥有特定的管理权限。研究一下欧盟机构的权限，有助于认识它的超国家性。

欧盟机构的权力首先来自成员国签署的各项条约里的特定授权。条约里规定了共同体为实现条约的目标而采取行动的权限。根据《巴黎条约》，欧洲煤钢共同体管理整个共同体内的煤钢产业，这两个产业当时在国民经济中占有极为重要的地位。欧洲原子能共同体的职权在于管理和平利用原子能的研究及安全事务，以及原子能材料和设备的共同市场。欧洲经济共同体的任务不是限于个别的经济部门，而是扩大到建立一个共同市场，并通过使成员国各个经济部门里经济政策的逐步接近，“为欧洲各国人民之间日益紧密的联盟奠定基础”。具体任务涉及商品、人员、劳务和资本的自由流通，以及农业、运输、竞争和社会政策等。《单一欧洲法令》要求共同体采取一切必要措施，在 1992 年 12 月 31 日前逐步建立内部统一大市场，真正实现四大自由流通。《马斯特里赫特条约》使共同体前进到新的经济、政治层面：授予共同体有关内部统一市场、经济政策和货币政策的权力，以及社会、文化、科研、政治、环境和发展合作等方面所涉及的权力，并且使欧洲联盟拥有外交与安全政策和司法与内务合作方面的一些权力。《阿姆斯特丹条约》进一步增加了共同体的权力，如把与人员自由流动相关的民政与司法事务升格为共同体行动，赋予共同体在共同贸易政策结构内谈判和缔结有关服务业及知识产权国际协定的权力，等等。特定授权的范围根据任务的性质而有所不同：在有些方面可以制定任何适当的规定，而在另一些方面，决定权则为严格规定的条件所限制。无论是哪一种情况，成员国是把国家政府的管理职能和权力交给了欧洲联盟。

除了特定授权，欧盟机构拥有辅助行动权。根据辅助性原则，欧盟机构行使这种权力时，需要证明条约的目标不可能由各成员国有效达到，而只能由共同体更好地达到。欧盟机构还拥有为有效行使条约明确授予的权力而采取必要措施的更多权力：隐含的权力。隐含的权力是引申或推导出来的，而非明确授予的。这种权力在处理对外关系中具有特别重要的意义，使欧盟机构能够在从事其各项任务的领域里承担对非成员国或其他国际组织的义务。

由上述情况可以看出：（1）欧洲联盟拥有成员国通过条约自愿交出的一些权力，有权管理本应由成员国政府管理的一些极为重要的国家内部事务，尽管成员国为了更容易地监督和控制转让的权力而采用了特定授权的方式；（2）辅助性原则在一定程度上增加了欧洲联盟的行动权，尽管成员国确立辅助性原则的初衷是阻止欧盟机构扩大自己的权力；（3）欧洲法院通过对条约的解释，引申出条约未明确授予的权力，这不仅扩大了欧盟机构的权限，而且有使之进一步扩大的潜势。由此可以得出结论：欧洲联盟是一个拥有自己权力的实体，在一些领域里超越了成员国政府，也就是说，欧盟的权限使之具有超国家性。

三、欧洲联盟法

欧洲联盟法首先来自成员国直接创立的法规，称为“基本法规”，包括成立 3 个共同体的条约，有关的附件和议定书，后来修订和补充的文件，主要是《单一欧洲法令》《马斯特里赫特条约》《阿姆斯特丹条约》。这些文件包含了关于共同体（欧盟）目标、组织和运作方式的基本规定，也包含了共同体的大部分经济法。这些文件构成了一个法律框架，欧盟机构通过立法和行政措施将其充实起来，从而为实现整个欧盟的利益服务。欧盟机构必须在条约规定的范围内工作，也由此而得到了为达到条约目标所需要的权力。

欧洲联盟法的第二个来源是欧盟机构制定的各种法规。这些法规称为“二级法规”，包括规章、指令、决定、建议和意见。规章是欧盟机构制定的、涉及整个共同体的法规，通用于所有的成员国。成员国必须全面实施欧盟机构颁布的规章，不能只选用它赞同的条款而不实施它曾反对的或它认为违背其国家利益的条款。成员国也不能以国内法的条款为理由，阻碍规章的强制性应用。各种规章不必转变为国内法，而是像国内法一样在各成员国内均具有法律效力，对欧盟内的公民直接授予权利或施加义务。成员国的政府机构和法院直接受规章的约束，必须像遵从国内法一样遵从规章。制定规章的目的是实现欧盟内部法律的统一，其结果是形成了一种凌驾于国内法之上的力量。

指令是和规章同样重要的法律工具，但是目的不是实现法律的统一，而是法律的调和。指令里提出的目标对于成员国是约束性的，但是允许成员国政府在各自国内法律制度内选择达到目标的方式和方法。实际上，这是干预成员国经济和法律结构的一种较温和的形式。成员国政府在实施指令时，可以根据各自国内的特殊情况，使国内法规符合欧洲联盟法。这就调和了既要保证欧洲联盟法必要的一致性又尊重成员国传统和结构的多样性这个二重性目的。

欧盟机构可以为贯彻条约或规章作出针对特定对象的决定。可以要求某个成员国、企业或个人进行或停止某种活动，或者对它们授予权利或施加义务。欧盟机构还用建议和意见这两种工具向成员国，有时是向个别公民，表达一种观点。建议和意见没有法律的约束力，但是具有政治上和道义上的重要意义。鉴于欧盟机构的声望，有关的组织或个人会自愿遵从。

欧洲联盟法的第三个来源是欧盟依据国际法同非成员国或其他国际组织签署的协定。

第四个来源是成员国之间签订的、与共同体活动有密切关系的协定。但是这类协定不涉及向欧盟机构让渡权力。最后，欧洲联盟法律秩序中还包括反映基本法制观念的不成文法。

基本法规限定了欧盟和成员国之间的关系：欧盟机构必须在条约规定的权限范围内进行活动，成员国必须履行由条约产生的义务，这是不言而喻的。值得注意的是，欧盟机构作出的决定不仅具有法律地位，而且优先于国内法，直接干预成员国的内部事务，并且行使了成员国的部分对外主权。成员国必须采取一切适当措施，遵从欧盟法。成员国的公民受制于国家和共同体这两个法律秩序，具有国家公民和欧洲联盟公民的双重身份。这表明，从法律的角度说，成员国已在一定的程度上受制于或从属于一种超国家的力量。

四、欧洲联盟的立法程序

在考察欧洲一体化进程时，人们常常指出，成员国绝非轻易地向共同体（欧盟）让渡了部分主权；为了监督和控制那些主权，它们保留了在决策过程中的最后决定权。然而事实表明，随着一体化的发展和深化，共同决策程序的实施范围扩大了，特定多数表决制的实施范围也扩大了，成员国已不能完全控制它们让渡并要共享的那部分主权。

欧洲理事会由成员国国家或政府首脑及欧盟委员会主席组成，握有一体化的主导权。欧洲理事会为欧洲一体化确定政策路线，决定优先事项，发出政治指示，为一体化进程提供动力。在共同体方面，欧洲理事会作出基本的政策决定和指导方针；在政治合作方面，主要是在国际关系、外交政策协调等问题上取得一致意见。就其本质而言，欧洲理事会仍是政府间会议。

在具体政策方面，参与立法的机构主要是欧盟理事会、欧洲议会和欧盟委员会。欧盟理事会由成员国的政府代表组成，通常是有关的部长或副部长参加。欧盟理事会利用特定多数票或一致同意来作出决定，包括决定政治目标、协调国家政策、解决成员国之间以及与欧盟其他机构的分歧。需要指出的是，欧盟理事会不是政府间会议，而是兼有超国家性和政府间组织的特征。

欧洲议会自 1979 年开始实行直选，代表欧盟的 3.7 亿人民，其结构犹如实行议会民主制的国家里的议会。首先，欧洲议会具有咨询职能。在许多问题上，欧盟理事会必须征求欧洲议会的意见。欧洲议会对欧盟委员会主席的任命拥有批准权，对欧盟委员会的工作拥有监督权，可以 2/3 多数票弹劾委员会，迫使其辞职。欧洲议会还拥有一定的决策权。《马斯特里赫特条约》引入共同决策程序，增强了议会的立法地位；《阿姆斯特丹条约》进一步扩大了共同决策程序的实施范围。在一些事务的决策过程中，欧洲议会和欧盟理事会具有同样重要的地位。

欧盟委员会由成员国共同协议任命，但委员会成员完全独立于各自国家的政府，为整个欧盟的利益服务。欧盟委员会的职责是捍卫各项条约，保证条约的条款和欧盟机构的各项决定得到正确的贯彻执行；作为欧盟的执行机构，负责制定贯彻条约和法规的详细规定、管理共同体活动的经费等；在欧盟的立法过程中，只有欧盟委员会拥有建议权，即使在政治合作的领域里，委员会也拥有和成员国同样的建议权。

欧盟制定法规时，采取建议程序、合作程序或共同决策程序。

凡是未申明运用合作程序或共同决策程序的方面，都可运用建议程序。欧盟委员会的一名委员负责组织有关部门，就欲制定的法规起草建议。草案经委员会以简单多数通过后，就成为“委员会建议”。欧盟理事会收到建议之后，首先决定是否需要征询欧盟其他机构的意见。在一切重要的立法之前，必须向议会咨询。议会可以提出正式书面意见，对委员会的建议提出修正。但是理事会并无接受议会意见的法律义务。经过咨询之后，理事会的专门工作组对建议进行讨论，然后由成员国常任代表组成的委员会对建议进一步研究，在技术细节上取得一致。各国的部长们只是就常任代表一致同意的法规盖图章。

合作程序是由建议程序发展而来的。在合作程序中也是由欧盟委员会首先提出立法建议，但是要将建议同时提交欧盟理事会和欧洲议会。议会经过一读之后，将其意见通告理事会。理事会在委员会建议和议会意见的基础上进行商讨，采取一个共同的立场，然后送交议会进行二读。如果议会接受理事会的共同立场，理事会以特定多数表决即可制定法规。如果议会拒绝理事会的共同立场，理事会只有通过全体一致同意才能制定法规。由于理事会内取得全体一致有相当的难度，那项立法建议往往难以成功。议会也可以对理事会的共同立场提出修正建议。如果委员会接受议会修正意见，理事会可以以特定多数表决制定法规，否则，便需通过全体一致同意才能制定法规。无论哪种情况，理事会都可以对议会的修正案或委员会修正后的建议不作任何议定，实际上相当于行使了否决权，从而阻止立法。

共同决策程序进一步提高了议会的地位，可以说欧洲议会和欧盟理事会平等分享决策权。欧盟委员会将立法建议同时提交给理事会和议会。议会对建议进行一读，然后将其意见通告理事会。如果理事会同意委员会建议和议会意见，以特定多数表决即可通过。如果理事会不接受委员会的建议，则需全体一致。此时，理事会将其决定送交议会进行二读。议会可以根据理事会的共同立场提出修正案，成立一个调解委员会（由同等数量的议员和理事会成员组成，并有委员会委员出席）进行谈判，寻求妥协。如果达成妥协，由理事会和议会共同作出决定，制定法规。如果调解委员会没能就妥协草案达成一致，理事会可以通过特定多数票确认按议会愿望修正的共同立场。但是议会仍然可以通过绝对多数票拒绝理事会的共同立场，行使其否决权。

从三种决策程序看，主要代表成员国利益的欧盟理事会在所有事务上都拥有决定权，占有最重要的地位，但是在有些方面须和欧洲议会分享而非独占最后决定权。因此可以得出结论，成员国政府并非完全保持了对其让渡的主权的控制。

五、欧洲联盟法与国内法

欧洲联盟法构成了一个自主的法律体系。作为欧盟的最高司法机构，欧洲法院拥有不容争议的法律解释权和裁决权。依据基本条约，欧洲法院在司法实践中确立了欧盟法直接适用原则和欧盟法优先原则，从而确定了欧盟法先于成员国国内法的地位，体现了欧盟法的超国家性。

欧洲法院在说明《罗马条约》的地位时曾提出：“与普通的国际条

约相比，欧洲经济共同体条约创立了自己的法律体系，一旦条约生效，这一法律体系就成为成员国法律体系的一个主要部分，成员国法院理应运用。”共同体法既不能被看作仅仅是一套国际协定，也不能被视为国家法律体系的附属品，而是一个独立的法律体系。欧盟法律秩序的自主性保证所制定的法规不被削弱，并始终一致地运用于整个共同体。

为实现欧洲联盟的目标，欧洲联盟法律秩序和成员国法律秩序必须密切合作，前者的运作依靠后者的支持。《罗马条约》第五条明确规定了总的原则：“各成员国应采取一切一般的或特别的措施，保证履行由本条约或由共同体机构的决议所产生的义务。它们应为完成共同体的任务提供便利。它们应避免可能危及实现本条约目的的任何措施。”在司法方面，欧洲法院拥有欧盟法的解释权及其有效性的决定权；成员国法院可以，有时必须，把欧盟法的解释和有效性问题提交给欧洲法院。成员国法院依据自己法律制度的程序规定遵守并执行欧盟法。

欧洲法院通过判例确立了欧盟法直接适用的原则。直接适用原则是指欧盟法可以直接应用于成员国的法律体系中，不需要成员国进一步规定和解释，成员国及其公民都是欧盟法的主体。欧盟法直接适用原则的实际意义不可低估，因为由此导出了第二个原则：欧盟法优先。由于欧盟法（共同体法）的条款直接授权和施加义务，那么欧盟法（共同体法）与成员国国内法规产生冲突时，只有以一个对另一个的让步来解决。条约里没有关于欧盟法（共同体法）是超越还是从属于成员国国内法的条款，二级法规中也没有明确的答案。唯一的解决办法是使共同体法先于成员国国内法，取代国内法中一切相抵触的条款，并占据它们在国内法律秩序中的位置。否则，成员国各行其是，共同体法就会被抛在一边；没有共同体法一致和平等的运用，就会危及欧盟的运作能力，难以实现条约的目标。因此，欧洲法院不顾一些成员国的反对，通过判例确立了共同体法优先的原则，使共同体法不但比此前的国内法更有效力，而且对以后颁布的法规具有约束力。

欧盟法直接运用和优先的原则使之处于特殊的地位。成员国不仅仅是转让了部分立法权，而且在司法方面也失去了一定的独立性。欧盟法和一般国际组织的规则之间显然存在质的区别：欧盟法先于成员国国内法，直接约束成员国及其公民。传统的主权概念难以解释欧盟法的这种超国家性。

六、主权观念再思考

在考察了欧盟机构的权力和欧盟法之后，再回到最初提出的问题上来：主权国家建立或参加国际组织，赋予国际组织职权，是否涉及国家主权的让渡？国家主权是否可分？传统的主权属性分析是否依然成立？

对于第一个问题，欧洲一体化的实践已作出了明确的回答。成员国在接受《巴黎条约》《罗马条约》《单一欧洲法令》《马斯特里赫特条约》《阿姆斯特丹条约》时，就将部分主权转让给欧盟机构了。欧洲一体化的每一步深化，从煤钢工业部门的一体化到共同市场，从关税同盟到经济货币同盟，都涉及成员国主权向欧洲联盟的转移。人们常用转让、共有、共享、让与、让渡等字眼来描述这一现象。有人指出，应把这种主权让渡现象看作主权的共有或共享。的确，成员国的代表参与所有的立法，并且在决策过程中保持很大的控制权。但是，将部分国家主权拿出来共享，就意味着国家主权是可分的。主权共有或共享虽然一方面可以解释为国家主权的扩大，但是另一方面也有独立自主性受到一定限制的含义。这里说的主权可分，既不同于18—19世纪时为殖民主义和帝国主义侵略扩张制造舆论的主权可分论，也不同于弱小国家遭受奴役掠夺、被迫割让主权的现象，而是战后以来西欧各国出于国家政治、经济利益的考虑，自愿转让部分主权，致力于一体化的事实。

更进一步看，由于国家主权的转让或共享，形成了相对独立于成员国政府的欧洲联盟，其职能几乎深入到成员国经济生活的方方面面以及对外经济贸易事务，甚至触及成员国外交与安全、司法与内务等政治方面；所制定的法规优先于成员国国内法，直接约束成员国乃至其国民，构成一个超国家的法律秩序。虽然成员国在共同体事务中，尤其是立法方面，仍然拥有很大的权力，但是立法和司法的实践表明，成员国并不是拥有完全的控制权。欧盟机构拥有超越成员国政府的职权（至少在一些领域里），是不容置疑的事实。欧洲联盟的这种“超国家性”已为法律界所接受。按照传统的国家主权原则来看，成员国已无严格意义上的完整的对内和对外“最高权”。

对于这种主权的转让或共享，合乎逻辑的解释是欧洲联盟是一种特殊的、具有超国家性的国际组织。一些国家中心论者将欧洲联盟仅仅视为政府间组织，显然忽视了它的超国家性。欧洲一体化的道路上困难重重，成员国竭力维护其主权，就是对于已转让的主权也是尽力设法控制，但是基于现有的经济和政治联系及利害得失考虑，要退出或扭转这一进程也难。虽然欧洲一体化的前程难以预料，但就目前的趋势看，成员国还会向欧盟转让更多的主权。尤其是到1999年，货币联盟建设进入实质性的第三阶段，欧洲中央银行开始运行，实行欧洲单一货币，制定统一的欧洲货币政策；到2002年7月以后，欧元将完全取代成员国货币而成为唯一的法定货币。而且，欧盟面临扩大和深化这两大任务，发展的形势要求对欧盟机构、运作机制和决策程序进行改革，欧洲议会的权力还会进一步扩大，外交与安全、司法与内务等方面的合作也会进一步加强。到那时，欧盟将会呈现更浓的超国家色彩。这已不是主权可分或不可分的问题，而是成员国转让了多少、还保留了多少的问题，是成员国在多大程度上控制所转让的主权的问题。

当然，欧洲联盟是一个特殊的国际组织，不能代表一般的国际机构，因此不能由此而认为国际法最基本的原则之一——国家主权原则过时了。就当今世界的国际关系实际而言，国家主权原则必须维护，否则，霸权主义和强权政治会更加横行无忌，弱肉强食的历史就会重现。但是，从欧洲一体化这一特殊现象可以得出一个结论：主权现象是一个历史的范畴，主权的属性随历史进程演化。人类不断面对新的问题和挑战，出路之一是联合起来解决问题、迎接挑战，何况在人类历史进程中就一直存在国家的分分合合，因此对于国家主权应用历史的眼光来看，固定不变的观念难以解释复杂的国际关系现实。

欧洲一体化与超国家治理 *

欧洲一体化经过了50多年的发展进程，从6个成员国的欧洲煤钢共同体发展到15个成员国、3.6亿人口的欧洲联盟，在一定程度上实行超国家治理，成为当今世界上一体化程度最高的区域性集团。根据传统的主权理论，国家主权作为国家的根本属性是不可分割和不可转让的，然而欧洲一体化的每一步深入发展都涉及成员国向共同体机构转让部分主权。欧洲一体化进程实质上是主权国家向超国家机构逐步转让主权的过程，同时也是寻求超国家机构和成员国之间权力平衡的过程。主权让渡是欧洲一体化的必要的前提条件，而欧盟法律体系是一体化进展的保障。随着成员国政府职能和职权越来越多的转让，欧盟形成了一种新的政治秩序。然而主权让渡问题始终是一体化进程中矛盾的焦点，当前欧盟组织结构、运行体制和决策方式已难以适应一体化发展的需要。在欧盟即将进行新一轮扩大之际，如何进行改革成为一个严峻的挑战。

---

* 原载于《WTO与国家主权》2003年3月。

一、欧洲一体化进程中的主权让渡

第二次世界大战后，西欧各国经过反思，在欧洲联合方面取得共识，但是在联合的目标、方式和体制等方面都存在许多分歧，主要表现为联邦主义和邦联主义之争。[①] 战后初期的政府间合作显示出其组织形式的软弱性和低效性，促使西欧国家采取更有效的一体化合作方式。

被誉为“欧洲统一之父”的让·莫内，曾是战后法国现代化计划的设计师，正是他绘制了欧洲一体化蓝图。莫内认为，“欧洲各古老国家单独行动的日子已经一去不复返了”[②]。欧洲只有联合起来，结为一体，才能提高欧洲人民的生活水平和维护欧洲的和平，才能有自己的尊严、独立和进步。“要对欧洲人民确保条件允许的自身繁荣，欧洲各国就显得过于狭小，它们需要更广泛的市场。……欧洲的繁荣与必不可少的社会发展意味着欧洲各国应该组成一个联邦，或是一个‘欧洲实体’，使欧洲成为一个共同的经济单位。”[③] 关于实现欧洲统一的途径，莫内抓住了一个根本点——寻找各国共同的根本利益，通过建立一个基于共同利益的共同体，把过去彼此争夺的东西变为今后共同奋斗的目标。莫内认为，实现欧洲统一的关键是合并：通过以合作经营体制为基础的部门一体化，建立行业共同体，把管理权交给“类似中央联盟”的超国家机构。各国以谋求共同利益为目标，分阶段把资源合并在一起，把主权合并在一起，最终实现全面的合并。合并的过程就是主权转移的过程，

---

① 参见 Michael O'neill, *The Politics of European Integration*, Routledge, 1996，又见 Clive H. Church, *European Integration Theory in the 1990s, European Dossier Series*, University of North London, 1996。

② [法]让·莫内:《欧洲第一公民》，孙惠双译，成都出版社 1993 年版，第 3—4 页。

③ [法]让·莫内:《欧洲第一公民》，孙惠双译，成都出版社 1993 年版，第 249 页。

即把主权逐步转移到一个新型权力机构中去。从部分主权转移到全部主权转移的过程，是一个从量变到质变的过程，从部分质变到全面质变的过程。概括起来，就是通过主权的逐步转移，最终实现“欧洲联邦”的目标。

莫内选择了煤钢部门作为实现合并的第一步，设计了建立欧洲煤钢共同体的方案。他设想，把法德两国乃至西欧的煤钢资源及生产置于一个共同机构的管理和监督之下，建立一种事实上的休戚相关的关系，那么就可以解决法德之间长期以来争夺煤钢资源的问题，消除战争的根源，使法德战争在物质上成为不可能，从而实现两国的永久和平；而且把西欧的煤钢工业组织成为高效率的统一市场，各国都能从中获益。法国外长罗贝尔·舒曼接过这一方案，承担起予以实施的政治责任，于是就有了具有重大历史意义的“舒曼计划”。法国、联邦德国、比利时、荷兰、卢森堡、意大利 6 国接受了“舒曼计划”，各国代表于 1951 年 4 月 18 日在巴黎正式签订了有效期为 50 年的条约，建立欧洲煤钢共同体，各国政府把管理煤钢部门的职能交给超国家的共同体机构，由此走上了经济一体化的道路。欧洲煤钢共同体的诞生，使“欧洲统一”观念落实为一个超国家的一体化实体。尽管这一尝试只是局限于煤钢产业范围的超国家治理，但是《巴黎条约》中所体现的立法和行政权力的“转移”，在“国家主权的城堡上”打开了一个缺口，为一体化结构体制提供了一个范例。

煤钢一体化取得了预期的成果，而且共同体内开始形成一种荣辱与共的共同体精神以及对一体化机构的认同感。在冷战的形势下，成员国政府认识到，为维护和增进共同利益，有必要推进经济领域里的一体化合作。欧洲煤钢共同体 6 国于 1957 年 3 月 25 日签署《罗马条约》，建立欧洲经济共同体和欧洲原子能共同体，确定了建立一个共同市场的目标，把成员国的经济政策逐步纳入一体化进程。欧洲经济共同体的突出成就是建成关税同盟，成员国之间取消商品关税和限额，对外实行统一关税税率和统一外贸政策，实行共同农业政策，促进了共同体内部贸易持续增长和成员国经济快速发展。70 年代，成员国逐步建立欧洲货币体系，开始实行“欧洲政治合作”，欧洲共同体由 6 国扩大为 12 国。1985 年 6 月，共同体首脑会议批准以建设内部统一市场为目标的白皮书；同年 12 月签署《单一欧洲法令》，规定到 1993 年 1 月撤销成员国之间的内部边界，真正实现商品、人员、劳务和资本四大自由流通，建成一个内部统一市场，并且把 70 年代开始的“欧洲政治合作”纳入共同体体制。作为建设统一大市场的法律基础，《单一欧洲法令》引入合作决策程序，扩大部长理事会里多数表决制的实行范围，增加共同体超国家治理的成分，使欧洲一体化进入一个新阶段。成员国把经济领域里的大量管理职能和职权让渡给共同体机构。到 1993 年 1 月 1 日，有关大市场的 282 条措施中绝大多数已被采纳，成员国之间的有形壁垒（海关关卡、过境手续、卫生检疫标准等）、技术壁垒（管理规则和技术标准）和财政壁垒（各国税制和税率差别）被消除，内部统一大市场建成，欧盟超国家治理的程度进一步提高。

在 80 年代末 90 年代初东欧剧变、两德统一的形势下，欧共体首脑会议于 1991 年 12 月通过《马斯特里赫特条约》（简称《马约》），确定了建立一个“更为紧密的国家联盟”的目标：建设包括经济货币联盟和政治联盟的欧洲联盟。《马约》规定分 3 个阶段建成经济货币联盟，并且规定在政治联盟建设方面实行共同外交与安全政策和司法与内务合作。《马约》引入共同决策程序，扩大欧洲议会权力，扩大部长理事会多数表决范围，增加欧盟委员会的管辖权，把一体化范围从经济领域扩展到外交、防务、司法与内务以及广泛的社会政策领域，实现国家主权向一体化机构的一次大规模、深层次的转移。1993 年 11 月，《马约》正式生效，欧洲联盟建立，进而扩大为十五国。1997 年 10 月，《阿姆斯特丹条约》在此基础上又前进了一步，增加了保证经济货币联盟实现的新协定，为经济货币一体化进程扫清障碍；同时在欧盟未来组织和决策程序等方面对《马约》作出一些修正、补充和规定，提升涉及人员自由流动的民政与司法事务为共同体行动，纳入原来由部分成员国签署的《申根协定》，推进政治联盟建设。

成员国经济日益趋同，经济货币一体化顺利进展。2002 年 1 月 1 日，单一货币欧元终于进入流通，完全取代了作为经济主权重要象征的国家货币，欧洲中央银行承担起货币发行权和货币政策制定权，这标志着作为欧盟第一支柱的经济货币联盟基本建成。尽管英国、丹麦、瑞典还留在欧元区外，但是欧盟成员国在经济领域的大多数方面实行共同政策，欧盟机构在相当大的程度上实行了超国家治理，因此可以说欧洲经济一体化的目标已经大致上实现。

欧洲一体化的目标绝不仅仅是统一大市场，按照莫内的说法，共同体高级机构“这样的超国家的权力机构并不仅仅是为了解决经济问题，而是为今后建立欧洲联邦铺平道路”[①]。欧洲经济共同体委员会第一任主席瓦尔特·哈尔斯坦更坦率地提出：“我们根本不是做生意的，我们是搞政治的。”[②] 随着经济一体化的进展，成员国开始把部分政治主权让渡给超国家的欧洲联盟，当然也对所让渡的主权进行更谨慎的控制。《马约》把共

① [法]让·莫内:《欧洲第一公民》，孙惠双译，成都出版社 1993 年版，第 378 页。

② Philip Thody,*An Historical Introduction to the European Union*,Routledge,1997,p.11.

同外交与安全政策作为欧盟的第二支柱。在外交政策方面，重大政策问题由欧洲理事会一致决定，具体行动由外长理事会多数决定；理事会的高级代表担任对外政策发言人，欧盟委员会的一名委员负责把外贸和外交事务结合起来。在安全事务方面，欧盟加快共同防务建设，决定把西欧联盟并入欧盟，使之成为欧盟的“武装臂膀”和欧盟统一军事力量的基础，从而将防务合作纳入欧洲一体化进程。1999 年 12 月 11 日，欧盟赫尔辛基首脑会议决定建立自主的欧洲防务力量，要在 2003 年建成一支 5 万—6 万人的快速反应部队，以便在没有北约参与的情况下对地区危机和冲突采取独立的军事行动。2001 年 11 月，欧盟国防部长会议保证建成一支 10 万多人的部队。为了军队的正常轮换，这支部队将可以拥有 20 万名士兵、350 架飞机和 200 艘军舰。司法与内务合作是欧洲联盟的第三支柱，在欧盟范围内采取共同海关、边境和移民政策，实行刑事司法协助领域的引渡制度，建立欧洲警察组织，进一步协调打击跨国犯罪和国际恐怖主义的行动。尽管第二和第三支柱方面的事务主要是在共同体法律范围之外加以处理，政治联盟建设已经取得了重大的实质性进展。

欧洲一体化的历史表明，一体化以国家主权向超国家机构的逐步让渡为基本特征，主权让渡是一体化发生和发展的必要条件。一体化的进展需要在共同体一级制定和实施一系列共同政策，而这些共同政策的制定和执行要求成员国在一定范围内让渡国家政府的部分职能和职权，赋予共同体机构行动的权力。换言之，成员国要想得到一体化带来的利益，就必须把部分主权转让给超国家机构，由超国家机构承担起原来由成员国政府承担的部分职能。主权让渡是成员国经过反复谈判在自主、自愿的基础上进行的，目的在于通过一体化合作来回应一个国家难以独自对付的经济、安全等方面的严峻挑战，维护和增进共同利益。

莫内的以经济一体化带动政治一体化的方法曾遭到以斯比奈里为代表的联邦主义者的批评，被认为过分依赖经济决定因素，束缚了一体化的发展。但是就欧洲当时的形势而言，在各国政治家依然坚持国家主权、担心丧失国家主权的情况下，那些联邦主义者关于直接建立“欧洲联邦”的主张与根深蒂固的主权观念相抵触，因此难以实施，而莫内的职能主义方案较易为人们所接受，不失为一种实现欧洲联合的切实可行的途径。经济领域里的主权转让毕竟比外交、国防等方面的主权转让容易得多，但是经济一体化本质上是一种政治现象，是建立政治共同体的手段或途径。欧洲一体化的历史表明，尽管经济一体化并不必然导向政治一体化，经济一体化的成就至少为政治一体化奠定了经济基础，有助于政治一体化的发展。各种一体化理论对欧洲一体化的动力作出了不同的解读和阐释，但是都不能否认贯穿于欧洲一体化进程的经济和安全的逻辑，不能否认经济货币联盟实现后向政治联盟发展的必然趋势。

二、欧洲一体化的法律保障

欧洲一体化是国家主权让渡和国家利益融合的过程。成员国自愿向共同体转让同样内容、同等数量的主权，共同体机构因此而具有相应的职权和一定的权威性，有权在规定的领域里采取超国家治理的行动，以维护和增进共同利益。成员国作出一套独特的制度安排，用具有宪法性质的条约固定下来。《巴黎条约》《罗马条约》《单一欧洲法令》《马斯特里赫特条约》《阿姆斯特丹条约》等条约，规定共同体（欧盟）的目标、组织机构、决策程序和运作方式，授予共同体机构部分立法、执行和司法权力，划分共同体机构与成员国之间的权力界限。条约是粗线条的政策，为保证条约的有效实施，还需要具体的法律法规和措施。共同体机构依照条约规定，制定有关的法律法规，并且依据国际法同非成员国或国际组织签署协定。这些条约和所派生的各种法律法规，以及成员国之间签署的与共同体活动密切相关的协定，构成了欧盟的独特法律秩序，这个近似于联邦法的法律体系保证了超国家治理的实现。

成员国签署的条约是具有最高法律效力的基础法律，其合法性是不容挑战的。《巴黎条约》的有效期限为50年，其他重要条约都没有终止期限，成员国政府不能随意推翻，因此主权的让渡是没有终止期限的。由于这些条约的"不可逆转性"（至少是不容易逆转的），成员国一旦签署条约，就必须一直遵守，不得违背，除非退出共同体。这就为成员国之间持久的一体化合作提供了可靠的保证。欧盟实行的超国家治理具有"排他性"，其他任何国家申请加入，都必须首先同意接受已有的条约和规则，这就使欧盟具有一种强大的内聚力。

一种制度总是以组织机构作为载体。成员国需要通过一个共同的权力中心，即共同体机构，协调各国的政策和利益，组织共同行动，以便达到预期的目的。《巴黎条约》作为建立欧洲煤钢共同体的法律依据，明确规定了共同体的机构安排、决策机制以及成员国的权利和义务，确立了共同体的法律人格。舒曼称欧洲煤钢共同体是"一个独立的超国家组织的首例"。共同体的主要机构包括高级机构、特别部长理事会、共同大会（议会）、共同体法院等。从欧洲煤钢共同体到欧洲联盟，一体化的范围逐步扩大，共同体的规模和职能也不断扩大，决策机制更加复杂，但组织模式并没有发生根本性的变化，而且仍然是基于"权力授予"的原则。在欧盟的主要机构中，欧洲理事会由成员国首脑组成，拥有欧洲一体化的主导权，为一体化合作制定路线方针，确定优先事项，发出政治指示，为一体化合作提供政治动力。部长理事会由成员国的部长组成，代表各成员国的利益，负责协调国家政策，解决成员国之间以及与欧盟其他机构之间的分歧，就各项重大问题作出决定。欧盟委员会是超国家机构，为整个共同体的利益服务，其成员虽由成员国一致同意后任命，但他们不是成员国政府的代表，不征求或接受任何成员国政府的指示，而是完全独立地行使条约规定的职责、采取自主行动的“欧洲人”。欧盟委员会捍卫各项条约，保证条约的条款和欧盟机构的各项决定得到正确的贯彻执行，并且负责制定贯彻条约和法规的详细规定、管理共同体活动的经费等。欧洲议会也是超国家机构，代表欧盟全体人民，不仅具有咨询功能，而且拥有监督权和一定的决策权。议员通过直接选举产生，可以自由表达意见和投票；他们组成跨国的议会团体，而不是组成国家代表团。欧洲法院法官是由成员国政府一致同意任命的，但是欧洲法院独立于成员国政府和其他欧盟机构，其主要任务是公正地解释和运用欧盟法律，保证欧盟法律得到贯彻执行：不仅管辖成员国的诉讼、共同体机构的诉讼，而且管辖个人的诉讼，使成员国公民或法人成为诉讼主体。欧洲法院的独立存在对于维护共同体机构的权威具有决定性的影响。欧盟各机构共同行使和掌握成员国让渡的国家主权，即联合行使立法、行政和司法的权力，形成了一种独特的民主制衡机制。

欧盟的超国家性主要体现在欧盟的决策制度方面。各项条约是欧盟机构制定和执行二级法律的依据，为不同领域的事务规定了不同的立法程序，即咨询程序、合作程序、共同决策程序和同意程序。欧盟机构制定法律法规的范围限于诸条约中规定的领域，主要是为贯彻条约内容而制定规章、指令、决定、建议和意见等。在具体的立法过程中，各机构都不同程度地参与，发挥主要作用的是欧盟委员会、部长理事会和欧洲议会。在建议程序中，欧盟委员会拥有创议权，欧洲议会拥有被咨询权，部长理事会拥有最后决定权。依照合作程序，欧洲议会拥有修正建议权，部长理事会的最后决定权受到相当程度的制约，因为最后的决定不仅需要部长理事会成员之间的协调一致，而且需要欧盟各机构之间的配合。《马约》引入共同决策程序后，欧洲议会不仅直接参与决策，而且拥有最后发言权，部长理事会不能完全掌握决策权。共同决策程序并不限于政治意义较小的领域，而涉及统一大市场建立和运作的法律调和、人员和劳务的自由流动、教育和职业培训以及青年、文化和卫生、消费者权益、环境保护等重大问题。《单一欧洲法令》引入了同意程序，《马约》扩大了同意程序的适用范围：有关法案只有得到欧洲议会和部长理事会的同意后才能批准，欧洲议会实际上可以通过不同意而行使否决权。就欧盟各机构在立法过程中的作用来说，成员国并非独占决策权，而只是部分保持了对其所让渡的权力的控制。随着部长理事会内越来越多地采用多数表决制，欧盟二级法规往往反映了多数而非所有成员国的意愿。另外，欧盟委员会除了拥有执行权，还拥有一些特定的立法权以及制定执行法规的权力，以保证条约的条款和欧盟机构的各项决定得到严格执行。欧洲中央银行拥有独占性的欧元发行权和货币政策制定权，并且有权对不遵守有关条例或决定的企业处以罚款或定期惩罚性支付。总的来看，成员国对决策的控制程度在减弱，而超国家机构，尤其是欧洲议会，在立法中的作用呈现逐渐增强的趋势。

在执行和维护欧盟法律的过程中，欧洲法院发挥了最重要的作用。欧洲法院主要通过司法审查制度和其他司法救济制度，保证所有的法律都得到遵守；对有关违反欧盟法律的诉讼进行裁决。在司法实践中，欧洲法院确立了欧盟法律体系的两个基本原则，即直接适用原则和优先原则，确定了欧盟法律凌驾于成员国国内法之上的地位。在欧盟范围内，欧盟法律具有最高的法律效力。欧盟法律优先于成员国国内法，凡是与欧盟法律相抵触的成员国法律无效，即必须以欧盟法律为准。直接适用和直接效力原则使部分欧盟法律不必转化为成员国国内法，而在成员国内直接应用并直接生效。欧盟委员会可以对违反欧盟法律的成员国提起诉讼，一个成员国可以对另一个违反欧盟法律的成员国提起诉讼，成员国的公民或法人也可以向欧洲法院起诉本国或他国的政府、机构或法人的违法行为。欧洲法院的裁决具有约束力，可以在成员国内强制执行。欧洲法院对条约的解释和判例也具有法律效力。成员国不得阻挠共同政策的实施，成员国法院有义务运用欧盟法律，采取一切适当措施保证欧盟法律得到全面而有效的实施。

尽管有上述法律制度安排，欧洲一体化进程中始终存在着一个难以解决而又无法回避的问题，即如何在超国家机构和成员国政府之间进行权力的重新分配。在欧洲煤钢共同体中，具有独立性的高级机构承担主要的管理职能和决策权。然而当一体化合作扩展到更广泛的领域时，共同体内的权力重心向部长理事会倾斜。当年戴高乐积极推动政府间合作，但是为维护法国的独立和主权，坚决反对扩大共同体委员会和议会权力，反对理事会实行多数表决制，甚至以缺席的方式抵制共同体活动。“空椅子危机”持续半年之久，“卢森堡妥协”的后果是在相当长的时期里部长理事会维持一致通过原则，实际上使成员国享有否决权。《单一欧洲法令》引入新的决策程序，规定在统一大市场建设方面采取多数表决的决策方式，增加了共同体的超国家性，共同体机构的职权呈扩大趋势，因此招来不少批评和抨击。出于对共同体机构权力膨胀的忧虑，成员国在《马约》谈判过程中就联邦制和辅从原则问题展开激烈争论，相互妥协的结果是《马约》里取消了关于联邦制的表述，保留了辅从原则[①]。作为一项权力分配原则，辅从原则是和联邦制联系在一起的，用以确立两级政府各自的权力。《马约》使辅从原则成为欧盟的最重要的组织原则之一，从法律上确定欧盟的权力界限，试图在欧盟机构和成员国政府之间建立一种权力平衡机制。

欧盟法律秩序体现了法治的精神，依靠法律手段来维护一体化的制度安排，并尝试通过保持欧盟机构和成员国之间的权力平衡，保证欧盟机构在规定的范围内行使各自的职权，同时维护成员国及公民的合法权利，防止欧盟机构职能和权限过度膨胀，从而对一体化合作中的超国家治理发挥了保障作用。

三、新型的政治秩序

欧洲联盟是欧洲民族国家的一个利益共同体，反映了欧洲民族国家诞生以来最紧密的联合。欧盟是由成员国通过签署条约建立的，所有的

① 1975 年 6 月，关于欧洲联盟的廷德斯曼报告最初文本中提到辅从原则 (Subsidianity)，但是在正式文本中删去了。1984 年 2 月，欧洲议会通过的欧洲联盟草案中正式提出辅从原则，把它作为欧洲联盟的一个指导原则。1989 年，德洛尔报告中又提出把辅从原则作为成员国和共同体权力平衡的原则。《马约》第 3b 条阐述了辅从原则："共同体应在本条约所授予的权力和指定目标的界限之内采取行动。在那些不属于共同体单独权限的领域里，按照辅助性原则，仅在那些所提议的行动目标不可能由各成员国有效达到，而由于所提议行动的规模或影响只能由共同体更好地达到的时候，共同体才应采取行动。共同体所采取的任何行动不能超出为达到本条约所规定目标的必要行动的限度。"《阿姆斯特丹条约》又录入 1992 年 12 月欧洲理事会爱丁堡会议对"辅从原则"的诠释，对该条约 3A 条的辅从原则做进一步界定：在情况有此要求之处，应允许共同体行动在其权力限度内得以充分扩展；反过来，在此种行动不再正当之处，它应受到限制或不再继续。议定书还引入"适度原则"："共同体的任何行动均不应超越实现本条约目标所需要的限度。"

条约及重大修正协定都是政府间会议一致同意的，并经过成员国的宪法程序予以批准后才生效的。从这种意义上说，欧盟具有政府间合作的性质。但是成员国把越来越多的本来属于国家政府的职能和职权交给欧盟机构；欧盟机构运用条约赋予的职权直接干预成员国的经济活动，其决定对于所有成员国都具有约束力。成员国按照条约规定的决策程序来控制所转让的权力，同时必须接受欧盟范围内的超国家治理，各自处理内外事务的能力受到限制。在实施《申根协定》的成员国之间，取消了边境检查，作为国家主权重要标志的国界已经消失，而形成一个共同的对外边界。从这种意义上说，欧盟具有超国家性，而不仅仅是政府间的。欧盟范围内构成一种多层面治理的独特制度，创造了一种新型的政治秩序。

欧盟具有通过协调制定共同政策的合法性，有一定的“自有财源”，并且有实施共同政策和代表所有成员国签署对外协定的行为能力，因此有一定的自主性和权威性。欧盟通过结构基金和团结基金进行再分配，所拥有的资源几乎占国内生产总值的 5%。尽管欧盟直接再分配的规模与成员国国内福利制度相比还很小，但是欧盟通过共同政策所实现的间接再分配则具有重要的效果，限制了福利国家的再分配能力。在内部政策和对外贸易政策方面，欧盟拥有相当大的权力。在经济领域里，成员国实行共同的农业、运输、渔业政策等，而这些政策是在欧盟层次上制定的。欧元区内使用单一货币欧元，货币发行权和货币政策制定权属于欧洲中央银行。在就业、工作条件和教育文化等社会文化事务方面，共同政策是在欧盟和成员国政府两个层次上制定的。从产权保护到公共秩序等方面，成员国政策的统一性和欧盟层次决策的作用也不断增加。作为国际法主体，欧盟实行共同贸易政策，作为一个整体进行对外贸易谈判，缔结贸易协定；成员国没有缔结贸易协定的义务，而必须遵从欧盟的决定。经济贸易政策难以与外交政策和防务政策分离，因此欧盟的职能外溢，大多数经济援助和军事援助政策已经一体化，共同外交与安全政策正在加强。在人权、教育、环境、反恐等方面，欧盟也在一定程度上具有发展与第三国或者国际组织的关系的能力，在一定范围内有权缔结有约束力的国际协定，参与其他国际组织的活动，如欧盟在联合国有观察员身份，并由理事会轮值主席国代表欧盟。目前以欧盟作为缔约方参与签署的公约或协议已达 50 多个。“欧盟至少在决策方面已获得了被认为是现代国家所具有的作用。”①

尤为重要的是，欧洲联盟不仅仅是由成员国政府组成的，不仅仅是实行制度的一体化，而是与成员国公民及其直接利益发生联系。欧洲议会的直接选举把欧洲一体化和公民直接参与联系起来，减少了“民主赤字”。《马约》提出“人民欧洲”的概念，确立在一体化进程中逐渐形成的欧洲公民身份，阐述了欧洲公民的权利和义务。任何具有成员国国籍的公民都是欧洲联盟的公民，欧盟公民有权在共同体范围内自由选择居住和工作地点，在就业、工资、社会保险等方面不因国籍而受歧视，在欧盟法律面前一律平等；在其他成员国内享有与该国国民同样的权利，有权参加所居住国家的地方选举和欧洲选举。在国家法律秩序和欧盟法律秩序中，成员国公民具有国家公民和欧洲公民的双重身份，其基本权利和义务在国家和欧盟这两个层次上实现。随着人们的生态范围扩大，各种问题分别在两个层次上解决。欧洲统一的外在符号和象征，例如统一的欧盟护照、蓝地黄星的欧盟旗帜和每年 5 月 9 日的欧洲日等，

① ［英］西蒙·希克思：《欧盟研究：“新治理”议程及其竞争者》，见李巍、王学玉编：《欧洲一体化理论与历史文献选读》，山东人民出版社 2001 年版，第 328 页。

增强了欧洲公民意识和欧盟认同感。

欧盟的上述特征，尤其是决策方式所体现的超国家性和欧盟范围内实行的超国家治理，使之区别于一般的政府间合作组织或其他国际组织。欧盟成员国让渡了部分主权，在欧盟层次上制定的共同政策，即便是由多数表决作出的决定，对所有成员国具有约束力，因此削弱了成员国对本国事务的直接控制。欧盟不仅在条约规定的领域里实行超国家治理，而且有权制裁不遵从其决定或违背条约的成员国。欧盟范围内已经形成一个多层面治理的独特制度。与欧盟相比，在一般的国际合作组织中，成员国依照所签署的条约在某些领域里进行合作，并没有让渡国家主权；成员国履行条约义务是主权的行使，国家的内政外交不受外部控制；成员国在决策方面拥有否决权，可以否决或不参与由多数作出的但它不赞成的政策。这样的政府间合作组织不干预成员国制定各自的政策，也不能否决成员国的国家政策。

欧盟采取超国家性的决策方式，实行超国家治理，显示出联邦制的一些结构特征，但并不等于一般政治学意义上的联邦制国家。联邦制作为一种区域政治组织形式，有 3 个明显特征：（1）联邦和成员都有自己的宪法和中央权力体系；（2）联邦公民同时也是成员国公民；（3）联邦权力遍及全国，但是联邦和成员之间的权限划分由宪法规定，联邦无权任意改变[①]。联邦制通过宪法维护中央政府和地方政府的各自权威，并且通过二者的分权而将统一性和多样性纳入一个政治体制中。欧盟虽然具有联邦制的某些特征，但是无论在权力和权威方面都没有达到联邦制国家的程度，在组织结构和决策方式方面也不同于联邦制国家，尤其

---

① 何华辉:《比较宪法学》，武汉大学出版社 1988 年版，第 148 页。

是在政治联盟方面，共同外交与安全政策采取理事会一致同意的决策机制，司法与内务合作主要采取成员国间协商机制，基本上属于政府间合作性质，最终决策权还是掌握在基于全体一致同意基础上的成员国手里。因此今日的欧盟是一个特殊的、具有一些联邦制特征的联盟。

四、欧盟改革的前景

欧盟的建立标志着欧洲一体化达到一个新的高度，但是并没有解决欧洲一体化往何处去的问题。《马约》没有对“欧洲联盟”作出明确界定，仍然沿用“更紧密的联盟”的说法，而不是草案中提出的“具有联邦目标的联盟”，并且大致上沿袭早期的组织结构和运作方式。《马约》的内容体现了超国家主义和政府间合作的微妙平衡，这种混合的政治传统没有为欧洲一体化的未来发展提供一个明朗的前景。

德国外长菲舍尔于 2000 年 5 月 12 日在洪堡大学发表演讲，倡议将欧盟“从今天的国家联盟过渡到完全议会化的欧洲联邦”。他建议，将来的欧洲议会具有双重代表性，既代表民族国家的欧洲，又代表公民的欧洲。在欧洲议会的两院中，一个议院由各国当选的议员组成，另一个议院由公民直接选举的议员组成。另外，通过签署一个“宪法条约”，对联邦和成员国之间的主权分配作出规定，联邦负责处理必须在联邦范围内解决的问题，其他所有问题都留给成员国处理。[①] 欧洲联邦问题并不是一个新话题，但是菲舍尔的报告还是立即引起了各国的强烈反应，

---

① 周弘、沈燕南主编:《2000—2001 年欧洲发展报告》，社会科学文献出版社 2001 年版，第 35 页。

欧洲政界展开了热烈的讨论。

欧盟即将进行其历史上规模最大的一次扩大，但是欧盟组织结构基本上还是一体化合作初期的模式，运行机制和决策方式已经难以适应当前的目标，更不用说扩大后的20多个成员的欧盟了。组织结构、运行体制和决策方式的改革刻不容缓，否则，扩大后的欧盟将不可避免地陷入机构庞大、运转失灵、议而不决的困难局面。可以说，改革关系到欧盟的生存和发展。2000年12月，在法国尼斯召开的欧盟首脑会议通过了《尼斯条约》，确定了欧盟扩大的时间表，并且就欧洲议会的席位分配、部长理事会中加票权的分配、欧盟委员会的构成和委员会主席的职责、多数表决范围的扩大等问题达成一致。《尼斯条约》解决了体制方面的一些问题，对推进欧洲一体化进程具有重要的意义。但是由于利益难以摆平，各方之间存在意见分歧，体制改革方面没有取得根本性的突破，而只是在现有的架构内达成妥协。

2001年12月15日，欧盟首脑会议在比利时首都布鲁塞尔召开，通过了题为“欧盟前途”的《拉肯宣言》。这份文件称欧盟目前正处在“十字路口”，欧洲正走向一个逐步统一的“大家庭”。欧盟面对着新的挑战，需要强化自身的建设，成为当今世界中的“强国”，在不断全球化的世界上发挥新的作用。《拉肯宣言》分析了欧盟面临的一些主要问题，并提出了制定一部欧盟宪法的蓝图。会议决定成立由成员国政府和议会、欧洲议会和欧盟委员会以及欧盟候选国代表组成的制宪筹备委员会，由12人组成的主席团领导筹委会的工作，法国前总统吉斯卡尔·德斯坦被任命为主席团主席，意大利前总理阿马托和比利时前首相德阿纳被任命为副主席。制宪筹备委员会将对欧盟的发展方向进行广泛深入的研究，向2004年召开的欧盟政府间会议提出欧盟体制改革问题的预案，作为欧盟未来改革计划的基础。

《拉肯宣言》为欧盟的深化改革开辟了新的前景，但是可以预料，改革进程不会一帆风顺。成员国都认识到改革的必要性，但是改革关系到各成员国的主权和切身利益，因此如何改革成为一个长期以来议而不决的难题。目前的改革涉及一系列问题，例如欧盟的目标和欧盟机构实现目标的权力之间的差距问题，欧盟机构和成员国之间的权力分配问题，成员国之间的利益和权力平衡问题。这些问题主要是由 3 方面的原因造成的。首先，成员国一方面希望从一体化合作中获得尽可能多的利益，另一方面又尽可能少地转让国家主权。《马约》提出了政治联盟建设的新目标，但是成员国没有赋予欧盟机构实现这一目标所需要的足够的权力。作为应对欧洲局势和世界格局剧变带来的各种挑战的产物，欧洲联盟采用复杂的“柱形”结构：经济货币联盟方面采取共同体体制，共同外交与安全政策在很大程度上还是政府间合作性质，而司法与内务合作主要采取政府间合作体制。《阿姆斯特丹条约》和《尼斯条约》也没有改变三个支柱不对称的状况。其次，由于成员国发展的不平衡和具体条件的差异，欧盟的整体利益不可能完全涵盖所有成员国的国家利益，有时甚至会排斥个别成员国的某些特殊利益。各成员国尽力维护国家主权，并且试图控制所让渡的主权，以便维护本国利益，因此代表整体利益的欧盟委员会考虑问题的角度，往往不同于成员国政府以及代表成员国利益的部长理事会。随着一体化的深入发展，超国家机构和成员国之间的权力平衡问题会日益突出。最后，由于共同体实行一定程度的超国家分配，也就必然存在成员国之间利益和负担分配不均的问题。因此，在组织机构、运行体制和决策方式方面，成员国各有不同的要求，都希望有关的安排符合本国利益。大国和小国之间，穷国和富国之间，都存在分歧。欧盟委员会的席位分配问题，多数表决制的问题，“多速欧洲”“核心欧洲”等问题，都折射出成员国之间不同的利益诉求。然而，欧盟机构和体制改革势在必行，否则欧盟的进一步深化和扩大会成为空谈。

关于“欧洲联邦”的争论，关于改革问题的争论，说到底还是关系到主权的让渡问题。消除障碍的关键在于欧洲一体化是否有足够的动力。欧洲一体化的进展取决于各国对国家利益和共同利益的权衡，增进共同利益的预期始终是一体化合作的基础。欧洲一体化的初始动力是在欧洲消除战争、维护和平。50 多年来，安全方面的压力、经济发展的动力以及地缘政治影响促使各国为了生存和发展的共同利益而推进一体化合作，并且在一体化进程中发展了成员国之间业已存在的相互依存关系，而相互依存的需要又进一步推动一体化合作。经济一体化是经济意义上国家幅员的扩大，削弱了国家边界的重要性。统一大市场的建成把欧盟成员国的经济普遍而紧密地联系在一起，加固了一体化合作的基础；欧元顺利进入流通，取代各国货币，表明欧盟已在很大程度上得到欧洲人的认同。如今全球化成为一股势不可当的潮流，任何国家都难以回避全球化的影响和冲击。如果说欧洲联邦不是成员国的初衷，那么通过推进一体化合作来应对各种压力和挑战，是各国维护国家利益的主动选择；而要维护本国利益就必须增进共同利益，否则本国和欧洲就没有出路。必须看到，一体化作为组织政治经济生活的一种特殊方式，是从分散走向集中的过程，从本质上说是联邦化的过程。欧洲经济领域里表现出的权力集中的趋势，势必推动政治领域里的权力集中，并且导致文化领域里的趋同。欧洲一体化进程在矛盾和冲突中不断向深度和广度发展，反映了通过区域合作来解决共同问题的整合趋势。

可以预见，无论是在制宪筹备委员会上还是在欧盟政府间会议上，对于欧盟改革或联邦建设问题都会出现激烈的争论。欧盟3个支柱的完全合并将意味着欧洲联邦的形成，但是这需要成员国转让外交、国防等最重要的政治主权，因此绝不是轻而易举可以实现的。不过，经过多年来的一体化合作，欧盟成员国乃至各国公民之间已经形成了休戚与共的一体感和认同感，在尽力维护国家主权的同时，也在改变而不是固守传统的主权观念，"民族国家已不再是欧洲人至高无上的参考系"[①]。成员国之间相互交织的利益关系和谋求共同利益的政治意愿，使它们难以舍弃一体化合作。各种矛盾将会继续存在，各种协调也将会继续进行。政府间会议的结果未必是欧洲联邦，欧盟的结构也许在相当长的时期里继续维持政府间合作和超国家治理的混合形式，但是欧洲一体化的进一步发展则具有必然性。

① [法]德尼兹·加亚尔、贝尔纳代特·德尚等著:《欧洲史》，蔡鸿滨、桂裕芳译，海南出版社2000年版，第610页。

欧洲一体化中的文化与认同问题 *

总有一天，所有的欧洲国家，都将紧紧地融合在一个高一级的整体里，而无须丢掉你们各自的特点和闪光的个性；到那时，你们将构筑欧洲的友爱关系……

——维克多·雨果

欧洲联盟是当今世界上一体化程度最高的区域经济政治实体。2004 年 10 月 29 日，欧盟成员国领导人在罗马签署《欧洲联盟宪法条约》，这标志着欧洲一体化进入了一个新的发展阶段。欧洲一体化之所以取得如此巨大的成就，是同欧洲历史和文化传统密切相连的。具有同一性和多样性的欧洲文化为欧洲一体化提供了一个广阔的人文背景，深刻地影响着欧洲一体化进程，促进了欧洲民众多重认同的构建和重构。欧洲一体化和欧洲认同相互促进，决定着欧洲建设的未来。

---

* 原载于《文化历史二十讲》2005 年 12 月。

一、欧洲一体化的文化背景

欧洲一体化有着深远的文化渊源，将欧洲统一的梦想逐步付诸了实践。欧洲文明的起源可以直接追溯到“两希”文明，然而“欧洲”无论是作为地理概念、政治概念还是文化概念（the Concept of Europe），都是随着时间的流逝而变化的。在西罗马帝国灭亡后的漫长历史进程中，欧洲各民族在长期的交往、冲突和融合中，在同东方文明尤其是伊斯兰文明的碰撞中，创造和传承了欧洲文化；在应对外部的安全威胁和文化挑战中，孕育了欧洲意识（European consciousness）与欧洲认同（European identity）。

在长达千年的中世纪里，“欧洲的政治地图如同一床政治的百衲被”，基督教的广泛传播却把政治上分裂的西欧变成了一个基督教世界（Christendom）。8世纪后期查理曼曾建立了一个包括西欧大部分地区的帝国，并且加冕为“罗马人的皇帝”，不过这个大帝国很快就一分为三。此后的“神圣罗马帝国”（962—1806）既非神圣，又非罗马，更非帝国，以罗马帝国继承者自居的皇帝们甚至没有建立起统一的德意志国家。封建制使西欧分割为一个个相对封闭的领地，基督教却渗透到社会生活的各个方面，对人们的思想意识、人生信念、生活态度产生了深刻的影响。到公元1000年时，西欧社会弥漫着基督教普世主义，天主教会拥有极大的势力，“把整个封建的西欧（尽管有各种内部战争）联合为一个大的政治体系，同闹分裂的希腊正教徒和伊斯兰教的国家相对抗”[①]。希腊罗马古典文明通过基督教的传播与日耳曼风俗习惯融合起来，希腊

① 《马克思恩格斯选集》第三卷，人民出版社1972年版，第390页。

人关于自然和世界的抽象概念以及民主观念、罗马帝国政治制度和罗马法的法律精神以及日耳曼的习俗观念都蕴含在全面基督教化的西欧社会中。作为宗教语言的拉丁语成为唯一通行的书面语言。人们是从欧洲的“文明传统、特别是从希腊文化与基督教文化的结合来辨认欧洲的”①。

在中世纪的西欧，一方面是封建原则高于一切，“国家”的观念非常淡薄，广大民众归属于相对封闭的领地，直接效忠于领主而非国王或国家；另一方面是分裂的西欧通过共同的基督教信仰联结为一个信仰共同体，在同非基督教民族的对抗中表现为一个整体。基督教作为一种普世性宗教，包容了一切信徒，掩盖了地域差异和“民族”差别，所有基督徒都是兄弟。西欧的基督徒以其宗教信仰自别于外部民族，在同非基督徒尤其是同穆斯林的冲突和战争中逐渐形成一种“欧洲人”的自觉意识。“在那些世纪里，民众应忠于国家这一点是无人知晓的”，“大多数人认为自己首先是基督徒，其次是某一地区如勃艮第或康沃尔的居民，只是最后——如果实在要说的话——才是法兰西人或英吉利人”②。民众的多重认同呈现为U字形，地方认同和宗教认同是最主要的：封建制的社会结构决定了人们的效忠是地方性的，而宗教信仰又使他们归属于基督教大家庭。③那种宗教文化认同是从基督教文化出发，经过与他者的参照和比较，而形成的一种自我身份定义和归属感，是一种超越国家疆界的“欧洲认同”。

从15世纪起，地理大发现、文艺复兴、宗教革命、启蒙运动和实证科学的发展等5件大事，使西欧完成了近代社会的发展进程，在中世

① 陈乐民:《“欧洲观念”的历史哲学》，东方出版社1988年版，第41页。

② ［美］L.S. 斯塔夫里阿诺斯:《全球通史——1500年以后的历史》，上海社会科学出版社1999年版，第354—355页。

③ ［美］塞缪尔·亨廷顿:《我们是谁？——美国国家特性面临的挑战》，新华出版社2005年版，第15页。

纪基督教文明的基础上演化出近代欧洲文明。在这一历史进程中，资本主义和民族国家的发展交织在一起，构成了近代欧洲的特性。专制王权的发展打破了基督教会的普世主义和封建割据的地方主义，实现了国家统一；国家间的战争划清了民族的界限，促进了宗教民族化。法国大革命点燃了民族主义和共和主义火炬，使“主权在民”的思想广泛传播，彻底冲破君主专制和宗教神学的束缚，一个个民族国家走上欧洲历史舞台。

欧洲文化传统和遗产并非均匀地保留在各个民族国家里。各民族形成了自己特有的语言、宗教信仰、生活方式、风俗习惯、行为规范、心理取向和价值观念，以及各自钟爱的文学和艺术，构成民族的物质和精神特质。历史的记忆、共同祖先的神话和同质性的文化促进了民族一体化，使分散的民众凝聚为一个稳固的共同体，成为“一种心灵的单位”。民族文化成为确定民族身份的一个主要因素，使人们产生归属感，而对文化差异的感知使人们直觉地区别于其他民族。各民族精英运用民族语言撰写民族历史和神话，颂扬民族成就和民族英雄，通过民族文化的传播激发民族自豪感，培育民族意识和民族认同。近代民族国家的构建以民族文化为基础，以宪政制度为基本政治制度，确立民主与公民权的原则，民族与国家合为一体，文化与政治融合起来。民族国家通过宪法界定公民身份，使民族成员成为享有自由和政治参与权的公民，而非君主的臣民。民族国家成为一个法律和政治共同体，权力的行使以源于民意的宪法为依据。公民的个人利益与国家利益一致化，文化认同与政治认同重合。这种认同感是一种生死与共的情感和心理，突出地表现为对民族和祖国的热爱和忠诚，超越了中世纪地方性的封建效忠和普世性的宗教认同，也打破了“君权神授”的合法性论证。

在近代历史进程中，“欧洲这个文化熔炉一直处于一种燃烧的状态”。西欧“各主要民族看起来都是令人迷惑、难以解开的各种血统的混合体”，经受了跨越国界的政治思潮、文化艺术和科学技术的熏染，在交流、冲突和战争中相互借鉴和吸收，共同促进了欧洲文化的发展。除了希腊罗马文化、基督教传统的历史底蕴外，十七八世纪以来出现的民主政治、科学思想、实证方法、个人主义、人文精神、理性主义等等，逐步成为近代欧洲文明最重要的价值和内涵。各民族共享基本的价值观念和宗教信仰，崇尚民主、自由、人权和法治；在制度层面上，实行以代议制为特征的民主宪政和以利益原则为制动原则的市场经济机制，在精神上是以经验主义、理性主义和唯物主义为基本特征的对自然界——物自体——的科学探索。[①]

因此，欧洲是由各民族国家组成的欧洲，又是“一个心照不宣的大民族”。欧洲文化既有各民族共同的文化内涵，又包容了不同的民族文化特性。欧洲文化具有同一性，又有多样性。一方面，多样性丰富了欧洲大家庭，并且与自由、民主的价值观念相匹配；另一方面，多样性中经常存在相互矛盾的文化和民族特性。各民族拥有统一的精神世界、共同的文化传统、相似的价值观念和政治理念，通过对自身与他者的认识和比较而形成一种欧洲认同，作为一个整体区别于外部世界。欧洲内部则是一个个壁垒森严的民族国家，生活方式和文化体系之间存在种种差异，国家之间的冲突和战争强化了民族文化认同和国家认同。于是，在欧洲的同一性和多样性基础上形成了一种“欧洲观念”，即“一个欧洲

① 陈乐民:《从文明史的观点看欧洲——兼为“罗马条约”四十年作》，见裘元伦、沈雁南主编:《欧洲与世界》，中国社会科学出版社 1998 年版，第 148 页。

人自觉地既具有欧洲意识，又同时具有本民族意识”[①]。欧洲文化对外是“欧洲主义”，而对内是“民族主义”。所以说，那个表达身份认同的U字形倒了过来，宗教认同和地方认同的地位下降，民族国家认同成为最高的认同。人们忠实于自己的民族和国家，为民族的历史传统感到自豪，为民族的不幸感到忧伤，宁愿为民族和祖国而牺牲，而没有人为“抽象的”欧洲献身。

综观欧洲历史，欧洲以文化同一性和政治分裂的鲜明对照为最突出的特征。资本主义发展不平衡，周期性经济危机不可避免，西欧各国间的竞争也日趋激烈，都动员全民族的力量争夺领土、资源和市场，并向外转移社会内部矛盾。民族主义压倒了欧洲主义，民族利己主义的恶性膨胀导致激烈冲突和战争，欧洲均势体系也无法长期维持和平。“冲突的激化把一个休戚相关的但又自相分裂的欧洲引向灾难。”[②]进入20世纪，帝国主义的扩张导致两次世界大战，造成人类历史上空前的浩劫。战争的灾难、欧洲的衰落以及对战争再起的忧虑促使人们探索维护和平的途径，于是孕育了几个世纪的欧洲统一观念发展成为欧洲统一运动。一些人重新阐释和张扬欧洲传统和文化同一性，试图从历史、文化甚至血缘上论证共同的欧洲人身份，呼吁建立“欧洲合众国”，从而实现欧洲和平和共同繁荣。如果说19世纪后期的欧洲经济融合是一个自然的发展进程，那么战后的欧洲一体化则是在欧洲特殊文化背景下的一个自觉的能动进程。

① 陈乐民:《“欧洲观念”的历史哲学》，东方出版社1988年版，第276页。

② [法]皮埃尔·热贝尔:《欧洲统一的历史与现实》，丁一凡等译，中国社会科学出版社1989年版，第24页。

二、欧洲文化对欧洲一体化的影响

共同的文化渊源，共享的基本价值，本质上相同的民主政治制度、市场经济体制以及相似的法律体系，无疑是欧洲一体化启动和发展的重要条件。欧洲观念的普及和欧洲统一运动的发展，为欧洲一体化提供了一个有利的人文环境。诚如亨廷顿所说："具有文化亲缘关系的国家在经济上和政治上相互合作。建立在具有文化共同性的国家基础之上的国际组织，如欧洲联盟，远比那些试图超越文化的国际组织成功。"[①] 欧洲文化的特征不仅对欧洲一体化的发展模式、基本原则、法律体系、机构设置及其决策机制和程序产生了重大影响，而且其丰富内涵促进了新政治文化的建设。

第一，欧洲文化的同一性和多样性决定了欧洲一体化的道路。战后西欧各国决心走联合的道路，但是在联合的目标、方式和体制等方面都存在许多分歧，主要表现为联邦主义和民族主义之争。鉴于联邦主义者的规划与根深蒂固的国家主权观念相抵触，遭到民族主义者的阻挠，被誉为"欧洲之父"的让·莫内基于欧洲文化同一性和多样性的现实，为欧洲联合绘制了功能主义的一体化蓝图，即从经济部门入手，通过实行部门一体化，逐步实现国家主权的转移，最终达到"欧洲联邦"的目标。具体说来，就是采取超国家治理和政府间合作相结合的一体化模式。

1951 年 4 月 18 日，法、德、意、比、荷、卢 6 国签署《巴黎条约》，建立欧洲煤钢共同体，其高级权力机构成为"一个独立的超国家组织的首例"。由此而开始的欧洲一体化，50 多年来大致上走的是功能主义的道路。"目标是要一步一步地，首先通过经济一体化，随后政治

---

① [美] 塞缪尔·亨廷顿:《文明的冲突与世界秩序的重建》，周琪等译，新华出版社 1999 年版，第 7 页。

一体化，最后军事一体化，而达到欧洲的统一。”[1] 欧洲经济共同体第一任执委会主席哈尔斯坦把一体化进程比喻为一枚三级火箭：“第一级是关税同盟，第二级是经济同盟，第三级是政治同盟。”[2] 随着冷战结束，欧洲共同体发展为欧洲联盟，实现经济货币一体化，并且把一体化扩展到外交、安全、社会、文化等“高政治”领域，实行共同外交与安全政策、司法与内务合作。欧洲一体化经历了一个不断深化和扩大的过程，显示出由民族主义向欧洲主义的逐步倾斜。

第二，欧洲文化传统对欧洲新法律秩序的形成产生了决定性的影响。欧洲文化中所崇尚的民主、人权、法治等基本观念和原则，深刻地影响了欧洲一体化模式。以代议制为特征的民主宪政，以三权分立为结构形式的权力制衡，以法律至上和司法独立为基本原则的法治制度，都反映在欧洲一体化的法律建设和机构设置上。首先，法治的原则贯穿于欧洲一体化进程，在国家主权让渡和国家利益融合中建立了一个法律体系，使欧洲联盟成为一个“法律共同体”，并且在司法实践中确立了欧盟法律至上和直接效力原则。其次，欧洲一体化的机构设置体现了超国家治理和政府间合作的结合，欧盟各机构共同行使成员国让渡的国家主权，形成一种独特的制衡机制，在一定程度上反映了类似于国家政府机构模式的权力制衡和代议制特点。再次，部长理事会作为主要决策机构，在经济货币事务上一般采用限定多数表决制，体现了较多的超国家性；在共同外交与安全政策、司法与内务合作方面一般采用一致通过表决制，更多地反映了政府间性质。最后，欧盟实行辅从原则，试图在超国家机构和成员国政府之

---

① ［德］康拉德·阿登纳：《阿登纳回忆录》（三），上海人民出版社 1972 年版，第 4 页。

② ［德］瓦·哈尔斯坦：《北大西洋公约与欧洲经济共同体》，转引自《西欧共同市场》，上海人民出版社 1973 年版，第 22—23 页。

间建立一种权力平衡，既要维护成员国的合法权利，防止欧盟机构权力过度膨胀，又要维护欧盟机构行使其职能的权威，保证超国家治理的合法性。总之，欧盟建立了一个近似于联邦法的特殊法律体系，这个法律秩序体现了欧洲文化中的法治精神，反映了民族主义和欧洲主义的调和。

第三，欧洲一体化创造了一种特殊的政治秩序。欧盟是一个特殊的国家联合体，超越了单一的民族国家形态。欧盟在继承欧洲文化遗产的基础上，突破了传统的主权观念，实行超国家经济、政治和社会调节，逐渐消除内部国界，并形成一个共同的边界，对外用一个声音讲话。欧盟的运作方式更多地体现为一种政体的活动，“欧盟至少在决策方面已获得了被认为是现代国家所具有的作用”①。然而，这种治理模式不是对民族国家的简单复制，而是超国家治理和政府间合作的混合，是一种新的区域治理模式。在这个新的政治秩序中，实行的是多层治理，包括国家治理和超国家治理；在保持成员国特性的同时，也形成了欧盟的共性，包括各种共同政策、统一货币欧元、欧洲公民身份以及各种标志符号。欧盟的独特体制是一种制度创新，超越了传统国家政治和国际政治的范畴。

第四，欧盟的治理方式是非常态的，并非一种完善的、定型的社会模式。欧洲民族国家实行一体化合作，通过法治来维护和增进共同利益，调和成员国之间的矛盾和竞争，实现了维护和平的目标，促进了经济发展和繁荣，使历史上战乱不断的欧洲变成了一个依靠法规治理的利益共同体，并且形成了在欧洲文化传统的基础上建设一个命运共同体的欧洲意识。但是以欧洲政治文化传统的标准来衡量，这种治理方式显然存在“民主赤字”问题，存在合法性问题。

---

① ［英］西蒙·希克思：《欧盟研究：“新治理”议程及其竞争者》，见李巍、王学玉编：《欧洲一体化理论与历史文献选读》，山东人民出版社 2001 年版，第 328 页。

按照人民主权的原则，国家的合法性在于人民的权力授予，其职责在于保护人民的权利并得到人民的认可。然而，欧盟的合法性并非来自欧洲民众通过选举等途径赋予的权力，而是来自成员国依据条约让渡的主权。国家议会通常被认为是合法性的堡垒和象征，而欧洲议会作为欧盟体制中唯一的民选机构，并没有被赋予国家议会通常拥有的最高立法职能。这也是各国民众和政党对欧洲议会选举冷漠的重要原因之一。而且欧盟决策过程不透明，几乎是在封闭的情况下进行讨价还价，既回避了欧洲议会的制衡，也摆脱了成员国议会的监督，缺乏民意基础。因此，无论是“输入”还是“输出”方面都存在“民主赤字”。另外，欧盟的合法性问题与其效率有关。在许多重大问题上，部长理事会采取一致通过的表决制，常常议而不决，而且由于欧盟缺乏充分的行为能力，常常难以采取一致的重大行动。

欧盟的合法性还取决于欧洲民众的认同。欧洲一体化的成就增强了欧盟的凝聚力，各国民众开始感到共同的经济和政治利益之所在。但是欧洲一体化主要是由欧洲政治精英自上而下推动的，政治精英和民众之间在观念上还存在不小的差异。《马斯特里赫特条约》(简称《马约》)赋予成员国公民以欧洲公民身份，但是在欧盟层面上还没有出现整体的欧盟公众，没有形成共同的文化和社会心理。成员国保护公民基本权利和社会福利的能力受到冲击，但是仍然承担着维护秩序和分配财富的基本职能。民族国家依然是人们物质、精神和情感上的主要依托，欧洲认同并没有超越民族国家认同。根据民意调查的结果，欧洲年轻人中自命为“欧洲人”的比例高于其他年龄段，但是对于大多数民众来说，“欧洲人”没有成为第一身份。

按照联邦主义的设计，欧洲一体化不只是欧洲各国的经济融合，也是一项政治规划和安排。全球化对民族国家的挑战，一体化的“外溢”效应，维护一体化成果的需要，解决发展问题和社会问题的要求，获得更多共同利益的心理预期，以及摆脱美国控制的愿望，客观上都要求推进欧洲政治一体化进程。然而，欧洲一体化的深化不仅涉及复杂的利益关系，而且涉及同文化传统、宗教信仰、语言文字、生活方式等密切关联的身份认同；不仅要求成员国让渡更加敏感的国家主权，而且要求欧洲民众更大程度的融合和效忠。在欧洲一体化的历史上，几乎每一项重大深化措施都会引起民族主义者的反弹，总是以维护国家利益或民族文化为由，阻挠欧洲一体化的进展，质疑一体化治理的合法性。“空椅子危机”、《马约》批准危机就是典型的例证。民族主义者只是把欧洲一体化作为维护国家安全和实现经济发展的途径，希望在获得经济一体化成果的同时，继续保持国家政治和文化的独立性，不愿将国民身份消融于一个联邦制的欧洲。

三、欧盟文化政策与欧洲文化认同构建

既然欧洲一体化的目标是创造一种超越民族国家的新的社会与文化模式，那么欧洲一体化就不仅需要经济利益的动机，而且需要政治和文化凝聚力，需要广大民众的支持。实际上，一些欧洲政治家早就意识到文化建设对于欧洲一体化的重要意义。法国前总统密特朗指出：“天地是广阔的。而作为欧洲纽带的，现在是、将来还是它的文化。……我要引用共同体欧洲创始人之一的让·莫内的一句话：‘假如需要重新开始的话，我将从文化欧洲开始，而不是从经济欧洲开

始。’”[①]1990年以来，欧洲政治精英在努力推进欧洲经济一体化、政治一体化的同时，日益关注欧洲文化建设和欧洲认同构建。《马约》引入欧洲文化政策，规定“共同体应致力于成员国的文化繁荣，尊重成员国和地区的多样性，同时弘扬共同的文化遗产”。1997年的《阿姆斯特丹条约》强调提高民众的“欧洲公民”意识，并对文化政策条款进行了修订。1998年，欧盟理事会文化指导委员会决定把建设“创造性的欧洲”（Creative Europe）作为战略目标，并制定了欧盟文化政策框架，成员国依照这一框架相继制定各自的文化政策。欧盟试图通过实施文化政策，弘扬欧洲传统，传承文化遗产，促进文化交流和融合，推进欧洲文化建设，从而塑造欧洲文化认同，为欧洲一体化奠定文化基础。

欧盟为实施文化政策投入了大量资金，采取了一系列促进文化保护和发展的行动，从不同层面增强人们的欧洲意识和欧洲认同。欧盟实施了鼓励欧洲文艺活动和文艺创作的“万花筒计划”（the Kaleidoscope Programme）、促进欧洲图书阅读和翻译的“埃里那计划”（Ariane）和保护欧洲重大文化遗产的“拉斐尔计划”（Raphal）等，资助了大量合作项目。欧盟启动“文化2000计划”（Culture 2000），7年总预算为2.365亿欧元，资助成员国文化艺术领域里的合作项目，涉及表演艺术、视觉艺术和雕塑艺术、文学、文化遗产和历史等，也包括一些艺术教育合作项目，旨在形成一个以文化多样性和共同文化遗产为特点的欧洲文化区。欧盟还支持“欧洲文化城”“欧洲文化月”等活动。

欧盟通过立法来扶持成员国广播影视业，建立欧洲广播影视业统一

① ［法］弗朗索瓦·密特朗：《被死神打断的回忆：密特朗回忆录》，曾令保译，中国书籍出版社1998年版，第330页。

市场，增强影视作品的竞争力，扩大欧盟的市场份额，维护和发扬欧洲文化及其价值观念，同时抵制美国影视业的入侵。2001 年 11 月，欧盟理事会通过“关于发展视听业”“文化在欧盟建设中的作用”“文化和知识社会”“文化产品的出口和追回”4 项决议，以保护文化多样性，推动文化持续发展战略。2002 年 11 月，欧盟组织欧洲电影周，向欧洲民众，尤其是青年学生推广欧洲影片。

《马约》把“教育、职业培训和青年”事务正式纳入政策范围，通过设立许多教育计划来营造欧洲人的学习环境，培养欧洲人特别是年轻一代的欧洲意识。在促进各成员国教育文化合作方面，欧盟委员会发布了一系列文件，如《欧洲教育绿皮书》（1993 年）、《普通教育和职业教育教学与学习白皮书：通往认知社会的道路》（1995 年）、《普通教育和职业教育绿皮书：跨国流动障碍的考察》（1996 年）、《为了一个知识的欧洲》（1997 年）等，并启动了一系列教育和培训计划，如 1995 年正式启动的“苏格拉底”计划（Socrates）、“达·芬奇”计划（Leonardo Da Vinci）、“欧洲青年”计划（Youth for Europe）等。“苏格拉底”计划包括 8 项子计划，其内容涵盖教育领域的各个方面、各个层次的合作，从基础教育到高等教育，从职业培训到成人教育，从学生交流到教师培训，从课程合作到语言培训，从信息交流到比较研究，从远程开放课程到国际学术会议，等等。“苏格拉底”计划第一阶段（1995—1999）总经费达 9.2 亿欧元，第二阶段（2000—2006）总预算增加到 18.5 亿欧元，资助近千个项目。2000 年设立青年计划（Youth Programme），6 年的总预算为 5.2 亿欧元，资助青年及青年工作者的项目，提供信息、培训以及发展欧洲同其他地区的新伙伴关系。欧盟把 2001 年定为“欧洲语言年”，提出“1+2”的口号，即欧洲人除了掌握母语以外，还应学习另外两种欧洲语言，以便打破民族语言的障碍，促进人员流动和增加就业机会，并且增进对其他民族文化的了解。

按照“辅助原则”，文化事务在很大程度上仍属于成员国政府的权力范围，欧盟主要是发挥提供“激励措施”、协调和鼓励成员国之间合作的作用，还没有一个完全统一的共同文化政策来取代成员国的具体文化政策。但是，欧盟文化政策和教育政策的实施，促进了欧洲文化遗产的保护和欧洲文化的繁荣，在尊重成员国历史、传统和文化的同时，也造成了成员国文化之间的碰撞和融合，在一定程度上促进了文化的均质化，有助于欧洲文化意识的形成。跨越民族文化边界的大规模交流与合作，使各国民众置身于欧洲共同文化的氛围中，不仅提高了民众特别是青少年的语言能力和专业技能，也增进了对彼此文化的认识，加深了对欧洲文化传统和文化遗产的理解，因此促进了民众的相互了解、尊重和宽容。越来越多的人意识到他们属于同一文化共同体，把民族文化视为欧洲文化的组成部分，增强了欧洲归属感和认同感。对欧洲历史传统和文化遗产的重新阐释和宣传，突出了区别于他者的欧洲文化特征，也有助于表明以共同文化为基础的欧洲一体化和以欧洲统一为目标的欧洲联盟的合法性。同时，欧盟文化政策的实施，增强了欧洲文化产业的整体实力和欧洲文化的影响力，在一定程度上抵制了美国的文化侵蚀。

与欧洲文化遗产相比，民族的记忆、神话、象征和传统，包括虚构的祖先和共同血缘、英雄塑像和烈士纪念碑、民俗和遗迹、典礼和仪式、语言文字和价值体系等等，似乎具有更强的亲和力、感召力和凝聚力。民族之间彼此屠杀的历史也没有被遗忘。就作为文化核心要素的语言来说，任何成员国都不愿放弃自己的语言，欧盟为维护“语言平等”

和“语言多样性”，每年的投入超过10亿欧元。因此有人认为，在可以预见的未来，“似乎没有文化和情感的空间来发展一个新的泛欧洲层次上的超级民族的大众认同”①。但是，欧洲文化建设的目标不是用一种统一的欧洲文化取代民族文化和地方亚文化，不是用一种语言来取代成员国语言，不是用一个欧洲超级民族认同取代民族认同，而是弘扬欧洲共同文化传统和价值，保持欧洲文化同一性和多样性作为欧洲活力的源泉，并且在认可文化差异的前提下，培养欧洲意识和欧洲文化认同。

应当指出，欧洲认同的构建不只是基于对欧洲历史传统和文化的记忆，还取决于对欧洲历史传统和文化的重新解释，以及民众在欧洲一体化的新环境里为追求共同的新生活而创造和共享的新文化和新传统。欧洲认同的构建还涉及许多非文化因素，例如利益得失方面的考虑会影响民众对欧盟的态度。当欧洲超国家治理能够切实保障人们的基本权利、物质利益和人格尊严时，欧洲公民身份就具有吸引力，就会促进欧洲认同感的形成。

四、欧盟制宪与欧洲政治文化建设

在欧盟为大规模的东扩而筹划机构改革之际，德国外长菲舍尔于2000年5月12日，以个人身份在德国柏林洪堡大学发表演讲，倡议制定一部欧洲宪法，将欧盟“从今天的国家联盟过渡到完全议会化的欧洲联邦”。菲舍尔的演讲反映了一些欧洲政治家的愿望，即通过制定一部欧洲宪法，巩固经济一体化的成果，重构欧洲政治体制，克服经济一体

① [英]安东尼·D.史密斯:《全球化时代的民族与民族主义》，龚维斌等译，中央编译出版社2002年版，第169页。

化前行和政治一体化明显滞后的不平衡关系，解决合法性和认同问题。

欧洲联邦主义者认为，民族国家已经无力应对经济全球化的挑战，无力单独对付来自外国的移民潮和流向外国的投资潮，以及各种非传统安全问题，也难以维持各自的福利保障制度，因此需要推进欧洲建设，把欧盟的规则与制度转化为一部宪法，建立一个实行民主宪政的欧洲政治共同体，把民族国家融入超国家的联邦制度，发展超国家的民主治理。欧洲怀疑论者则认为，欧盟是按照国际法原则建立的一个国际组织而非宪政国家，尽管具有民族国家的某些特征，但是并没有同一的欧洲人民作为立宪程序所必要的主体，也就无法形成欧洲范围内同一的公民意志，因此不可能通过制定一部欧洲宪法来确定欧盟的合法性。欧洲各国之间在利益、价值和文化上存在巨大的差异，不可能组成一个政治共同体。因此欧盟的发展只能停留在经济一体化的层面上，作为一个补充民族国家不足的附设机构。

哈贝马斯认为欧洲需要一部宪法，主张欧洲各民族组成一个超民族的统一国家，并以统一宪政为基础而形成的泛欧宪政爱国主义作为欧洲人的“共同政治文化”，超越欧洲各民族的“特殊民族文化”。他认为，欧洲一体化的终结形式在于文化一体化，而文化一体化中最重要的又在于政治文化一体化。一部欧洲宪法可以创造一个跨越国界的政治法律制度，促进欧洲政治文化的形成，培养欧洲人的超越民族国家的欧洲认同。“宪法原则可以生根于其上的政治文化，不必依靠所有公民共有的种族、语言和文化的共同来源”，而依据一个欧洲民族共享的西欧立宪文化。在文化多元的欧洲，欧洲公民身份不再与国家联系在一起，而应当以新的共同的政治价值观而非所设想的共同历史和文化为基础构建欧洲公民身份，应当以公民权利和义务而非传统的民族或种族关系为基础发展欧盟公民的地位。

为治理一个不断扩大、日趋多样化的欧盟，2000年12月欧盟首脑会议通过《尼斯条约》，提出了一揽子改革措施，但是改革只是在现有的框架内达成妥协，并没有重大突破。2001年12月15日，欧盟首脑会议通过《拉肯宣言》，宣称欧盟面对着新的挑战，需要强化自身的建设，成为当今世界上的"强国"，在不断全球化的世界上发挥新的作用；一致认为有必要制定一部欧洲宪法，并决定成立由法国前总统吉斯卡尔·德斯坦为主席团主席的制宪筹备委员会。2002年2月28日，欧洲制宪筹备会议在布鲁塞尔开幕，2003年6月20日向欧盟首脑会议提交了一份欧盟宪法草案文本。2004年6月18日欧盟首脑会议在布鲁塞尔通过欧盟宪法条约文本，2004年10月29日25国领导人在罗马正式签署《欧洲联盟宪法条约》(简称《欧盟宪法条约》)。

《欧盟宪法条约》的序言中提出，该宪法获益于"欧洲的文化、宗教和人道主义传统，其价值仍存在于其遗产中，在社会生活中确立了人及其权利不可侵犯且不可转让的首要地位以及尊重法律"。欧盟的基础是"尊重人的尊严、自由、民主、平等、法治和尊重人权的价值观念。这些价值对于作为多元性、宽容、公正、团结、不歧视的社会的成员国是共有的"。其目标包括"为其公民提供一个没有内部边界的自由、安全和公正的区域，并提供一个进行自由而非扭曲的竞争的单一市场"。《欧盟宪法条约》赋予欧盟以法律人格，界定了欧洲公民的基本权利和义务，规定了欧盟的机构设置和权限，明确了欧盟法效力优先的原则，增加了欧洲议会的权力，扩大了欧盟理事会有效多数表决制的适用范围，改革欧盟委员会组成方式与运作机制，设立常任的欧洲理事会主席，设立专职的欧盟外交部长。《欧盟宪法条约》还规定了欧盟特有的符号和象征，如蓝底12星图案的盟旗、以贝多芬第九交响曲中的《欢乐颂》

为盟歌、每年5月9日为“欧洲日”，以及“多元中的一体”为铭言。

从内容上看，《欧盟宪法条约》不是严格意义上的宪法，没有达到国家宪法的程度，没有从根本上改变欧盟现有的性质。但是，《欧盟宪法条约》为今后欧盟的运作提供了一个比较有效的制度性框架，将使欧盟更加透明、更有效率、更加民主、更加统一，避免陷入机构庞大、运转失灵、议而不决的困难局面，增强了欧盟的民主合法性，在一定程度上适应欧盟扩大与发展的需要。《欧盟宪法条约》创造了一个超国家的宪政结构，已经远远超越了一般的国际关系规则。因此，《欧盟宪法条约》的问世可以称为世界宪政史上的一个壮举。

欧洲制宪的重要意义不只是推出一部宪法性条约，其本身就是成员国公民参与欧洲民主实践的过程，有助于建立欧洲政治公共领域，形成欧洲公民社会，构建一种人们认同并遵从的由经验信仰系统、表达符号和政治价值观念等组成的政治文化。为了培育欧洲意识，欧洲制宪会议打破以往欧盟缔结条约局限于政府间非公开谈判的惯例，制宪会议的参与者包括成员国政府代表、欧盟委员会代表、欧洲议会议员和成员国议会议员。为了让民众广泛参与，制宪会议开辟专门的论坛和网站，公布会议讨论结果，刊登代表的个人意见，收集成员国公民的建议和评论，形成会议内外互动。制宪会议还特别组织成立了由210名18—25岁的青年参加的青年制宪会议，专门倾听青年一代对欧盟前途的愿望和意见。为了使广大民众支持统一欧洲的理念，欧盟机构发动广泛的宣传和讨论。欧洲地区委员会就实施了“关于欧洲的1000场辩论”的计划，使民众有机会参与在本国乃至欧洲层面的广泛讨论，从中发现欧洲的共同利益，探讨欧盟的发展道路，以便形成推进欧洲建设的政治意志。

《欧盟宪法条约》规定的公民权利，成为欧洲政治一体化的基础。

根据《欧盟宪法条约》，欧盟公民将在新的欧洲秩序中共同生存，包括在各国自由居住、旅行、工作以及选举和被选举的权利；公民通过“建议权”参与欧盟事务，有向欧洲法院直接上诉的权利，因此可以更直接地监督各成员国执行欧盟法规的情况。在参与选举等民主实践中，公民可以合法地表达相互竞争的观点，形成跨国的欧洲政党制度，从而赋予竞争的结果以合法性。公民对欧盟决策过程的参与，可以提高对这个政治共同体的忠诚度。欧盟承担起民族国家保护公民、增进安全、保障社会福利和社会民主的职能，促进欧洲民众更大程度的融合，从而在欧洲多元文化社会里形成以共同利益和政治文化为基础的欧洲认同。

欧洲制宪过程中出现了许多争论，《欧盟宪法条约》本身也遭到许多批评，是否能如期完成审批程序还存有疑问。但是在这一过程中，欧洲民众就不同政治立场、观点进行跨国交流，民众的普遍关注和热烈争论有助于欧洲公共政治领域的形成和欧洲公民意识的发展。这种新的欧洲层面的政治实践将促进欧洲社会民主的发展和欧洲政治文化建设，激发一种超越民族国家的政治意识，形成一套政治态度、信念和感情，构成共同的政治文化观念、法律化的行为准则和新的民主政治制度，并在此基础上构建哈贝马斯所说的欧洲“宪政认同”，从而赋予欧洲超国家治理以民主合法性，实现欧洲政治和社会一体化。

五、欧洲集体身份和多重认同的前景

全球化的挑战，国际格局的变化，欧洲一体化的深入发展，超国家治理的扩大，欧盟成员国利益的融合，《欧盟宪法条约》的签署，诸多内外因素交互影响，成为塑造欧洲特性的力量，使欧洲民众的文化意识和政治意识都发生了变化，在继承和吸收历史文化遗产的基础上构造新文化和新传统，重构欧洲集体身份，以一个独立的经济政治实体的形象出现在世界舞台上。同时，欧洲民众个人的多重身份认同的强弱程度也在发生变化，出现国家认同下降、欧洲认同和地方认同上升的趋势。

外部的挑战依然是促进欧洲一体化的动力。随着全球化的深入发展，欧洲发达的民族国家在经济、科技竞争的压力下也显得过于弱小，单个国家没有足够的力量来对付全球化带来的风险。无论是为了抵御安全的威胁还是应对经济竞争的挑战，欧洲国家都需要继续在欧洲特性和共同利益的基础上联合起来。随着冷战结束，国际格局重新调整，欧盟成员国加快一体化的步伐，在新的国际秩序中重新界定“自我”和“他者”，构建欧洲集体身份。苏联这个西方的主要对手退场，地缘政治冲突缓和，但欧盟对俄罗斯的戒心并没有消失，无论是从文化上和心理上都难以接纳俄罗斯入盟，尽管有人认为俄罗斯文化是欧洲文化的一个重要组成部分。同时，“西方”也开始分裂了，欧美在安全方面的相互依存关系减弱，西方集体认同随着意识形态的弱化而失去意义，经济利益冲突以及有关国际秩序等方面的分歧也使欧洲与美国拉开了距离。美国凭借其经济和军事实力推行霸权主义，试图建立一个由其主导的世界新秩序，并且大力输出美国流行文化，推行普世主义的单一化。欧盟作为一个命运共同体，参与激烈的经济竞争，对抗资本无限扩张的逻辑；致力于建立一个以国际法为准则、以联合国为主导的国际新秩序；强调多元文化并存，并通过加强欧洲文化建设，强化欧洲文化共同性，维护文化独立性，抵抗美国以其文化为“软实力”的攻势。科索沃战争和伊拉克战争之后欧洲独立防务建设的加速，清楚地表明了欧盟拒绝接受美国霸权政策的自主意识。

欧洲国家要建设“欧洲人的欧洲”，而非作为美国的附庸。随着欧洲一体化的进一步深化，欧盟集体认同成为欧洲人区别于“他者”的重要标识。

就欧盟内部来说，欧洲一体化的深入发展与欧洲认同的构建相互促进。欧洲超国家治理范围日益扩大，欧盟成员国融合于一个经济、政治和法律体制中，经济要素的跨国自由流动和优化配置成为现实，促进了共同的经济繁荣。“其共同机构下的新的程序，使人类的思想悄悄地发生了革命。”①超国家层次上的实际收益以及心理预期，使欧洲民众逐渐将自己的利益和安宁寄托于这个命运共同体的发展，形成一种超越国家的“共同体感”。国家职能的弱化则不断削弱民族主义影响力。欧洲认同感的增强有助于利益关系的调整，促进欧洲一体化的进展。

欧洲一体化推动了经济与社会的变迁，欧盟成员国经济结构和社会结构相似，物质生活水平相近，法规日益标准化，人们的社会文化需求和观念也日益趋同。成员国公民同时享有欧洲公民身份，开始突破传统政治空间的局限，其基本权利和义务在国家法律秩序和欧盟法律秩序中实现。欧洲公民身份导向欧洲意识和欧洲认同，其效忠行为逐渐向欧盟层次转移。欧盟法规确立的价值观念、共同政策、外在符号和象征突出了欧洲整体性和同一性。共同的经济体制、政治体制和文化体制的建立，大众媒体和个体生活经历的“欧洲化”，也在塑造欧洲人的文化意识和政治意识。

欧洲民众对政治文化和认同标志的理解都在发生深刻的变化。这突出地表现在人们同意以欧盟标志和标准来取代国家标志和标准，甚至容忍某些一体化措施暂时带来的物质利益损失，例如同意放弃本国货币而接受统一货币欧元，忍受为加入欧元区而采取紧缩财政和工资政策所导

---

① ［法］让·莫内:《激发变化的催化剂》，见李巍、王学玉编:《欧洲一体化理论与历史文献选读》，山东人民出版社 2001 年版，第 20 页。

致的艰难。欧盟还有许多经济和社会问题需要解决，但是欧洲意识的增强将为欧洲一体化的深化奠定坚实的群众基础。各成员国没有失去民族特性，但是，“民族国家已不再是欧洲人至高无上的参考系”[①]。

在欧盟经济、政治体制趋同的条件下，欧洲文化的同一性不断发展，文化多样性的特征也继续存在。相对于政治意识形态和政治、经济制度而言，民族文化和民族特性更难以改变。民族和国家之间出现分离的趋向。国家的传统职能被削弱，而民族文化依然具有强大的凝聚力。在欧洲认同增强、国家认同弱化的同时，民族文化认同依然强烈，民族文化认同继续发挥着各民族相互区分的作用。尤其是2004年5月吸收10个国家入盟后，欧盟内部的文化多样性更加突出。新成员国把加入欧盟看作“回归”欧洲文明传统。但是新老成员国之间不仅存在经济和社会发展水平的巨大差距，文化上的差异更增加了一体化的难度。而且，在加入欧盟的问题上，新成员国怀有更多的功利性目的：急切盼望从欧盟得到经济实惠，获得更多的发展机会，并不愿让渡国家主权。在对外关系问题上，新成员为了彻底摆脱俄罗斯的控制，指望美国和北约保障其安全，而老成员国要摆脱美国的控制，积极发展同俄罗斯的关系。因此，在伊拉克战争等问题上，“新欧洲”与“老欧洲”的立场显示出强烈的反差。欧盟未来的扩大将超出西欧基督教文化圈，即接受多数居民信仰东正教或伊斯兰教的国家入盟，新文化要素的整合更加困难。

在身份认同上移的同时，也出现了身份认同下移的趋势。一些欧洲国家里本来就富于地区主义传统，“在某些情况下，地区特性变得比

---

① ［法］德尼兹·加亚尔、贝尔纳代特·德尚:《欧洲史》，蔡鸿滨、桂裕芳译，海南出版社2000年版，第610页。

民族特性更为突出”。欧洲国家现在几乎都可以说是多民族、多文化国家，全球化和欧洲一体化激发了民族意识的觉醒。许多少数群体担心自己的经济、政治利益被忽略，更强调自己的宗教信仰、历史传统和文化特性，更关注国家层次下的文化身份和地区身份。而且随着国家职能的弱化，地区作为行政单位可以更直接地处理本地事务，维护本地区的利益。苏格兰人、加泰罗尼亚人、佛兰芒人、伦巴第人、巴斯克人、科西嘉人和北爱尔兰人等，利用语言文化特性强化地方认同，争取更多的自治，谋求更多的经济利益，甚至利用地方认同争取民族独立、建国，但他们同时又认为自己是欧洲人。

另外，日益增多的移民增加了文化多样性，也引起了文化认同问题。移民补充了西欧国家短缺的劳动力，为当地的经济发展作出了贡献，成为欧洲社会的一个组成部分。但是许多移民是为经济利益和社会福利而来，并非为欧洲文化、宗教信仰或政治自由所吸引。移民多从事低收入劳动，在当地经济发展不顺、失业率上升、福利水平下降时常被当作替罪羊，遭到当地排外者的敌视，因此他们在遵守欧盟法律和居住国法律的同时，更愿意生活在自己的文化族群中，希望通过原有的文化来表明自己存在的意义。特别是穆斯林移民往往保持伊斯兰文明的文化个性、生活方式、宗教信仰和价值观念，作为移民群体很难被同化，很难改变信仰而皈依和认同一种新的宗教和文化。

理论上，欧洲各民族可以组成一个以宪政为基础的统一国家，但是在可预见的未来，欧盟不会变成一个欧洲超级国家，而是在共同利益的基础上，在包含“尊重人的尊严、自由、民主、平等、法治和尊重人权”等基本价值的共同政治文化的基础上，在体现这种共同政治文化的民主宪政体制下，形成一种独特的“多层治理”结构，即欧盟的“超国家治理”、国家治理和地方治理。超国家治理的实行，人员的迁徙，地方意识的增强，以及文化的多样性，会削弱国家认同，但是在这个多层治理的共同体内，超国家治理不可能完全取代国家治理，欧洲认同也不可能取代基于民族历史传统、语言文化的民族认同。因此与多层治理结构相对应，多重身份认同的关系逐步调整，大致上形成欧洲认同、民族国家认同、地方认同并存的局面。在民族国家时代表示国家认同最强烈的倒U字形，在全球化深入发展和欧洲一体化深化的背景下发生了变化，超国家的和国民层次以下的各种身份的地位逐渐上升，欧洲人的认同感不再是两头低中间高，而是趋于拉平。

全球化、认同危机与文化建设*

人类社会发展到今天，人们在享受经济全球化带来的种种福利时，“开眼看世界”，惶惑地提出一个本来不成问题的问题：“我们是谁？”冷战结束后，随着经济全球化的深入发展，世界上出现了普遍的“认同危机”问题。国内外学者们对此进行了热烈的讨论。中国实行改革开放20多年，逐步融入经济全球化的潮流，取得了令世人瞩目的持续、快速的经济增长。与此同时，中华民族文化也面临着全球化浪潮的猛烈冲击，中国人的生活方式和思想观念受到深刻的影响。日益显现的认同危机问题引起许多人的忧虑。无论如何，身份认同问题是一个无法回避的问题。如果人们不知道自己在世界上的身份和“位置”，就必然生活在惶恐不安之中，甚至失去生活的意义。本文从民族认同、文化认同和国家认同说起，分析全球化对民族国家和文化认同的挑战，进而探讨推进民族现代文化建设、强化民族认同和国家认同问题。

---

* 原载于《领导干部关注的文化热点问题》2004年12月。

一、民族认同、文化认同与国家认同

所谓“认同”（identity），是指一种身份，表明一种归属，同时也是对一个群体承认并效忠的态度和行为。人类社会中的群体是多样的，人们可以有多重身份认同。按照亨廷顿的说法，“人们用祖先、宗教、语言、历史、价值、习俗和体制来界定自己。他们认同于部落、种族集团、宗教社团、民族，以及在最广泛的层面上认同文明。人们不仅使用政治来促进他们的利益，而且还用它来界定自己的认同”[①]。民族（nation）是人类社会发展过程中出现的复杂的社会与文化现象，而民族国家是当今世界上最主要的国际行为体，因此除了个人认同，还有民族的集体性身份问题。民族认同（national identity）无疑是最重要的认同之一。民族认同是人们对自己民族归属的自觉认知，文化认同（cultural identity）表明一种文化归属，是民族认同的基本要素；国家认同是对国家宪政制度的认同，是对国家归属和效忠，三者密切关联。

（一）民族与认同

“民族”是一个有具体历史规定性的范畴。斯大林说：“民族不是普遍的历史范畴，而是一定时代即资本主义上升时代的历史范畴。”[②] 他还说：“民族是人们在历史上形成的一个有共同语言、共同地域、共同经济生活以及表现于共同文化上的共同心理素质的稳定的共同体。”[③] 在这里，

---

① ［美］塞缪尔·亨廷顿：《文明的冲突与世界秩序的重建》，周琪等译，新华出版社 1998 年版，第 6 页。

② 《斯大林全集》第十一卷，人民出版社 1953 年版，第 300 页。

③ 《斯大林全集》第二卷，人民出版社 1953 年版，第 294 页。

他明确指出了民族的4个基本特征，也就是民族认同的4个基本要素。

安东尼·史密斯注意到民族发展的地域性文化历史特点，区分了西欧的“民族的市民模式”（a civic model of the nation）和亚洲与东欧的“民族的族群模式”（an ethnic model of the nation）。前者包括民族的4个方面：（1）历史形成的领土；（2）法律和政治共同体；（3）成员在法律和政治上的平等权利，即“公民权”（citizenship）的构建；（4）共同的文化和意识形态。后者包括：（1）对血统和谱系的重视超过基于领土的认同；（2）在情感上有强大的感召力和动员效果；（3）对本土文化（语言、价值观、习俗和传统）的重视超过了法律。[①]前者强调政治、法律因素，后者强调人们生存的共同体、本土文化和血缘关系。在这两种模式的基础上，史密斯试图概括出一个带有普遍意义的定义：民族“是一个名义上的人类群体，分享一个历史形成的领土、共同的神话和历史记忆、公共的大众文化、共同的经济和所有成员的共同法律权利和义务”[②]。

按照安东尼·史密斯的分类，斯大林关于民族的定义显然趋向于“民族的族群模式”。然而，无论哪一种民族模式，民族认同都离不开“文化认同”这个要素。世界上各民族在繁衍和发展的进程中因生存环境的差异而形成了各自的民族特性，展示出民族生活方式和文化传承积淀的特点，突出地表现为该民族的民族精神和文化类型。民族文化就是一个民族的生活方式、风俗习惯、行为规范、心理感情以及价值观和世界观，是构成民族性的物质和精神特质。世界上任何民族在历史发展进程中都创造了自己的文化，显示出有别于其他民族的文化特质，展现了其民族个性、气质和智慧。亨廷顿认为，“文化认同对大多数人来说是最有

① Anthony Smith,*National Identity*,London:University of Nevada Press,1991,p.11.

② Anthony Smith,*National Identity*,London:University of Nevada Press,1991,p.14.

意义的东西”①，并且说“人类群体之间的关键差别是他们的价值、信仰、体制和社会结构，而不是他们的体形、头形和肤色”②。赵光远明确提出：“民族和文化是两个密切联系的概念，民族本身就代表着一种文化，而文化则是构成民族的要素。”③盖尔纳明确主张“用共同的文化来界定民族”④。

民族构建（nation-building）就是形成民族这个文化—政治共同体以及民族认同的历史进程，其实质是实现民族一体化。一些具有血缘关系的群体即族群（ethnic group）⑤，在特定的地域范围内相互交往，不断融合，日益趋同，形成共同的语言、历史传统、风俗习惯、行为方式、心理取向、价值观念以及共同利益等。他们的生存空间确定下来，并且在同其他族群的交流中，意识到他们所具有的而有别于其他族群的特质，从而产生一种认同感，于是形成了一个稳固的“同质”共同体——现代民族。有人认为现代意义上的“民族”和“民族认同”不是现实的而是人为构建的，贝尼迪克特·安德森就认为民族“是一个想象的政治共同体”⑥。血缘关系常常被视为民族的一个基本要素，但是现代民族实际上已经超越了血缘关系，在很大程度上取决于“集体性认

① ［美］塞缪尔·亨廷顿：《文明的冲突与世界秩序的重建》，周琪等译，新华出版社1998年版，第2页。

② ［美］塞缪尔·亨廷顿：《文明的冲突与世界秩序的重建》，周琪等译，新华出版社1998年版，第26页。

③ 赵光远：《民族与文化——中国传统文化诸形态》，广西人民出版社1990年版，“序言”第1页。

④ E.Gellner,*Nationalism*,London:Weidenfeld & Nicolson,p.4，转引自钱雪梅：《论文化认同的形成和民族意识的特性》，《世界民族》2002年第3期。

⑤ 族群是一个引起颇多争议的概念，在本文里指具有文化、血缘关系的共同体。一个族群可能是一个民族，也可能不是一个民族；而民族不仅可以称为族群，还可以包括若干不同的族群。参见徐杰舜：《论族群与民族》，《民族研究》2002年第1期。

⑥ Benedict Anderson,*Imagined Communities:Reflections on the Origin and Spread of Nationalism*,London:Verso,1991,p.6.

同的符号本身”，反映出文化—政治属性。费孝通先生说，民族认同是“同一民族的人感觉到大家是同属于一个人们共同体的自己人的这种心理”[1]。也正是从民族认同感和归属感上说，“任何足够大的人群，其成员自视为一个‘民族’的成员，将被作为民族来对待”[2]。

近代以来，有了民族国家（nation-state）的说法，把民族和国家这两个概念联系在一起。民族和国家之间存在重合的部分，但是各自的内涵和着重点不同：民族是依靠文化和政治纽带而统一的政治共同体，其成员分享共同的文化传统和领土，国家则是一个政治法律概念，是拥有明确的领土和国民、对内对外代表主权的公共机构（public institutions）；民族侧重于心理文化方面，国家则着重于公民们之间的法律和科层制联系纽带。“民族国家”带有二者的基本特点。按照吉登斯的说法，“民族国家存在于由其他民族国家所组成的联合体之中，它是统治的一系列制度模式，它对业已划定边界（国界）的领土实施行政垄断，它的统治靠法律以及对内外部暴力工具的直接控制而得以维护”[3]。国家对内维护法律秩序，对外在“无序的”国际竞争中捍卫自己的利益，从而保护人民免受外来侵略和压迫，维护人民物质和精神的安康。

与民族构建相比，国家构建的核心内容是权力集中和法律化。在西欧，民族构建和国家构建结合在一起，将国家和民族融合起来。当民族与国家两者合为一体，即国家内只有单一民族，国家的领土界限与民族居住地范围相同，而且文化与政治已经逐渐融合，便形成了民族国

① 费孝通：《费孝通民族研究文集》，民族出版社 1988 年版，第 173 页。

② E.J. Hobsbawm,*Nations and Nationalism since 1780*, Cambridge:Cambridge University Press, 1990, p.6.

③ ［英］安东尼・吉登斯：《民族-国家与暴力》，胡宗泽等译，生活・读书・新知三联书店 1998 年版，第 147 页。

家。[①] 公民权的扩大在塑造民族国家认同中发挥了重要作用。公民权使个人拥有了国民身份，获得了法律上诸多平等的权利，并且得到国家的保护，从而造就了高度的政治忠诚。法律上的公民身份超越了血缘、地方和宗教的身份，国家认同超越了血缘、地方和宗教认同。“公民权创造了一种新的认同，一种与族属意识、族籍身份分离的政治认同，它是多元文化的一把政治保护伞。它同时也是一种新的政治联系，一种比种族联系和地域联系更加广泛的联系。因而，它提供了一种将种族上的亲族认同（文化民族）与和国家相联系的政治认同（国家民族）相分离的方法，一种将政治认同从亲族关系转向政治地域关系的途径。”[②]

民族国家这种现代国家形态首先产生于资产阶级革命后的西欧，成为现代历史上最重大的创新之一。与其他政治组织形式相比，民族国家具有更强的民族凝聚力，是动员和集结社会资源、提高社会经济效率的最合适手段。随着西方的殖民扩张，民族国家的观念传播到世界各地。然而，由于历史传统、文化习惯、生存环境、发展阶段等方面的差异，非西方社会的民族构建和国家构建的路径各有特点。民族构建和国家构建可以是同步进行的，也可能是民族构建先于国家，还可能是先完成国家构建，再运用国家的政治力量来创造、形成民族共同体。[③]

（二）民族认同、文化认同与国家认同的关系

“认同”是人们对于相同和差别的观察结果和主观意识，是对（真

---

① Anthony Smith,*National Identity*,London: University of Nevada Press,1991,p.14.

② [美]菲利克斯·格罗斯:《公民与国家——民族、部族和族属身份》，王建娥译，新华出版社 2003 年版，第 32 页。

③ 李宏图:《西欧近代民族主义思潮研究》，上海社会科学院出版社 1997 年版，第 4 页。

实的或想象的）相同和差别的推论性表达。认同以物质或精神方面的相同性为基础，但是相同性并不等于认同。只有通过观察和辨识，一个群体的成员发现他们共有的基本特征以及同他人的差别，才会产生认同感。这种观察结果无论是基于可证实的事实还是想象，都无关紧要；重要的是由此而确定并宣称“我们是谁”。就民族认同而言，既是基于一个民族固有的一系列特征，又表明了对那些与其他民族相区别的特征的主观认识。所以，费孝通把民族认同的发生看作一种“人己之别”形成的过程，而梁启超则把它看作与异族相接触，“对他而自觉为我”的过程。[①]不同的民族各有固定的行为模式和价值观念，作为民族的集体特征由民族成员在共同意愿基础上建构起来并反复出现，客观地构成了文化差异。一个民族所拥有的那些文化特质是民族的身份标志，因此成为创造民族认同的内在力量。

民族认同意味着民族成员主动接纳和认同本民族的基本要素，同时也反映了他们的主观归属感。民族文化是一个民族的象征，是民族存在的基础，也是民族认同的一个最基本的要素。民族文化产生于民族成员的历代生活实践，在长期的延续中不断丰富，成为一套相对稳定而又独立完整的规范，维系着民族的生存和发展。一个民族是以同一文化模式进行社会活动的，而一个人生来就在特定的社会环境中受到民族文化的教化和熏陶，经过社会化过程而成为民族文化的产品。同一民族的成员可以根据这一模式预知和理解彼此的行为意义，不会发生误解。正是从这种意义上说，民族文化是民族生存和发展的必要条件，是创造民族认同的内在力量。不同的民族都有各自的独特风格和内涵，而人们正是

① 王希恩：《说民族认同》，《学习时报》第164期。

通过集体共有的特征，尤其是通过本民族文化与其他民族文化比较和对照，从文化差异中感悟自我，确立自己的民族归属和身份，并且把自己与其他民族的成员清楚地区分开来。文化认同意味着接受并归属一种文化；民族认同意味着对本民族的效忠，并且同其他成员的相互依存，休戚与共。由于人类的生物性特征和社会关系的多样性，一个人可以有多种身份和认同，随着作为认同基础的条件的变化，认同也可能发生变化。然而，“在当代世界，文化认同与其他方面的认同相比，其重要性显著增强”①。基于民族文化塑造人格和心理的精神力量，民族认同具有比职业认同、阶级认同、地区认同等其他认同更为持久的聚合力。群体的血缘关系当然会产生很强的凝聚力，于是一些现代民族往往通过各种线索构想出民族的血缘联系，使民族认同具有很强的稳固性，使民族成员忠于和维护自己的民族。民族认同也因为具有强大的凝聚力而成为人们普遍重视的“政治资源”②。

国家认同是一个政治概念，是文化认同和民族认同的升华。“早在现代民族国家诞生之前，人类社会就已经形成了各种形式的认同，其中文化认同是共同体最稳固而长久的黏合剂。在共同的文化认同的基础上，原始的氏族、部落认同逐渐发展成为现代的民族国家认同。”③国家认同是公民认同一个民族国家的宪政制度，并在此基础上效忠于民族国家，而民族国家则担负着保护其公民的生命、安全和基本权利的使命。国家是公共性的政治实体，但是其本质是阶级性，其社会制度形式是可

---

① [美]塞缪尔·亨廷顿:《文明的冲突与世界秩序的重建》，周琪等译，新华出版社 1998 年版，第 133 页。

② 王希恩:《说民族认同》,《学习时报》第 164 期。

③ 钱雪梅:《论文化认同的形成和民族意识的特性》,《世界民族》2002 年第 3 期。

以改变的。与此相对照，民族是基于文化和政治联系而形成的政治共同体，民族性使民族认同比国家认同更牢固。这就可以说明为什么一个认同自己民族的人却有可能不效忠现在执政的国家政权。

这3种认同之间是相辅相成的关系。文化认同是民族认同存在的根基，也是国家认同的核心要素。在文化认同这种强力精神黏合剂的作用下，民族的归属感、国家政权的合法性和个人的献身精神结合成为一种独特的精神联合系统。[①]文化具有鲜明的民族性，并且以民族为载体依附于国家。一个国家综合实力强大，其文化就可能具有强大的感召力和影响力，对内可以凝聚人心、激发强烈的爱国主义和国家认同，对外可以赢得其他国家、民族的尊重，而且强势文化对异质文化要素的整合力强，几乎不可能被异质文化所同化。强烈的文化认同，可以加固民族认同，增强国家认同，因此民族国家往往通过整合文化要素来强化文化认同。反过来，文化认同的削弱将导致民族认同和国家认同的弱化。倘若失去了文化认同，民族认同将不复存在，国家认同也难以稳固。由于国家认同相对较弱，就需要通过民族认同和文化认同来予以强化。所以，世界各地的民族主义运动中，文化认同构建成为民族认同构建的关键环节。知识精英通常是构建文化认同的最积极的群体，而在民族文化遭遇严峻挑战时，也往往是知识分子首先表现出强烈的忧患意识。另外，民族文化的聚合力是一个民族的软力量，可以促进国家的繁荣；强烈的民族认同有助于提升国家的经济实力和物质生活水平。一个没有足够的文化软力量的国家，很难把国家资源转化为国际舞台的影响力。

---

① 杭聪:《不能割裂个人与国家、民族、文化的关系——与叶文宪教授商榷》,《学术争鸣》2004年第4期。

（三）中华民族与文化认同

“民族”概念在20世纪初从欧洲引入中国，中华民族的称谓始见于清末民初，[①]但是“中华民族前身的融合和统一之历史非常久远，贯穿于中国历史的全过程”[②]。在5000多年的历史进程中，血脉相连的中国人在一块领土上形成了一个具有共同历史经历、共同文化传统和共同利益的共同体，而这些正是形成中华民族认同的要素。

中华民族发源于由夏、商、周在黄河中下游地区形成的核心地带，萌芽于三代的大一统思想经春秋战国时期的丰富与发展，随着秦、汉统一而完善和确立，为以后2000多年的发展构建了一个相对稳定的框架，各朝各代基本上延续了“以一统为大”的皇帝天下制，其空间范围也形成了一个稳定的历史舞台。大一统思想为内迁各族所接受，形成了各族人民在政治、文化上的认同。各族人民在交往、摩擦和融合中发展，少数民族变成汉人、汉人变成少数民族的事例极多，实际上具有无法区分的血缘关系，并且在相互交融中共同开发了祖国的河山，创造了灿烂的中华文化，建立了统一的国家。“由于有地缘上的内开外闭、人种上的共同性和夷夏区别的亲缘性，在中华民族发展的过程中，四夷也不断地融入中原的华夏族群中，壮大着整个中华民族的共同体，形成了中华民族多元一体的格局。”[③]

中华民族文化作为各族人民长期共同生活和社会实践中形成的历史积淀和结晶，是中华民族形成的基本条件。王仲孚认为：“中国历史则数千

---

① 王仲孚：《历史认同与民族认同》，《历史教学问题》2001年第1期。

② 何溥滢：《中国民族史与中华民族精神的形成——以中国古代民族史事为例》，《社会科学辑刊》2003年第1期。

③ 单纯：《论中国人的“天下民族主义”》，《世界民族》2001年第2期。

年来，虽有朝代的变革，但前一朝代的历史为后一朝代所继承，所以历史和文化连续一贯，未曾间断。中间虽有少数民族和域外文化的进入，但都与主流文化融合而成为新血液，近世考古发掘证明，中国历史之悠久，远超过了文献的记载，例如西安半坡和河南裴李岗新石器时代文化，远超过了传说中的黄帝时代。……一个民族的历史发展，就如同一道江河的过程，河流越大，荟萃的支流也越多，中华民族的情形正是如此，它在悠久历史的融合过程中，不断地加入了新的成分，吸收了新的血液。”① 在各族人民数千年生息繁衍的进程中，各族群文化相互交流、碰撞和影响，促进了民族文化的融合，为中华民族文化的发展提供了养分和动力。中华民族的发展史就是各族人民的文化交流史，这个长期交流和融合的过程就是中华民族形成和发展的过程。中原汉族和其他族群都是中华民族大家庭的成员，各族群文化都是中华民族文化不可或缺的组成部分。中国历史上多次出现王朝更替或诸侯割据，但中华文化是一脉相承的。“中华民族的夷夏之别只是人文地理上的文化差异，而不是真正近代意义上的民族差别。这无疑反映出中华民族中的四夷与中原的华夏族有千丝万缕的历史和亲缘关系，只不过由于迁徙到了边远地区，文化风俗当地化了。”②

中华民族文化是各族群文化交融、演化发展的历史产物，是各族群文化的荟萃。在这一进程中，儒家文化与诸子百家学说兼容会通，与释、道之学辩诘交流而发展，历数千年流变、演化，成为中华民族文化结构的主流和深层积淀；汉文化和其他族群文化在交流中融合而发展，同时在与外来文化的碰撞和交流中博采众长，整合各种有益的异质文化成分，形成了具有强大凝聚力和创造力的中华民族传统文化。中华民族

① 王仲孚:《历史认同与民族认同》,《历史教学问题》2001 年第 1 期。
② 单纯:《论中国人的“天下民族主义”》,《世界民族》2001 年第 2 期。

文化体系里包含一套基本的伦理道德、行为准则、价值观念、思想意识和心理感情。中华民族历经磨难、饱尝艰辛而生生不息，不断壮大，其力量源泉就是团结统一、爱好和平、勤劳勇敢、自强不息、自尊自信的民族精神。中华民族文化传统所体现的民族精神，成为民族生存和发展的精神支撑，成为中国人安身立命、寄托心灵的精神家园。各族群之间虽然存在方言习俗、生活习惯等方面的差异，但是共享主体文化的基本精神和价值。从中华文化和中华民族发展史上看，“西方人认为中国人简直没有民族主义，有的只是‘文化主义’”①。

中华民族发展的历史经历，具有特殊精神气质和价值取向的民族文化，密切的政治经济文化联系，把全体中国人紧密地凝聚在一起。传统的中国只有依据既定区域、习俗、宗教等差异的族群认同，并不存在民族认同问题。只是到近代，西方列强侵略和瓜分中国，中国各族人民奋起抵抗，共同的意识和归属感使中华民族整体观念得到升华，对中国历史和中华文化的强烈自觉认同成为凝聚各族人民的精神力量。所以说，“中华民族是在中国遭受外国列强侵略日重、民族危机渐深的历史背景下应时而现的中国各民族的总称；也是中国各民族人民自觉凝聚、自觉区别于外国人而自然形成的共同称谓”②。历史认同和文化认同导向国家认同，各族人民在民族解放斗争中更紧密地结合在一起，为实现民族独立和现代化的共同目标而奋斗。中华民族文化传统所包含的民族自主意识和爱国主义精神激励各族人民同仇敌忾、共赴国难，在长期艰苦卓绝的斗争中不被外敌所瓦解或灭亡。新中国的建立标志着民族独立这一目标的实现，中华

---

① 单纯：《论中国人的“天下民族主义”》，《世界民族》2001 年第 2 期。

② 何溥滢：《中国民族史与中华民族精神的形成——以中国古代民族史事为例》，《社会科学辑刊》2003 年第 1 期。

民族巍然屹立于世界民族之林。各族人民享有平等的地位，都是国家的主人，共同致力于中华民族的繁荣富强，共同应对自然灾害和外来威胁，经受住了各种重大风险的考验，这进一步增强了民族认同和国家认同。

中华民族是一个多族群的共同体，中华民族文化呈现一种复合的文化形态，这是在中国历史进程中自然形成的结果。马戎在论及安东尼·史密斯的民族概念时，分析了中国国情和有特色的群体以及相应的观念。他认为，"在我国传统思想范畴中，可能我们传统中讲的'中国'或'中原'，包括了史密斯和多数英文词典中概括的'nation'的含义：（1）历史形成的领土（'神州'），（2）共同的神话传说和历史记忆（三皇五帝），（3）共同的文化传统（以儒学为代表的'教化'），（4）所有成员所具有的法律权利和义务（'普天之下，莫非王土'），（5）共同的经济生活（'士农工商'结构）。无论哪个族群'入主中原'，这些要素大多被仔细地保留下来。而对于'神州'各族群在文化、宗教各方面多样性的尊重与保护，也作为'中华'的文化传统之一，体现在中国的传统'族群'观念和历朝政策之中"。他认为，中文里的"民族"实质上指的是"族群"，而"中国"或"中原"这两个词的内涵与史密斯所说的"民族"比较接近，因此主张"中国也可以称做是一个'民族国家'（a nation-state），而且是一个'多族群的民族国家'（a multi-ethnic nation-state）"，中国的56个原来称为"民族"的群体可称为"族"，统称为"中华民族的56个族群"，即侧重于文化和血缘意义的"族群"。[①] 马戎的观点是有道理的，反映了中华民族一体的实际。

中华民族在漫长的历史进程中历经劫难而不衰，从根本上说依靠了

① 马戎：《评安东尼·史密斯关于"nation"（民族）的论述》，《中国社会科学》2001年第1期。

民族传统文化的承续传载。中华民族文化是中国各族人民共同创造的财富，具有强大生命力、整合力、凝聚力和包容力，成为中华民族安身立命的精神家园和生存发展的力量源泉。在抵抗外侮、争取独立的艰苦斗争中，中华民族文化是凝聚中国人心的根本要素，是各族人民认同的对象。正如江泽民所说的，“悠久的中华文化，成为维系民族团结和国家统一的牢固纽带”①。

二、全球化的挑战

近代以来，“资产阶级，由于开拓了世界市场，使一切国家的生产和消费都成为世界性的了”②。如今，经济全球化已成为世界最突出的特征之一。经济全球化为世界各国提供了发展机遇，同时也提出了严峻的挑战，促使各国经济体制调整，社会结构转型，民族文化重构。这个异常复杂的进程使各国经济、政治、文化日益趋同，对国家认同、民族认同和文化认同造成严重的冲击，又为构建新的认同提供了条件。总体上说，发达国家处于强势地位，主导了经济全球化进程，获得巨大的利益，而发展中国家处于弱势地位，在可能获益的同时也受到更大的冲击。

（一）对国家认同的冲击

经济全球化是形成世界统一大市场的过程。由于各国在世界体系中

① 江泽民:《增进相互了解　加强友好合作——在美国哈佛大学的演讲》,《人民日报》1997年11月2日。

② 《马克思恩格斯选集》第一卷，人民出版社1972年版，第254页。

的位置不同，政府的施政能力不同，所采取的对策不同，因此在全球化进程中的收益也就大不相同。然而从国家认同的角度看，所有的国家都遭遇了挑战。

1. 跨国公司在经济全球化进程中扮演了非常重要的角色。随着跨国公司的实力增强，国家政府干预经济活动的能力减弱，由此导致国家认同弱化。作为经济全球化的积极推动者和直接体现者，跨国公司进行跨越国界的生产和经营，在全球范围内协调分工，配置各种生产要素。国家要控制和利用跨国公司，跨国公司也谋求和依赖国家政府的支持。跨国公司的利益与国家利益有一致之处，但并非完全重合。随着跨国公司数量日益增多，规模急剧膨胀，实力迅速增强，在世界经济事务中发挥越来越大的作用，对国家政府行为造成一定程度的制约。为了提高利润率和竞争力，跨国公司对国家政府施加影响，干预国家政策的制定，迫使有关国家政府接受它们在规则、工资和税收等方面的要求，否则就把资金转到劳动力更便宜、税收更低、环境法规更宽松的地方去。发展中国家为吸引跨国资本，不得不提供各种优惠条件，作出各种实质性的让步。发达国家作为国际经济贸易规则的主要制定者，既是全球化的积极推动者，也是最大的获益者。但是，即使发达国家政府也难以完全控制跨国公司，因此担心跨国资本流动和自由贸易对本国经济发展和就业造成不利影响。

实际上，“全球化是资本主义生产方式的全球化，是与资本主义生产方式相适应的生产关系和交换关系的全球化。资本增值、剩余价值的生产和占有，是全球化最深刻的动因。因此，人们可以看到，当前现实的全球化的实质是资本主义全球化”①。通过贸易和投资的自由化以及生

① 吴易风:《全球化的性质和利弊》，见俞可平主编:《全球化：西方化还是中国化》，社会科学文献出版社 2002 年版，第 163 页。

产的国际分工，“蛋糕”确实做大了，但是分配是不合理的；相互依存度增加了，但是依存是不对称的。结果，全球化造成了世界范围内 3 种社会经济差距的扩大：发展中国家与发达国家之间的差距趋向于扩大；发展中国家内部不同阶层的收入分配差距趋向于扩大；不同发展程度的发展中国家之间的差距趋向于扩大。[①] 南北贫富差距的扩大不仅对可持续发展造成威胁，而且加剧了国家间的摩擦、对立和冲突；国家内部贫富差距的扩大导致社会分化，带来更多的焦虑、怨恨和愤怒，造成社会转型的痛苦。不仅发展中国家的穷人日益不满，发达国家的下层也开始采取激烈行动。发达国家的国际剥削使其社会下层也得到了一定的好处，但是不同阶层之间收入分配差距的扩大造成社会不稳定。这是反全球化的力量主要来自发达国家的原因之一。

国家存在的物质基础是领土和领土上的人民，当国家在全球化的背景下不能有效地履行维护人民安康的职能，不能解决诸多社会经济问题时，民众开始怀疑国家政府的施政能力和作用，对政府的信任度下降，政治意识淡漠，表现为对政治体制的疏远和对政治参与的厌倦。国家的合法性由此而降低。有人甚至认为，“从经济活动的真实流动角度讲，民族国家已经失去了它们作为今天无国界的全球经济中有意义的参与单位的作用”[②]。即便民众还保持了相对稳定的民族认同，但是国家认同弱化了。

2. 科学技术的发展推动了经济全球化的深入，但是其负面影响也日

---

① 宏量:《经济全球化观察》，见俞可平主编:《全球化：西方化还是中国化》，社会科学文献出版社 2002 年版，第 48 页。

② Kenichi Ohmae,*The End of the Nation State: The Rise of Regional Economies*,New York:The Free Press,1995, p.11.

益突出，在人与自然和人与人之间的关系方面造成许多令人困惑的问题，同时由市场主宰的、以利润最大化为动力的经济全球化本身也带来了许多全球性的问题。国家不仅要对付传统的安全问题，还面对着种种非传统性安全问题，包括环境污染、恐怖主义、走私贩毒、金融投机、传染病以及能源、发展、债务、人口、难民、人权等问题。然而，对于全球性和地区性的问题，任何国家都无力独自解决，而必须通过国际合作来处理，于是许多专门性和综合性的国际组织应运而生，传统上属于国家的部分职能被转移给国际组织。国际组织在国际事务中的作用增强，国际制度呈现法律化趋势，而国家的权能遭到侵蚀。例如，世界贸易组织致力于消除贸易壁垒，推行贸易和投资自由化的统一规则，裁决贸易争端；国际货币基金组织和世界银行强制解除货币管制和调拨资金。由于国家管理和干预经济生活的权能被削弱，国家认同也开始弱化，于是出现了认同向上转移的趋势。欧盟认同的增强就是认同上移的一个典型例证。

各种国际性非政府组织也起了削弱国家认同的作用。随着全球化的深入发展，以解决生态、发展、贫困、人权等问题为目标的国际性非政府组织迅速增加，其成员数量和可利用资源日益增多，活动能力不断增强。非政府组织的成员包括各国公民，活动范围超越了国家政治和国际政治的界限，导致全球意识的发展和多文化认同的形成。一些精英人物自称为“世界公民”，把“人类的共同利益和命运”作为关注的对象，推动“世界意识”的传播，以世界公民社会的名义对国家政府和国际组织施加影响。所有这些组织并不能承担起国家的职能，但是为人们提供了新的认同对象。

与此同时，也出现了认同向下转移的趋势。由于国家政府不能有效应对全球化的挑战，一些族群成为弱势或边缘群体，便开始对国家政府失去信心，寄希望于可能提供更多安全和保障的小单位。于是，国家认同减弱，族群认同则进一步增强。在一些国家里，族群认同可能与地方认同相结合，推动地方自治运动的发展；在一些极端的情况下，催生了要求独立建国的分裂运动。

3. 通讯技术革命使获取和传递信息的方式发生了根本性的变化，突破了国界的限制，不仅使信息经济处于主导地位，而且改变着生活、学习、工作和交往的方式，改变着人们的生活方式和思维方式，悄悄地侵蚀着人们的文化认同和国家认同。卫星、电视和因特网的广泛应用正在改变人们的时空概念。电视通过通讯卫星把有关世界各地政治、经济、文化状况的声音和图像传播到地球的每一个角落，人们由此而直接了解本民族其他成员以及其他民族的生活。现在全世界已有300多个卫星电视系统，有10多亿台电视机，而且还在迅速增加。因特网作为一种新式媒体，不仅提供文字、图像和声音信息，也为人们提供了几乎无限的、即时的互动空间，成为个人之间和团体之间自由交流的平台，从而增加了超越国家意识和塑造新型认同的机会。然而，任何一个国家都难以完全控制这些媒体及其所承载的信息。

全球化的发展为个人意识复苏、自我认知发展和自主选择提供了便利条件，增加了个人自主行动的机会，减弱了个人对民族共同体的依赖。首先是人员的流动性增强：跨国公司的人员、国际会议的代表和富裕的旅游者，可以利用便捷的交通工具周游世界，即便是普通人也可能因经济、政治、安全的原因而选择远走他乡。其次，意识形态之间的对抗逐渐淡化，个人自由度增加，可以自由地表达意见，而不必听命于官方意识形态和行政命令。最后，个人可以为维护自己的利益或寻求保护，组成基于共同理念的新团体，反对和抵制国家机构效率低下、过于集中的管理方式；甚至通过组织和参与国际性非政府组织的活动，来影响国家政策和政府行为。

总之，全球化逐渐把各国都纳入一个国际经济体系中，任何国家自外于全球化进程，都难以发展，甚至难以生存。但是，在经济全球化的环境里，国家政府的权能受到限制，在一定程度上受制于国际规则，而且不能完全有效地控制内部事务。尤其是一些国家的治理失败造成国家权威的丧失；国家作为民族主义象征的凝聚力减弱，国家认同遭到前所未有的冲击。

（二）对文化认同的冲击

全球化既是一种经济现象，也是一种文化现象。全球化并不只是推动了商品和资本的跨国流动，也是造成各种制度和规范日益趋同的进程。不同的文化相互影响和交融，各种思潮、意识形态、价值观念相互碰撞和融合，导致文化差异缩小，造成文化同质化的趋向。这包括 3 方面的含义：一是经济全球化使经济活动超越国家和地区的边界，在某种程度上突破国家政治体制的束缚，推动了文化交流与互动，为文化趋同提供了条件；二是全球化推动了所谓的国际社会的发展，所建立的共同机构和共同规则主要是由发达国家主导的，为西方文化的扩张提供了条件；三是以强大经济实力为依托的西方文化居于强势地位，发展中国家的文化受到更大的影响，遭遇了更为严重的文化认同危机。

经济全球化推行市场经济模式、同样的运行规则和行为方式，科学技术、产品质量、销售方式日益标准化，产品、技术、资本和信息承载着时尚和生活方式在全球范围内大规模快速流动，所有这一切都必然影响各民族的生活方式和价值观念，导致一定程度的文化趋同。发达国家在很大程度上控制着国际经济秩序，把持着国际贸易规则的制定，主导着一些重要的国际组织的运作，而且是大量超级跨国公司的“母国”。尤其是美国，凭借其先进技术和经济实力，极力推行经济私有化、生产国际化、贸易自由化和金融全球化的制度和规则，依据貌似公平的统一规则，谋求本国利益最大化，以便保持其优势地位。

全球化的日益深化，电讯网络的高度发达，把世界各地连接成一个整体，理论上为经济、政治、文化的平等交流提供了大量机会，实际上也为强势文化提供了同化弱势文化的机会。一方面，西方总是有许多人坚持“西方文化优越论”，不遗余力地倡导西方行为模式、思维方式和价值观念，要把它们普及世界各地；另一方面，一些西方国家政府，尤其是美国政府，出于维护其长远利益的考虑，利用经济和政治手段大力输出其政治制度、意识形态和价值观念，将其政治模式和生活方式树立为仿效的样板，将西方文化强加于其他国家，试图以西方价值观念一统天下。“全球化不是西化，不是美国化，但是并不表明美国不希望全球美国化。经济实力是推行霸权战略的基础。全球经济自由化和政治民主化不过是美国制度、美国价值观的全球普及化，美国试图利用全球化所提供的条件来推广西方式的政治制度。”①

冷战的结束被西方视为自由资本主义制度和价值观念在全世界的胜利，西方的发展模式被视为其他国家的必然归宿。作为“软实力”的文化优势成为谋求霸权的工具。布热津斯基在《大棋局》里阐述美国的全球战略时提出：“伴随着美国民主政治制度的吸引力和影响的还有美国以企业为中心的经济模式的吸引力的增长。美国的经济模式强调全球贸易和不受约束的竞争。”他还说：“当美国方式的模仿逐渐遍及全世

① 俞可平:《全球化：西方化还是中国化》，社会科学文献出版社 2002 年版，第 13 页。

界时，它为美国发挥行使间接的和似乎是经双方同意的霸权创造了一个更加适宜的环境。”[①] 美国前总统布什更明确地提出：“凡是接受美国经济的国家，就无法拒绝美国的价值观念。”美国政府的战略是通过输出“政治民主、人权和以私有制为基础的市场经济制度”，让人们接受西方的意识形态，从而维护其霸权地位。在论及美国的“文化霸权主义”时，谭英华一针见血地提出：“美国把文化一体化作为全球化战略的一个有机部分，着意在全球特别是在第三世界国家普遍制造对美国的依恋、崇拜和奴性，从而使第三世界国家首先在思想观念上心甘情愿地永远处于附庸地位。美国通过推行全球化策略从第三世界夺走的不仅仅是资源、市场、劳动力和其他财富，更重要的是国家意识和民族自主权。”[②]

大众媒体和文化产品成为西方文化渗透的重要工具。从理论上说，全球化时代的信息传播是不可能独占的，跨国界的信息流动是难以控制的。特别是互联网的信息传播似乎是非常公平的，任何国家、群体和个人都可以通过互联网来获得和传播信息。然而实际上，由于各国经济和科技实力上的巨大差距，文化影响是不对称的。“美国控制了全球 75% 的电视节目的生产和制作，使不少第三世界国家的电视台成了美国电视的转播站；当今传播于世界各地的新闻，90% 以上由美国和西方国家垄断，美国电影产量占全球电影总量的 7%，但却占据了全球电影总放映时间的一半以上。”[③] “美国对全球电影、电视和录像业的控制甚至超过了

① [美] 兹比格纽·布热津斯基：《大棋局》，中国国际问题研究所译，上海人民出版社 1998 年版，第 36 页。

② 谭英华：《美国的文化霸权主义对青年的影响》，见俞可平主编：《全球化：西方化还是中国化》，社会科学文献出版社 2002 年版，第 244 页。

③ 俞可平：《全球化：西方化还是中国化》，社会科学文献出版社 2002 年版，第 5 页。

它对飞机制造业的控制。1993 年全世界最受关注的 100 部影片中有 88 部是美国片，两家美国组织和两家欧洲组织控制了全球范围的新闻收集和新闻传播。”[①]“英语已经成为通行的商业用语。英语在网上的优势也是其他语言无法匹敌的。86% 以上的网络内容都是英语的。”[②]网络上通行的“美国信息交换标准代码”（American Standard Code for Information Interchange）实际上成了国际标准代码。英语作为西方文化的一种主要载体正成为一种国际通用语，而其他许多弱小民族的语言正处于消失的边缘。随着信息技术的发展，西方传媒轻而易举地进入每个国家，以传播全球文化和普世价值的名义，向发展中国家灌输西方文化，让人们在不知不觉中接受西方的意识形态和价值观念。“图像和声音的普遍泛滥有助于生活方式的标准化、差异和个性的弱化、态度和行为的趋同以及集体认知和传统文化的消解。”[③]这种不对称的信息流动，使西方的意识形态、价值观念和宗教信仰猛烈地冲击发展中国家的民族文化，造成文化同化的巨大压力。

在经济全球化进程中，西方经济模式和规则的蔓延，西方产品的涌入，西方意识的广泛传播，以及伴随而来的价值观念，削弱了发展中国家的“文化同一性”，动摇了一些人本来的文化认同和国家认同。西方的物质生活方式，尤其是美国式的大众消费文化，正成为当今世界的时尚，其中所表达的文化信息对发展中国家的人们尤其是年轻人的生活态度和价值观念产生了潜移默化的影响，结果是民族自主性的弱化和文

① ［美］塞缪尔·亨廷顿：《文明的冲突与世界秩序的重建》，周琪等译，新华出版社 1998 年版，第 46 页。

② 《焦点》2000 年第 8 期。

③ ［美］阿兰·伯努瓦：《面向全球化》，见王列、杨雪冬编译：《全球化与世界》，中央编译出版社 1998 年版，第 11 页。

化意识的西化。“崇尚美国文化、羡慕美国的生活方式已成为第三世界青年的普遍追求，年轻人将美国视为生存和冒险的乐园。”[①]这一评论也许言过其实，但确实揭示了发展中国家的青年在西方文化影响下所表现出的文化认同变化，的确有一些人将西方的制度和观念奉为圭臬，对西方的生活方式顶礼膜拜，而对本民族的文化失去了信心。当然，这种情况也引起民族主义情绪的强烈反弹，一些人试图以复兴传统文化来抵制“文化帝国主义”。在一些地区，甚至出现了极端民族主义运动，以恐怖手段对付西方国家。

（三）中国的文化认同危机

中国为了实现现代化，主动参与全球化进程，通过加入 WTO 扩大对外开放，引进西方的先进技术、产品和资金，并且通过改革经济体制，实行曾被认为与社会主义制度格格不入的市场经济。中国经济快速增长，同时西方文化的影响也随处可见。人们普遍直接地感受到生活水平的大幅度提高，在欣赏西方商品的时候，也在向往从书本里读到的、从广播里听到的、从电视里看到的发达国家的生活，不自觉地模仿西方生活方式。当然，也有许多人面对着各种舶来品（包括商品和概念）的诱惑，又割舍不下已内在化的习惯、观念和情结，感到困惑而无所适从。

俞可平在谈及西方文化尤其是美国文化的影响时，列举了近年来的一些现象：弥漫于整个社会的“英语热”，遍及都市大街的可口可乐和麦当劳广告，充斥中国市场的美国畅销小说、音乐、绘画、动画以及美国“大片”，普遍运用的美国微软的中文视窗和其他重要软件，作

① 谭英华：《美国的文化霸权主义对青年的影响》，见俞可平主编：《全球化：西方化还是中国化》，社会科学文献出版社 2002 年版，第 244、248 页。

为必备参考书的西方著作和教材，等等。他指出，在这些表面现象的背后，“更重要的是美国的价值也成为许多中国人，尤其是年轻中国人追求的价值，从而使这些中国人的心灵开始‘美国化’。美国的生活方式，美国的政治制度、经济制度和管理方式，甚至美国的意识形态和人文精神都成为许多中国人追求和效仿的对象。美国成为许多中国人向往的目标，成为人们心目中的‘天堂’。‘美国梦’因此成为改革开放后中国年轻一代中许多人的最高理想。美国的一切似乎都是最完美的……成为美国公民，则更是一些人梦寐以求的事。甚至在国内享尽荣华富贵的个别‘达官贵人’，也言必称美国，把美国看成是人生的归宿，纷纷将自己的子女送往美国，而不惜付出巨大的代价”。更有人认为，在美国的强大攻势下，中国的一些知识分子甚至政府官员等已经被“美国化”，中国的精英文化已经是一种美国式的文化。“美国化”的精英阶层与代表中国精神的人民大众已经形成严重的对立和冲突。[①] 且不论所说的“许多”究竟是多少，中国社会肯定没有陷入“美国化”的地步，但是他的评述显然在一定程度上揭示了美国文化对中国社会的巨大冲击。

上述现象所隐含的，实际上是本土文化与外来文化碰撞时所产生的深层危机，是一场文化冲突造成的文化认同危机。在经济全球化进程中，西方文化的冲击不仅对中国人的生活方式产生了深刻的影响，而且似乎使传统的价值观念和道德观念失去了感召力。这是全球化在西方发达国家操纵和利用下给中国带来的一大负面影响。在经济全球化的背景下，中国在经济贸易等许多方面同国际社会接轨，而那些“标准”是西方的。敞开国门以后，大量的外国思想观念随着西方产品蜂拥而来，从西方引入的各种思潮非常活跃，从自由主义到保守主义，从新左派到新

① 俞可平：《全球化：西方化还是中国化》，社会科学文献出版社 2002 年版，第 3—4 页。

自由派，不一而足。西方流行文化泛滥，猛烈冲击民族文化习俗和生活方式。随着以利益驱动的市场经济全面运作，利润标准深入社会生活，功利至上的商品大潮猛烈冲击传统的价值观念。尽管经济的快速发展使人民生活水平大幅提高，但是与西方发达国家尤其是美国的经济发展水平和物质生活水平相比，仍然有不小的差距。另外，改革进程中出现的腐败问题、贫富分化问题、诚信问题等，打破了对道德规范和价值观念体系的敬畏。社会文化呈现多元趋势，认同变得越来越多元化。总之，社会转型时期的文化突变使人们的价值观念处于不稳定状态，出现了“三信危机”，进而导致文化认同、民族认同和国家认同弱化。

这些现象引发了学术界乃至普通百姓对中华文化走向的深思和忧虑。的确，中华民族面对着这样一个问题：在获得民族独立以后，在探索实现社会主义现代化的道路上，必须学习和借鉴西方发达国家的科学技术、生产方式和思想观念，而在参与经济全球化的过程中又不得不面对西方文化的泛滥和冲击，其中一些观念与几千年来所崇尚的伦理道德和价值观念是相对立的。中国正在建设现代化社会，要实现人民生活幸福的目标，要缩小同发达国家的差距，要赶上发达国家的发展水平，面向世界也就成为一个必要条件，封闭或倒退是死路一条。“但是，由于资本、技术、信息、文化（以及今后的人口—劳动力本身？）的大规模和高速度的跨国流动，民族国家本身作为一种体系实际上已经不是从前意义上的了，或者说它已经遭遇到了来自全球化的严峻挑战，而不只是来自其他民族国家（如所谓‘列强’）的挑战。”[1]

① 黄平：《全球化挑战与文化认同危机》，当代文化研究网。

三、文化认同危机与民族文化建设

中国已深深地卷入经济全球化进程，正通过深化改革、扩大开放来实现全面发展，实现中国社会的现代化转型。中国扩大了同世界各国的经贸往来，经贸关系的发展必然带动政治和文化交流，经济体制变革也必然要求与之相适应的政治和文化变革。在这一过程中，中国需要加强社会主义先进文化建设，以文化的感召力来凝聚人心，以强烈的文化认同来强化民族认同和国家认同，以便有效应对全球化的挑战和西方文化的冲击。中华民族的伟大复兴说到底是中华民族文化的伟大复兴，其根本途径在于继承和弘扬中华民族传统文化的优良传统，以中华传统文化资源为基础，吸收整合世界先进文明成果，建设中华民族现代新文化。

（一）历史的教训和启示

对于中国实现现代化的途径，对于中华民族文化的命运，中国知识界发出了不同的声音。就一些对立的观点来说，一些人出于对失去民族传统文化和“中国性”（Chineseness）的担心，反思“五四”以来否定传统的激进主义，试图重拾传统文化经典，把传统文化的复兴作为带领社会走出文化困境的良药，近年来出现的“国学热”就是一个突出的表现；另一些人则将那些探索斥之为毫无前途的“复古”，认为传统文化已经不适应现代社会发展的需要，不过是阻碍实现现代化的包袱，因此主张与“世界主流文明”汇合，以“普世价值”取代民族文化的价值。还有一些人采取极端反传统的立场，对西方文明倍加推崇，以美国模式为标准来设计中国的现代化道路，声称“现代化就是美国化”。从某种意义上说，目前出现的文化认同危机是中国近代百年探索中迷茫困惑的再现，而有关的争论实际上是近代以来“古今之辩”“中西之辩”的继续。发展中国家几乎都遇到了类似的问题，也出现类似的困惑，作出了不同的选择。各种选择的成败得失，自然见仁见智，但历史的回顾会带来一些有益的启示。

进入近代史时期，经过地理大发现、文艺复兴、宗教革命、启蒙运动，经过产业革命和资产阶级革命，欧洲崛起而成为世界的“中心”，开始了在全球的侵略和扩张。“1800年欧洲人或前欧洲的殖民地（在南美和北美）控制了地球表面土地的35%，1878年这一数字为67%，1914年为84%。”① 根据弱肉强食的“丛林规则”，“强权即真理”。而遭受侵略和冲击的国家则认识到，落后就会挨打，于是开始了未来发展道路的探索。按照亨廷顿的说法，西方的扩张引起非西方社会的3种反应，即拒绝主义、基马尔主义和改良主义。②

拒绝主义不接受现代化和西方化，固守本土文化传统。然而，历史告诉我们，如果只是坚持拒绝主义，国家无力抵抗西方强权的侵略，本土文化也无力抵抗西方的工业文明，被动应付既不能解决国家经济发展问题，也不能解决本土文化保护问题，无法摆脱“落后就会挨打”的命运。在当今世界，国家主权原则已经确立，以武力侵犯他国的行动会遭到普遍谴责，但是掩蔽在国家主权的壁垒之后并不能阻挡外来文化的影响，也不可能解决发展的问题。任何国家都不可能孤立于经济全球化进程之外而求得生存和发展。历史已经证明，拒绝主义这条路是走不通的。

---

① ［美］塞缪尔·亨廷顿：《文明的冲突与世界秩序的重建》，周琪等译，新华出版社1998年版，第36页。

② ［美］塞缪尔·亨廷顿：《文明的冲突与世界秩序的重建》，周琪等译，新华出版社1998年版，第63页。

土耳其的回应，即基马尔主义，是实行现代化和西方化相结合的一个典型。“这一回应建立在下述假设的基础上：现代化是可望的和必要的，本土的文化与现代化不相容，必须抛弃或废除；为了成功地实现现代化，社会必须西化。现代化和西方化相互加强，而且必须相辅相成。”[①]20 世纪 20 年代以来，土耳其为实现现代转型，主动走上全盘西化道路，在政治、法律等方面引入西方制度，在宗教、思想、文化、教育、习俗等方面铲除伊斯兰传统的影响，并且通过文字改革切断同经典文献或者说传统文化的联系。土耳其在国际事务方面奉行亲西方的政策，在冷战时期采取同西方国家结盟的立场，冷战后继续加强同西方的联系，同伊斯兰国家拉开距离，甚至为攻打伊拉克的西方联盟提供帮助。土耳其经历了一个复杂、痛苦的蜕变过程，在许多方面已经西方化了，但是并没有真正全盘西化，至少精神生活没有彻底西方化，98% 的民众仍然保持伊斯兰教信仰；在一定程度上推进了现代化的发展，但是国家经济并没有赶上发达国家的水平。精英阶层一直把“脱亚入欧”作为既定国策，以西方认同代替民族文化认同，自以为土耳其已经融入了西方世界，然而并没有得到西方国家的认同。土耳其从 1987 年正式申请加入欧洲共同体，然而欧洲共同体发展成为欧洲联盟以后，很快吸收了奥地利、芬兰和瑞典入盟，2004 年又接收 10 个中东欧国家入盟，其中包括原来属于前苏东集团的国家，土耳其却仍然被阻挡在门外。土耳其仍然被西方国家视为伊斯兰国家，在文化上不属于欧洲。由此而造成的挫折感和失落感在一定程度上激发了土耳其反西方的民族主义，民众甚至组织大规模的示威游行来抗议土耳其政府的一些亲西方政策。如

① [美] 塞缪尔·亨廷顿:《文明的冲突与世界秩序的重建》，周琪等译，新华出版社 1998 年版，第 64 页。

今，土耳其抛弃了自己的文化传统，又不为西方所接受，陷入了集体性孤独无归的状态。亨廷顿说，土耳其成了一个“无所适从”的国家。[①]事实证明，土耳其的西方化的现代化之路通向了一个死胡同。

中国选择了另一条道路，经历了另一种磨难。鸦片战争以后，中国社会遭遇“千年未有之大变局”，实质上是千年未有之大冲击、大危机。如何实现现代化成为中国人苦心探索的问题。西方列强的入侵打乱了中国社会发展的自然进程和节奏，引发了严重的民族危机。农业文明抵抗不住工业文明，中国传统社会模式与西洋模式之间形成强烈反差，于是出现了“中学为体、西学为用”的尝试。连续的挫折导致对传统文化价值的质疑，进而产生文化认同危机。从“洞悉夷情”“师夷长技”，到接受西方制度文化和价值，否定中国传统文化，出现了中国文化史上最激烈的反传统主义。在中西文化的全面冲突中，中国传统文化日益走向解体，王国维的“文化殉节”和胡适的“全盘西化”代表了两种极端的文化选择。“五四”新文化运动带来了“科学”和“民主”，“打倒孔家店”，激烈批判文化传统。但是“古今之辩”“中西之辩”并没有终结，尽管总体上是激进主义的文化取向占据上风，对传统文化的否定多于肯定。一波又一波排斥和攻击传统文化的运动又都是为建设现代民族国家的渴求所推动的。经过“以夷为师”“以俄为师”的尝试之后，中国传统文化虽然没有被“化”掉，但民族文化自信失落了。在同自由主义和新保守主义的对峙中，马克思主义在中国广泛传播，并逐渐成为思想领域的主流。新中国建立后，实现现代化成为迫切的追求，并且致力于建设“民族的科学的大众的文化”，开始形成新的文化传统，但是民

---

① [美]塞缪尔·亨廷顿：《文明的冲突与世界秩序的重建》，周琪等译，新华出版社 1998 年版，第 65 页。

族传统文化的创新和超越问题并没有得到根本解决。及至中国实行改革开放，中国社会现代转型之际，中西文化再次全面碰撞，又出现所谓的“信仰危机”和文化认同危机的问题。于是邓小平理论和“三个代表”重要思想应运而生，就有了发展“面向现代化、面向世界、面向未来的，民族的科学的大众的社会主义文化”的新契机。

中国要实现现代化，这一目标是坚定不移的，但历史的经验表明，西方化加现代化的选择是失败的。割断历史，割断传统与现代的联系，简单地否定或排斥传统文化，就会使一个民族成为无根的浮萍。为避免陷入土耳其那样的“无所适从”，应当保护而非抛弃民族传统文化。民族传统文化不是现代化的阻力，而是推进现代化进程的精神动力，是建设中国先进文化不可或缺的资源。“文化大革命”时期，传统文化在中国大陆几乎遭到扫荡，然而作为传统文化核心内容的儒家思想却为亚洲“四小龙”的经济腾飞作出了贡献。任何一个民族要生存和发展，都要保持自己的民族性，都需要民族传统文化作为精神寄托。中华民族传统文化中固然有糟粕，有不适应现代社会生活的缺陷，但更有博大精深、丰富灿烂的文化精华，否则也不会是延续几千年而仅存的少数几种文明之一。把当今出现的问题和危机统归于民族传统文化的延续显然是片面的，把民族传统文化视为现代化的障碍和包袱更是错误的。对传统文化的整体肯定固然是不足取的，但整体否定也是荒谬的。现代化的实现需要全体人民的共同努力，需要强大的民族凝聚力，而基于民族传统文化的文化认同和民族认同正是民族凝聚力的源泉。只有尊重、保护和继承民族传统文化，并在此基础上创新，才能真正实现现代化。倘若失去了民族文化特质，西化的中华民族也就不再是中华民族，“自立于世界民族之林”也无从谈起。没有经济实力就会挨打，失去了民族文化认同就是一盘散沙。另外，一个失去民族文化传统、没有文化特色的民族，在世界舞台上也不会有影响力。因此，面对西方强势文化，不应妄自菲薄，不仅不应全盘西化，而且要更加重视维护民族文化安全，避免因西方文化的渗透和侵蚀而失去把整个中华民族凝聚在一起的民族文化。

（二）中华民族现代文化的建设

在全球化日益深化的形势下，需要以兼容并蓄的开放胸怀，大力保护和发掘传统文化资源，充分吸收世界先进文明成果，并对中外文化资源进行整合创新，形成新思维，建构新概念，创造新思想，建设一个既适应时代要求和现代社会生活需要又包含着崇高理想和道德情操的新文化。

民族传统文化中有许多东西已经不适应时代发展的要求，在同西方强势文化的碰撞中处于被动招架的地位。抱残守缺只能导致停滞不前，最终必然为历史所淘汰。试图原封不动地保留传统文化将是徒劳的。有活力的文化都是动态的，只有死亡的文化才是静态的。“穷则变，变则通。”中华传统文化本身就是几千年来不断创造、积累而成的，是在应对各种挑战中不断丰富和发展的。近代以来，传统文化之所以在西方工业文明的冲击下“败下阵来”，就是因为“变”得不够。从“五四”以来，为了回应外部的挑战，科学、民主、理性精神和马克思主义意识形态已经逐步纳入中华民族文化体系，形成了一个新的文化传统。全球化日益深化，外部环境变了，社会生活变了，民族传统文化要生存，就必须作出积极回应，要通过整合各种优秀文化因素进行文化重建，实现自身的超越。

保护和继承民族传统文化，既不能因袭和复古，又要破除民族虚无主义。大量的传统文化资源是人类文化的瑰宝、文化创新发展的基础，任何民族都不可能在一片空白中建设民族文化，实现现代化。传统文化遗产包括典籍文化和民间文化，承载着民族精神、民族个性、伦理观念和行为规范，对于整个民族具有强烈的凝聚力和亲和力。这些宝贵的文化财产是进行现代文化建设的精神资源，需要精心保护和研究，并且通过重新诠释来发掘传统文化的价值。例如，在人与人关系上儒家的“仁学”思想和道家的“无为”思想，在人与自然关系上儒家的“天人合一”和道家的“崇尚自然”，以及强调仁爱、忧患、乐道、和合、人本、笃行的人文精神，崇尚“天下兴亡，匹夫有责”的爱国情操，“民为邦本”“民贵君轻”的民本思想，吃苦耐劳、尊师重教的传统美德，等等，这些思想观念和美德，对于维系社会安宁和调节各种复杂关系，都有重大的价值。

保护民族传统文化意味着创造性诠释和整合创新。对于传统文化里有生命力的精神内核和思想资源，要根据现代社会生活的要求重新进行阐释，赋予新的内涵，使传统文化升华为现代文化。例如，重新阐释传统文化的伦理道德、儒家的人本主义思想和道家的自然主义思想，同时注入新的因素，包括当代的民主与科学精神，从而丰富和发展传统文化的人文精神，解决“和平与发展”问题和人类终极关怀问题。通过重新阐释，扬弃过时的、谬误的内容，保持民族文化的基本价值取向、意识趋势和文化特色。在世界日益成为一个地球村的情况下，要以开放的姿态面向世界，从外来文化的“他者”角度反观传统的思想意识、思维方式、价值观念和社会心态，既保持民族文化的核心价值，保持高尚的道德情操、理想信念，又使行为准则、生活方式适应市场经济的需要。

保护民族传统文化不是狭隘的排外，而是在同异质文化的交流和碰撞中借鉴和吸收各种先进要素，促进民族文化体系的丰富和更新。对于文化创新来说，吸收外来文化要素具有特别重要的意义。文化的生命力在于对异质文化要素的不断吸收和融合。中华传统文化历数千年而不曾中断，就在于以开放的胸怀对待外来文化，善于吸收整合外来文化要素来丰富自己的文化体系，甚至包容与文化传统格格不入的东西。中华民族文化发展史上的几次高潮都和吸收、整合外来文化要素密切相关，例如汉唐时接纳印度的佛教文化，唐宋时整合东来的阿拉伯文化，明清之际又借鉴了传教士带来的西方文化。世界上各民族文化都在交流的过程中，吸收和整合一些异质的物质或精神文化要素，从而不断创新，适应社会生活和社会发展的需要。一种文化整合的异质文化要素越多，其文化体系就越丰富，生命力就越强，而一种文化体系越丰富，其整合能力就越强。全球化为各国经济文化交流提供了一个前所未有的机会，中国应抓住这个机遇，通过扩大开放来吸收各民族文化的优秀成果，拿来为我所用，促进民族现代文化的建设。

（三）文化交流与文化冲突

中国要通过扩大开放来吸收世界先进文明成果，但是这不等于全盘接受西方的一切东西。有人认为，现代化等于西方化，而且文化的移植是全盘的、不能选择的，因此只能“全盘西化”。西方发达国家有许多值得学习的东西，特别是由于美国当前强大的经济实力，其现代化模式值得研究和借鉴，但是现代化并不等于西方化或美国化。各国的历史发展进程不同，现实国情不同，不可能套用一个现代化模式。尤其在政治文化和精神文化方面，有很多东西是不能照搬的。物质文化、政治文化和精神文化固然是相互关联的，但是一般说来，物质文化要素可以直接引进，而在政治文化和精神文化方面，包括宗教信仰、民族心理、生活风俗、价值观念等构成民族性的要素，只能逐步吸收和整合。人类有许多共性的东西，有一些普遍性的需要，因此各民族文化中有某些共性，然而民族文化的价值主要在于其独特性。各个民族在不同的生存环境中形成了适应生活需要的、具有特色的伦理道德和价值观念体系。精神文化的交流是必要的，也是可能的，但是直接移植往往造成剧烈震荡，会导致整个文化体系解体，文化认同弱化。西方文化中崇尚民主与自由，强调法治和权力制约等，并且建立了相应的制度，这些都是值得学习和借鉴的，但是学习和借鉴并不意味着直接移植，而且也不可能全盘移植。另外，现代化和西方化必然相连的观点是没有根据的，“基马尔主义论点的温和形式——非西方社会可以通过西方化而现代化，仍然没有得到证实。基马尔主义论点的极端形式：非西方社会为了现代化必须西方化，并没有作为一个普遍的命题而成立。”[①] 新加坡等国家已成为现代社会而没有西方化。所以，在中国的现代化进程中，要大胆而有选择地吸收各种外来文化要素，包括物质文化、制度文化和精神文化的成果，关键在于把外来文化要素纳入民族文化体系中进行整合，使之成为“中国化”的产物。

在正常情况下，文化交流是一个相互影响的过程，是以一种文化为主体的双向选择。尤其在精神文化方面，文化交流意味着吸收与整合，意味着文化因素的更替融合和创新发展，而不是改变或取代民族文化特质。民族文化有选择地吸收异质文化因素，把它们纳入民族传统文化体系中加工改造、综合吸收，使之成为适应民族文化的新要素。外来文化要素在本土文化的“土壤”里适应、发展、变化，并且通过潜移默化

① ［美］塞缪尔·亨廷顿：《文明的冲突与世界秩序的重建》，周琪等译，新华出版社 1998 年版，第 65 页。

的影响，激发文化创新。日本文化发展史具有典型意义。日本人曾主动学习中国传统文化，包括语言文字、文学艺术、政治制度、伦理观念等等，并加以改造，使之与日本本土文化相结合。例如，中国儒家文化进入日本后，与日本本土文化融合，成为日本文化的正统思想，但它已经不是原来的中国儒学了，或者说已经“日本化”了。19 世纪西方列强的大炮轰开日本的大门之后，日本开始了“明治维新”，主动向西方学习，开始“全盘西化”，从财产私有到市场经济，从君主立宪到民主选举，在各个方面都极力模仿西方，提出了“脱亚入欧”的口号，全面发展资本主义政治、经济、文化，但是日本仍然保留了其文化传统的“底色”，其政治、经济体制和西方国家仍有很大的差别，其价值观念和行为准则与西方国家相比，更是相差甚远。中国引入外来文化后使之“中国化”的例子很多。例如，印度佛教传入中国后，逐渐适应中国本土文化的土壤而发展成为新的宗派，与儒、道融合而推动了新儒学即宋明理学的产生，促进了中国哲学、宗教、文学、艺术的发展。“马克思主义是欧洲文明的产物，但是它既没有在那儿扎根，也没有在那儿取得成功。”[①]马克思主义被引入中国以后，在中国的文化土壤里适应和发展，逐渐“中国化”了。当然这个“中国化”的过程还在继续。由此可见，文化交流不是简单的输入和输出，不是文化因素原样移植或简单的拼接合并，而是不同文化要素的融合，生成新的文化。这里的关键是异质文化要素在本土文化传统框架里发展变化，成为既与“旧物”类似又不同于“旧物”的新的文化要素，并且促进本土文化的发展，使本土文化更加丰富，具有新的特色。

---

① ［美］塞缪尔·亨廷顿:《文明的冲突与世界秩序的重建》，周琪等译，新华出版社 1998 年版，第 38 页。

各种文化所具有的某些共性使文化交流与融合成为可能，而它们各自的特质又使之具有排他性，因此文化交流过程中会不可避免地出现各种“冲突”（conflicts），尤其是在精神文化方面。异质文化相遇时，因价值取向的不同而导致文化冲突，是很自然的。司马云杰指出：“文化冲突是文化发展的重要动力。文化冲突实际上是文化竞争和比较发展的过程。没有竞争，没有比较，文化就不能发展自己的个性，也就不能获得巨大成就而具有普遍意义。”[①]这种冲突包含着“排斥、抵制、吸收、融合”的含义，表明不同性质的文化之间普遍性和特殊性的关系。这种现象也可以用“相互作用”或“互动”（interaction）等词语来表示。两种渊源不同、性质不同以及价值取向不同的文化，经过冲突、吸收、融合，都会发生内容和形式上的变化，在保持本民族传统文化基本精神的基础上进行文化的重新建构，从而变得更富有生机与活力。

这里所说的“文化冲突”当然不同于亨廷顿的“文明冲突论”。亨廷顿非常关注文化差异或者说文化认同的差异，并且注意到多元文化的继续存在，强调未来的世界不会是普遍文明的一统天下，而是一个不同文明集团共存的世界，因此每一种文明都要学会与其他文明共存。这种认识是符合实际的。然而，他认为“在后冷战时代，人民之间最重要的区别不是意识形态的、政治的或经济的，而是文化的区别”[②]。并且认为文化认同的差异将成为未来世界的主要冲突根源，“全世界的人在更大程度上依据文化界限来区分自己，意味着文化集团之间的冲突越来越重要；文明是最广泛的文化实体。因此不同文明集团之间的冲突就成为

① 司马云杰：《文化社会学》，山东人民出版社1986年版，第267页。

② [美]塞缪尔·亨廷顿：《文明的冲突与世界秩序的重建》，周琪等译，新华出版社1998年版，第6页。

全球政治的中心”[①]。他之所以受到大量批判，不仅是因为他过分强调西方文明的特殊性，夸大文化的排他性，否定文化的融合性，把西方文明和非西方文明对立起来，提出西方与非西方的文化冲突将引发世界战争的预言，更为严重的是他公开号召西方国家联合起来敌视和围剿非西方文明。文化因素在国际政治中无疑是重要的，但是他“把文化差异看作是国际冲突最根本的促动力，而不是诸多因素中的一种”[②]，这显然是错误的。

有人认为，“在某种意义上说，全球化把世界各民族先后卷入了世界性的现代化历史运动中，它的发展在世界各国造就着大致相同的社会关系，无情地消灭着社会关系的‘民族特殊性’，并造成国别的、民族的文化向世界文化的过渡”[③]。实际上，全球化推动了文化趋同化，也促进了文化多样性。随着频繁而迅捷的文化交流和相互影响，各民族文化显示出更多的共性，同时也在吸收了更多新要素的基础上，加快了文化创新，因此产生了新的差异。新技术的广泛应用不仅推进全球性的文化交流，也促进了民族文化的繁荣，并且使地方文化流行起来。全球化推行统一的国际经贸规则和规范，越来越多的国家接受市场经济和民主政治的观念，但各国的市场经济体制和民主政治体制有很大差别，对于一些概念也有不同的解释。正如罗伯森所说：“全球资本主义既促进文化同质性，又促进文化的异质性，而且既受到文化同质性的制约，又受到

① ［美］塞缪尔·亨廷顿：《文明的冲突与世界秩序的重建》，周琪等译，新华出版社 1998 年版，第 133 页。

② ［美］塞缪尔·亨廷顿：《文明的冲突与世界秩序的重建》，周琪等译，新华出版社 1998 年版，第 420 页。

③ 郡正、孟春：《全球化与文化冲突》，《长春市委党校学报》2002 年第 4 期。

文化异质性的制约。”① 全球化不可能造成单一模式的“世界文化”，而世界会展示更加丰富多彩的文化景观。不过，在文化碰撞和冲突中，强势文化对弱势文化的影响更大，渗透更深。因此，面对西方文化侵蚀，要提高文化安全意识，尤其是要采取适当措施来抵制西方以推行“普世价值”为名谋求霸权的企图，但是不应因此而减少对外交流。

邓小平领导的改革开放使中国重新焕发了活力，国家经济实力快速增长，国际声誉和文化影响力不断提高，民族自豪感也随之增强。中国人在重新审视民族传统文化价值的过程中，开始找回民族自尊和文化自信，而且思想更加开放，也更富有开创精神。这足以证明，中国的改革开放之路是正确的，必须坚定不移地走下去。强大的经济实力是民族文化发展的坚实基础，而民族先进文化是促进经济发展的内在动力。中国应当充分利用全球化所提供的机遇，以开放的心态吸取世界上各民族文化的精华，推进经济建设和文化建设，不断增进民众福利，提高文化感召力和凝聚力。中华民族现代文化建设不可能一蹴而就，因此当前在大力发展文化事业和文化产业、深化文化体制改革的同时，应充分利用包括大众媒体在内的各种宣传工具，宣传中华民族的传统美德，弘扬民族精神，培育爱国主义情操，培养正确的世界观、人生观和价值观；大力发展教育事业，重视文化知识教育，尤其重视中华民族历史和文化教育，让人们了解民族历史之源，了解民族文化之根，从而激发民族自豪感和增强自信心，强化公民的文化认同和国家认同。中华民族强大的凝聚力和强烈的文化认同是中国在全球化进程中实现向现代社会转型的保障。

---

① ［美］罗兰·罗伯森:《全球化：社会理论和全球文化》，梁光严译，上海人民出版社 2000 年版，第 24 页。

2009 年欧洲议会选举及其影响*

在《里斯本条约》受阻和经济危机爆发的阴影下，欧盟举行了其历史上规模最大的议会选举，27 个成员国的选民从 2009 年 6 月 4 日至 7 日先后投票，选出了第七届欧洲议会的 736 位议员。这次欧洲议会选举的结果反映出欧洲民众对欧盟及成员国政府的态度，将对欧盟今后 5 年的发展产生重大影响。

一、欧洲议会选举的突出特点

欧洲议会是欧盟唯一直接选举产生的民意机构，其立法活动与欧盟的发展及成员国公民的切身利益息息相关，因此这次换届选举是欧盟政治生活中的大事。欧洲议会选举结果显示出一些突出特点，即低投票率、执政党普遍受挫、右翼势力全面扩张、极端政党取得象征性突破、

* 原载于《当代世界》2009 年第 9 期。

疑欧派力量有所增长，但欧洲议会的基本格局没有根本改变。

（一）选民态度冷漠，投票率创历史新低。1979 年欧洲议会举行第一次选举，当时有 61.99% 的选民踊跃投票，但此后历次选举的投票率持续下滑，到 2004 年欧盟 25 国的投票率跌至 45.47%。对于这次欧洲议会换届选举，欧洲政治家非常关心，各国党派积极参选，表现出极大的热情。欧洲派把它看作推进欧洲一体化的机会，疑欧派把它看作争夺阵地的角逐。为了提高投票率，欧盟机构全力开动宣传机器，宣传欧洲议会的作用和成就，鼓励人们投票。欧盟官员以及成员国领导人纷纷发表声明，呼吁选民积极参与投票，通过自己的选票支持欧洲一体化建设。尽管如此，普通民众依然对欧洲议会选举缺少兴趣和热情，许多选民不去投票，致使这次欧洲议会选举的投票率延续了原来下滑的趋势，创下 43% 的最低纪录。个别国家因选举法的要求而保持很高的投票率，如比利时为 90.39%，卢森堡为 90.75%，但其他国家的投票率大都低于半数。在 12 个新成员国中，除了马耳他和塞浦路斯这两个地中海岛国以外，其他国家的投票率都很低，其中捷克为 28.2%，波兰为 24.53%，斯洛文尼亚为 28.33%，立陶宛为 20.98%，匈牙利为 36.31%，爱沙尼亚为 43.9%，保加利亚为 38.99%，罗马尼亚为 27.67%，斯洛伐克仅为 19.64%，几乎一点代表性都没有。

（二）多数成员国的执政党遭遇不同程度的失利。欧盟各成员国遭到金融危机的冲击，经济持续衰退，欧盟机构和各成员国执政党拿不出有效的对策，因此民众对执政党感到失望和不满，不去投票或者投下不信任票。在英国、希腊、西班牙、葡萄牙、爱尔兰、丹麦、奥地利、瑞典、匈牙利、保加利亚、斯洛文尼亚、捷克、爱沙尼亚、拉脱维亚和立陶宛等国，执政党普遍遭受挫折，得票率低于在野党。相比较而言，法国、德国、意大利、比利时、荷兰、芬兰、塞浦路斯、波兰等国的右翼执政党击败左派在野党，保住了支持率，但也不过是勉强维持支持率甚至小幅下降。

（三）左翼政党遭受重创，中右力量全面扩大，欧洲整体“向右转”。除斯洛伐克等少数几个小国外，大多数国家的右翼政党获胜，绿党有所进展，传统左翼政党遭遇失败，新的左翼政党没有产生重大影响。一些大国的情况颇有代表性，历史最悠久的左翼政党创下最低得票纪录，败给右翼政党。英国首相布朗的工党深受滥领津贴丑闻及经济危机的影响，得票率只有15.3%，与2004年相比狂跌7个百分点，仅赢得78个席位中的13席，远远落后于保守党的26席。法国总统萨科齐领导的右翼人民运动联盟成为最大赢家，获得72个席位中的29席，而法国社会党的得票率狂跌至16.48%，仅获得14席。德国总理默克尔领导的基督教民主联盟位列德国各政党的榜首，其执政联盟——基督教社会联盟大获全胜，因此中右阵营得票率为37.9%，获得42席。德国社会民主党得票率仅为20.8%，保持23席。意大利总理贝卢斯科尼绯闻缠身，但他领导的右翼人民自由党获得29席，中右联盟赢得45%的支持率，而左翼政党意大利民主党的得票率则跌至26.3%，获得21席。

（四）极右势力取得突破，反移民、反欧盟的暗流涌动。由于投票率低，英国、意大利、荷兰、奥地利、丹麦、芬兰、匈牙利、捷克、波兰、罗马尼亚、保加利亚和斯洛伐克等国的一些边缘小党和极端政党，得以跻身欧洲议会。英国国民党是一个以反欧盟、反伊斯兰教而闻名的极右政党，首次参选就获得2个席位。右翼民族主义政党英国独立党要求英国退出欧盟，此次获得13席。荷兰极右政党自由党宣扬反移民、反伊斯兰教、反欧盟的立场，扬言关停欧洲议会，首次参选获得4席，仅次于执政的基督教民主党而位列第二。奥地利的三个疑欧派政党共获得35%的选票，占据17个席位中的5席。意大利的北方联盟激进排外，获得8席。丹麦人民党反对外来移民，获得2席。匈牙利极端民族主义政党约比克党以排斥外来移民和打击吉普赛人为纲领，获得3席。欧洲议会选举的结果表明，反移民、反欧盟以及民族主义色彩浓厚的党派正在扩大其影响力。

（五）欧洲议会的构成发生很大变化，但传统格局没有改变。按照规定，第七届欧洲议会的每个党团至少需要由7个不同国籍的25名议员组成。本届欧洲议会仍然组成7个党团。中右的欧洲人民党党团拥有265位议员，占总席位的比例从30.7%上升为36%，继续保持第一大党团的地位。中左的欧洲社会党和民主党党团是在欧洲社会党党团吸收了意大利民主党议员的基础上组成的，从上届议会的213席下降到184席，减少了29席，占总席位的25%，仍然是第二大党团。欧洲自由和民主联盟党团由84位议员组成，与上届议会相比减少了19席，占总席位的11.4%，继续处于第三大党团的地位。绿党和欧洲自由联盟党团包括55位议员，比上届议会增加了12席，占总议席的7.5%，成为一个重要的党团。欧洲保守党和改革派党团是一个新成立的中右党团，共有55名议员，包括英国保守党26位议员、波兰法律与公正党15位议员、捷克公民民主党9位议员以及荷兰、比利时、芬兰、匈牙利和拉脱维亚的中右党派议员。该党团明确宣布反欧洲联邦主义的立场，其核心原则是保障欧盟成员国的主权完整，反对欧盟成为“联邦制欧洲”。欧洲左翼联盟和北欧左翼绿党党团拥有35个议员，占总议席的4.8%，是最稳定的党团。一些极端民族主义政党的32位议员组成一个排外主义党团——欧洲自由和民主党团，包括英国独立党15位议员、意大利北方联盟9位议员、法国自由党3位议员及其他极右党派的议员。另外还有26名不归属于这些党团的极右派议员，例如法国勒庞的国民阵线、奥地利自由党、匈牙利约克比党的议员。

二、复杂的因果关系

欧洲议会选举所显示的各种特点，显然是由多方面的因素造成的，包括欧洲民众对欧盟及欧洲议会的认知、对欧盟运作方式的评估、全球金融危机的影响、各个政党的政策主张，等等。

（一）欧洲议会选举投票率如此之低，自然有多种原因。其中之一是大量选民对欧盟层面的问题知之甚少，并非真正了解欧盟治理结构和欧洲议会的作用，与欧盟存有疏离感。

第一，欧洲一体化进程主要是由各国政治精英自上而下主导的，普通民众很少参与，也不了解。欧洲议会的前身是1952年欧洲煤钢共同体的共同大会，1958年3月19日发展成为欧洲煤钢共同体、欧洲经济共同体、欧洲原子能共同体的大会，1962年改称为欧洲议会。1979年6月欧洲议会议员由各成员国议会指派改为直接选举产生，每届任期5年。30年来，随着《单一欧洲法令》《马斯特里赫特条约》《阿姆斯特丹条约》《尼斯条约》的实施，欧洲一体化深入发展，欧盟成为当今世界上最大的经济政治共同体。欧洲议会也从咨询机构逐步发展成为立法机构。尽管欧洲议会的职能仍然无法与国家议会相比，但是作为欧盟唯一直选产生的最高民意机构，欧洲议会是与欧盟委员会和欧洲理事会并列的欧盟3大机构之一，拥有共同立法权、监督权、人事批准权和部分预算决定权，在欧盟事务中发挥十分重要的作用。欧洲议会的活动直接影响成员国的经济社会发展，直接影响欧盟公民的日常生活。但是，由于欧盟机构的工作不透明，而且欧洲议会参与制定的欧盟政策和法律一般通过国家机构来实施，许多普通人并没有深刻认识和深切感受欧盟的作用，缺少欧洲认同感和归属感，因此对欧洲议会选举不感兴趣。

第二，欧洲议会的选举方式表明，真正意义上的欧洲政治还没有形成，难以培养民众的欧洲认同感。欧盟官员希望欧洲议会选举成为一场关于欧洲议题的辩论。然而，各国政党和候选人主要关注国内政治，精心阐述国内问题及政策主张，很少谈论欧洲问题，也很少提及经济刺激政策问题。欧洲议会选举由成员国各自组织，各国政党成员各自参选，并没有形成跨越国界的强大统一的欧洲政党。当选的议员在欧洲议会里按照意识形态组成跨国党团，旨在使议员超越国别限制，以欧洲整体利益为重。但是，欧洲议会内没有形成真正的政党政治，也没有一个党团获得稳定多数或组成稳定的多数联盟。另外，一些国家往往把地方选举与欧洲选举合在一起举行，削弱了欧洲议会的独特性和重要性。

第三，欧洲议会遭遇“形象危机”，激起民众的反感和不满。近来一些媒体披露，欧洲议会奢侈浪费、效率低下，议员薪酬过高、腐败无能。欧洲议会在3处保有办公设施：总部设在法国斯特拉斯堡，总秘书处设在卢森堡，而特别全体会议和各党团会议、委员会会议在布鲁塞尔召开。议员及其助手每个月都来往于3个城市以及自己的选区，很多工作人员也不得不奔走于3个城市之间。这种工作方式的费用惊人，欧洲议会每年开支达15.3亿欧元。欧洲议会议员不仅享有过高的工资，还享有每年10多万欧元的津贴和福利，却经常缺席会议，滥用津贴，甚至营私舞弊，违规报销出差费用。欧洲议会试图通过改革来改善形象，但是迄今未能挽回民心。

第四，欧盟机构在关键时刻难孚众望，使人们怀疑欧洲议会的能力。随着欧洲一体化的深化，欧盟对内难以在机构改革、税收、教育等许多重大问题上有所突破，政治一体化举步维艰；对外难以“用一个声音说话”，造成“经济巨人、政治侏儒”的形象。2005 年《欧盟宪法条约》先后在法国和荷兰这两个欧盟创始成员国的全民公决中被否决，使欧盟陷入“制宪危机”；2008 年,《里斯本条约》作为《欧盟宪法条约》简化版，又在爱尔兰遭到否决，至今仍陷于困局。面对种种挑战，“强大而统一欧洲”成为海市蜃楼，选民对欧盟机构在政治、经济、外交等方面的迟钝日益感到失望，当然也不指望欧洲议会解决这些重大问题，至多期望欧洲议会在维护消费者权益、捍卫人权、促进男女平等方面发挥一定的作用。

第五，欧盟多层级治理模式中的突出问题，增加了许多选民的不满和不信任。欧盟并非联邦国家，国家政治仍然是最重要的。欧盟在遭遇严峻的挑战时，治理能力明显不足，难以承担起强有力的领导角色，难以迅速协调各国采取步调一致的行动，而各国的政客，无论左派还是右派，在支持欧洲一体化进程的漂亮言辞下，往往首先考虑本国的利益，根据所界定的国家利益来调整其政策。国家领导人处置不力时，欧盟又成了协调不力、管理不善的“替罪羊”。当前的金融风暴使欧洲陷入 20 世纪 30 年代以来最严重的经济危机，经济持续衰退，失业率攀升，而欧盟机构及各国政府反应迟钝，没有及时采取有效的应对措施；各国政府各行其是，缺乏有效合作。面对严重的经济危机，民众宁愿相信国家政府的能力而怀疑欧盟机构的作用，也不指望欧盟具有刺激经济复苏的能力。民众以拒绝投票的方式发泄对欧盟和执政党的不满和愤怒，或者把选票投给宣扬不同社会规划的政党。

（二）应对经济危机的不同经济政策影响选民对政党的选择，民众易于接受右翼政党的主张，导致欧洲政坛上左翼势力失利、右翼势力强盛的局面。一般说来，欧洲各国的执政党往往因经济不景气而失去民心。右翼政党长期奉行自由放任的经济政策，对由此而导致的金融危机负有不可推卸的责任。左翼政党试图利用金融危机在选举中取得突破，批评自由市场的泛滥，却拿不出令人信服的治理经济的措施，而且左翼政党引以为豪的福利制度和庞大的公共支出难以为继，被许多经济学家指责为欧洲经济衰退的根源之一，因此左翼政党不仅未能赢得民心，反而遭遇失利。而右翼政党从金融危机发生伊始，就批判美式的自由放任经济模式，提出监管资本、制裁逃税、部分国有化、保护劳工利益等左翼色彩浓厚的应对方案，通过投放大量资金来刺激经济，从放任自流的市场经济逐渐走向凯恩斯学派的政府主导经济；同时宣扬“人人共享繁荣”，提出增加对可再生资源的投入、以重大基础设施建设拉动经济、增加科研投入、鼓励人们自主创业、建议泛欧金融监管机制以及降低普通民众税负等具体措施，形成一套既有别于左翼政党倡导的“社会主义道路”，又不同于纯粹自由主义市场学说的主张。右翼政党以谨慎、保守的经济刺激计划来回应危机，吸引了中间派和中左选民。许多人质疑左翼政党处理经济危机的能力，转向中右政党主张的“社会市场经济”，作为不确定时期的一个较为安全的选择。因此中右政党压倒了左翼对手，尽管实际选票没有增加，百分比却有所增长。

（三）严峻的经济衰退以及由此导致的低投票率，是极右政党赢得席位的重要原因。民众笼罩在经济危机的阴影里，面对不确定的经济前景，变得急躁不安。人们害怕失业，担心欧盟内部和外部的移民抢了他们的饭碗，于是民族主义、排外主义抬头。欧洲各地出现了一系列抗议活动，但是抗议示威不过是释放怨气和怒气的安全阀。在欧洲议会大选前夕，一些极右政党、反欧盟势力乘虚而入，利用民众日益增长的不安全感和封闭保护心理，煽动社会不满和排外情绪，鼓吹狭隘民族主义，赢得部分选民的关注。在厌恶处于主流地位的传统大党的情况下，一些人利用欧洲议会选举的机会宣泄对欧洲一体化的不满，把选票投给一些排外的、反欧盟的极右政党。此外，还有一些人把选票投给与经济政策牵连较少的小党。

欧洲议会选举的结果表明，民众的欧洲认同意识依然薄弱，对欧盟超国家治理模式的认同程度依然有限。欧洲一体化不断深入，共同利益和国家利益、大国和小国、老成员国和新成员国之间存在冲突，传统主权观念和超国家治理存在尖锐对立。尽管成员国公民就是欧盟公民，其利益在欧盟和国家两个层次上实现，但并没有确立欧洲认同。欧洲认同意识的薄弱一直是欧洲一体化深化的内在障碍，也是这次选举投票率降到历史新低的主要原因。

三、欧洲议会选举的影响

欧洲议会选举的结果表明了经济危机阴影下欧洲民众的政治意向，也预示了欧盟政治格局变化的一些迹象。这次选举的结果将直接冲击一些国家执政党的地位，影响政府的稳定；同时也攸关欧洲政治生态，影响欧盟层次的决策以及欧盟的发展。

（一）欧洲议会选举与欧盟成员国政府并无直接联系，但是选举结果将影响国内政治。尤其是对即将举行大选的成员国，欧洲议会选举的结果可能引发政府的更迭。执政党在欧洲议会选举中失利，其国内统治也就岌岌可危。布朗首相执政两年来大力鼓吹的变革没有实现，金融危机沉重打击经济，英国议会的津贴丑闻引起民众的愤怒。英国工党在地方议会及欧洲议会选举中惨遭双重挫败，布朗首相遭遇信任危机。布朗暂时打退了内外夹攻，但工党的团结能维持多久仍是变数。如果现在举行大选，布朗必然遭遇滑铁卢，整个工党也会遭到历史上少见的惨败。即使依照法律在 2010 年 6 月前举行大选，布朗也难以改变劣势，工党胜算不大。爱尔兰共和党与绿党组成的执政联盟在地方选举和欧洲议会选举中双重失利后，爱尔兰总理考恩陷入类似于布朗首相的窘境。考恩总理在盟友的保护下躲过了在野党提出的不信任案的打击。但是，如果举行大选，共和党可能会失去其 1932 年以来最大政党的优势地位。

执政党在欧洲议会选举中获胜有助于其在国内大选中再次获胜。德国总理默克尔领导的基督教民主联盟在欧洲议会中勉强胜过中左政党，但保守阵营基民盟 / 基社盟压倒了社会民主党。这预示着默克尔有望在 2009 年 9 月 27 日举行的大选中获胜，而社民党推出的现任外交部长史坦麦尔则可能遭遇挫折。默克尔也许在大选后与鼓吹自由市场的自由民主党组成联合政府，取代和社民党组成的现任联合政府。法国总统萨科齐领导的人民运动联盟以 28% 的支持率排名第一，压倒左翼的社会党。萨科齐的执政党有望在 2010 年举行的大区议会换届选举中获胜。

（二）欧洲议会选举结果深刻地暴露了欧盟的“民主赤字”问题。欧盟委员会主席巴罗佐说，欧洲议会选举结果是“那些支持欧洲一体化进程的政党和候选人的胜利，也是那些支持欧盟建设计划的‘拥护欧洲派’人士的胜利”。但是也要看到，不足一半的投票率显然影响欧洲议会的民意基础，为欧洲的“议会民主”投下阴影。43%的投票率意味着欧盟27国3.88亿选民中有2亿多人放弃了投票权，这削弱了欧洲议会的合法性基础。在欧洲一体化进程中，欧洲议会权限的不断扩大被视为解决欧盟“民主赤字”的主要途径，从而保证欧盟法律的民主性。但是投票率如此之低，一些议员很难称得上是“民众的代表”。欧洲议会的代表性和合法性备受质疑，将制约欧洲议会在欧盟决策中的发言权，进而动摇包括欧洲议会在内的欧盟机构的权威。若不能吸引民众的广泛参与，欧盟一体化越深入，民主赤字问题越严重。如何让民众更多地参与欧洲事务，强化欧洲认同，将是欧洲政治家需要关注的重大问题。

（三）欧洲议会党团的人数和名称变动较大，但基本格局没有发生根本变化，将会继续保持力量均衡。欧洲社会党党团的势力被削弱，这意味着议会中更难达到支持社会自由立法的传统多数，而必须寻求与绿党和其他力量结盟。而欧洲人民党党团势力最大，意味着支持经济自由立法的传统多数居主导地位，将会支持更加欧洲化的规范。绿党党团规模扩大，环境问题可望成为本届议会优先考虑的重要事项。欧洲保守党和改革派党团有可能在《里斯本条约》、欧元区扩大、预算分配等问题上在议会中制造麻烦。另外，欧洲自由和民主党团的极右派议员，也会在金融危机和大批失业的局势下宣扬排外主义，排斥移民，对穆斯林施加较大的政治、社会和经济压力；在欧盟内反对欧洲一体化，干扰欧洲一体化进程。从另一方面看，欧洲议会的变化也许不会对欧洲一体化进程造成严重影响。欧洲人民党党团和社会党党团基本上保住了原有的主导地位，将会通过合作推进欧洲一体化进程。尽管极端主义力量的上升不容小视，尽管反欧盟的势力会制造麻烦，但极右政党议员在欧洲议会里毕竟只是处于边缘地位，没有能力颠覆议会中各党团力量的平衡。极右政党在一些国家取得突破，但是其支持率依然很低。欧洲议会不会通过排斥移民的新法案，因为反移民风潮救不了欧洲经济，而有可能将欧洲经济推向更深的衰退。在有关移民、土耳其入盟、《里斯本条约》以及与国家利益息息相关的事务上会有大量辩论，而这正是凝聚共识、塑造欧洲认同的过程。只要基础的制度框架没有遭到致命破坏，欧洲一体化进程仍然是大势所趋。

（四）从积极的意义上说，跨国党团的建立以及议会辩论是推进欧洲一体化的一个关键环节。只有跨国党团的出现与运作，才能满足成员国各部分选民的政治诉求，形成欧洲意识。各国不同政治势力结盟，意味着政治派别的竞争从国家层面进入欧盟层面。如果选民的各种政治诉求从国家层面转到欧盟层面上来，欧洲事务的辩论和处理超越国家政治结构，转到欧洲议会里来，那么欧洲意识就会逐渐形成，民族意识以及建立在这种意识上的国家权力就会逐渐削弱，达到同一性和多样性的平衡，也就为欧洲议会扩权建立坚实的民意基础。长远地看，无论是左翼党团还是右翼党团，只要把议题拿到欧洲议会里来辩论，包括应对金融危机、财经政策、金融市场、税收制度、稳定和增长计划、移民政策、安全和外交政策、欧盟机构改革，等等，就有利于达成共识与合作，有益于推进欧洲一体化建设。

（五）第七届欧洲议会已于7月14日开始正式运作，选举欧洲人民党党团推举的候选人、波兰前总理布泽克担任新一任议长。此后，欧洲议会选出14个副议长以及20个专门委员会的主席。欧洲议会的选举结果对谋求连任的欧盟委员会主席巴罗佐也是好消息。由欧盟成员国领导人组成的欧洲理事会7月9日正式提名巴罗佐为2009—2014年欧盟委员会主席人选。欧洲人民党党团支持巴罗佐，这意味着巴罗佐有望9月14

日在欧盟委员会的换届选举中得到欧洲议会的支持，尽管这次选举也可能延迟到10月2日爱尔兰对《里斯本条约》的全民公决之后。如果欧洲派人士顺利当选为欧盟机构的领导人，将会有利于推进欧洲一体化进程。

（六）当前的形势使《里斯本条约》尽快生效成为可能。《里斯本条约》已经得到欧盟26个成员国的批准，只有等爱尔兰批准后才能生效。欧盟委员会为促使爱尔兰全民公决通过《里斯本条约》，已拟订了给予爱尔兰更多特权的方案。按照欧盟与爱尔兰政府的初步约定，爱尔兰将在2009年10月对《里斯本条约》举行第二次全民公决。目前，不断恶化的国内经济形势使爱尔兰人改变了对《里斯本条约》的态度，半数以上的人表示支持《里斯本条约》。反对《里斯本条约》的爱尔兰自由党在地区选举和欧洲议会选举中遭到重创，只获得了9%的支持率，而最大执政党共和党、最大反对党统一党及其他主要政党都表示支持《里斯本条约》。这种局势增加了《里斯本条约》在第二次全民公决中获得通过的可能性。

欧洲议会选举结果可能使欧盟在推进欧洲市场统一方面更加谨慎，采取更加保守的议程，但是欧洲一体化几乎无法逆转。欧盟成员国面临着各种严峻挑战，只有推进一体化，采取共同行动，才能应对单个国家无法战胜的挑战。因此，欧洲议会的主要党团会继续辩论与合作，推进欧洲一体化进程。

英国大选和新政府面临的挑战*

在英国经济经历金融危机打击后开始缓慢复苏的形势下，英国大选于 2010 年 5 月 6 日举行。经过一场充满悬念的激烈竞选，大选投票结果于 5 月 7 日揭晓，没有一个政党赢得议会下院的半数以上议席，出现自 1974 年以来的第一个“无多数议会”。此后，各政党经过讨价还价，中右的保守党和中左的自由民主党于 5 月 11 日达成协议，组建第二次世界大战结束以来的第一个联合政府，终结工党 13 年的执政。2010 年英国大选过程本身和大选结果都创造了历史。保守党与自民党的政治光谱相异，政策立场有别，两党联合政府能否成为克莱格所言“新政治”的开端，有效应对英国面临的严峻挑战，又成为一个悬念。

一、激烈的选战　历史性的结果

英国首相布朗宣布 4 月 12 日解散本届议会，各政党竞选活动正式

* 原载于《当代世界》2010 年第 6 期。

拉开序幕，争夺议会下院的650个席位。执政党工党试图利用民调略有上升的时机，扭转支持率不断下滑的趋势，寻求连续四度胜出；保守党携近年来民调上升的优势，打出“变革”旗号，希望一举夺回1997年失去的执政地位；自民党欲借助2005年大选中实力扩张的势头，争取获得更多议席，给英国政治带来“切实改变”；其他小党也积极参与竞争，试图有所斩获。各党大力宣传自己的纲领，攻击对手的主张，展开魅力攻势，争取选民支持。这次大选是1992年大选以来竞争最激烈的选举，也是1974年以来第一次选前没有明确赢家的选举。

（一）在这次被舆论认为“创造历史”的竞选中，三大政党采用多种媒体进行宣传和竞争

英国大选第一次引入电视辩论这种政治营销方式。保守党领袖卡梅伦极力主张采取美国式的竞选电视辩论，要借助电视辩论来稳固保守党在公众心目中的形象，争取更多选民的支持。工党领袖布朗希望借此机会改善工党民调落后的处境，改变在角逐中的劣势。自民党领袖克莱格愿意与布朗和卡梅伦同台较量，从而同两大党领袖平起平坐。三场电视辩论分别于4月15日、22日和29日举行，三党领导人围绕内政、外交和经济与税收问题进行竞选辩论，向选民推销各自的政策主张，打压和攻击对手，同时展示了各自的风度、气质和应变能力，争取更多选票。

各政党重视利用新媒体，利用网络工具展开竞选。各政党积极开通官方竞选网站，并且推出在线拨叫功能，设立在线发言人，回答选民提出的问题，以便提高政党形象，随时争取选民。社交网站成为重要的竞选战场。工党、保守党和自民党在“推特”“脸谱”和“我的空间”等著名社交网站上开设网页，吸引追随者，培养忠实选民群。各政党的谋士利用社交网络平台，宣传政党领袖，加深公众的印象，甚至引领舆论导向。

各政党重视利用平面媒体传播信息的作用，努力赢得报刊的支持。工党和保守党在大选前进行“签名大战”，借助专家和“外部人士”来支持自己的论点。各政党还纷纷利用媒体打出“夫人牌”和“家庭牌”。布朗的夫人莎拉策划了布朗的电视采访节目，布朗在谈到爱子早逝时潸然泪下的场面感动了不少观众。卡梅伦在网上推出其夫人莎曼莎年轻时的时尚照片，并且把莎曼莎怀孕时的生活片段放到网上。卡梅伦夫妇年轻健康的亲和形象，有助于吸引年轻选民和女性选民的关注和支持。

（二）激烈的竞选产生具有历史意义的选举结果

新式的竞选方式和激烈的竞选活动也许没有对选举结果产生决定性影响，但显然有助于提升民众对选举的关注程度，以至这次大选的投票率达到 65.1%，高于 2001 年的 59.4%，也高于 2005 年的 61.4%。

经过激烈角逐，英国选民选出了新一届议会下院的650 名议员[①]。如同选前许多专家所预料的，在此次大选中没有一个政党在议会下院中获得多数席位。工党的支持率大幅下降，仅获得 29.1% 的选票，是 1983 年以来最低的，共获得 258 个席位，比上届减少 91 个席位，成为议会第二大党。但工党的落败不足以让民调一直领先的反对党保守党获得多数席位。保守党获得 36.1% 的选票，获得 306 个席位，比上届猛增 97

① 因选区的一名候选人病故，选举推迟到 5 月 27 日进行，选出一名保守党议员。

个席位，一跃成为议会第一大党。克莱格在电视辩论中出尽风头，知名度大幅上升，个人支持率甚至一度超过布朗和卡梅伦，自民党的民调支持率也一度超过工党。不过，克莱格的民调支持率并没有完全转化为选票，自民党的得票率为 23%，比上届议会选举增加了 1%。由于英国大选采用简单多数计票制，自民党仅获得 57 个席位，比 2005 年还减少了 5 个席位。其他各政党共取得 28 席。

（三）保守党和自民党组成英国历史上第一个蓝黄联盟

按照英国的法律，在下院占据半数以上席位的政党单独组阁；在没有任何党派获得超过半数议席的情况下，获得相对多数席位的政党可以组成少数派政府，或者与其他政党合作组成联合政府。保守党获得最高票数和最多议席，成为议会第一大党，但是离议会半数的 326 席还差 20 议席。卡梅伦可以像 1974 年大选时的工党领袖威尔逊那样，单独组建少数派政府，但是少数派政府必然是弱势政府，难以保证其政策在议会得到批准，而且保守党也难以像威尔逊那样在 8 个月后再次举行的选举中获胜。工党领袖布朗作为现任政府首相，亦可组建少数党政府，但新内阁难以通过下院的信任动议。在当前的形势下，英国迫切需要一个“强大而稳定的良好政府”，任何弱势的少数派政府都难以完成确保经济复苏、削减财政赤字、改善民生等重大而急迫的任务。

保守党和工党都希望拉拢第三大党自民党联合执政，于是占下院议席 9% 的自民党似乎成了左右大局的关键角色。自民党提出保守党作为议会第一大党应有权优先组阁，并首先选择同保守党进行谈判，但不排除同工党组成联合政府的可能，只是把布朗辞职作为两党联合执政的条件之一。自民党与保守党在政策立场上存有巨大分歧，而与工党在许多方面相近。布朗同意以辞职来换取工党与自民党组建执政联盟。如果保守党和自民党结盟，两党的席位加起来共有363个，超过议会半数的326个席位，可以组成一个多数政府。而如果自民党与工党联合执政，两党在议会里只有315个席位，达不到半数。两党不会再为达到半数以上席位而谋求与其他小党合作，因为那样的联合政府极不稳定，而且北爱尔兰的联盟党、苏格兰民族党以争取独立为宗旨。

最终，克莱格没有选择与政治理念接近、政策主张相似但议席较少的工党结盟，而是与政治理念差异明显、政策主张差别较大但议席较多的保守党结盟。保守党和自民党基于实用主义而结盟。保守党希望成功组阁，实现政党轮替，而自民党希望参与执政，进而实现选举制度改革。保守党和自民党经过4天的艰难谈判，相互妥协让步，在5月11日就联合组阁达成协议。同为43岁的卡梅伦和克莱格携手组成了保守党和自民党的蓝黄联合政府，结束了工党13年执政的历史，再度实现了英国政坛的政党轮替。卡梅伦如愿出任英国新首相，成为伊丽莎白女王登基以来的第12任首相，也是自1812年以来最年轻的首相。克莱格出任副首相，自民党人第一次进入内阁。这届新政府是英国有史以来第一个保守党、自民党联合政府，翻开了英国政治史上新的一页。

二、工党败北　情理之中

保守党获得多数议席而重新上台执政，而工党席位大幅下降而失去执政地位，这并不是因为保守党的政策主张更高明，而是由于多数选民对布朗领导的工党政府的失望。正是出于对工党政府的不满，许多选民产生“换马”的想法，希望一个充满活力的政府使英国摆脱当前的经济困境。布朗领导的工党政府为许多选民所厌倦，而保守党采取以“变革”为核心的竞选战略，获得不少选票。

（一）布朗领导的工党输掉多数党地位，首先是输在民众最关注的经济上

1997 年，布莱尔领导的新工党在大选中以压倒多数击败梅杰领导的保守党，此后又连续赢得 2001 年和 2005 年大选胜利。工党执政的头 10 年，英国经济保持持续增长，形成战后以来时间最长的经济繁荣期。由于英国经济持续发展的成就，工党虽受伊拉克战争的拖累，仍然赢得第三次大选胜利。布朗于 2007 年 6 月迫使处于内忧外患的布莱尔下台，接任首相之职后成功地处理了恐怖主义、洪水灾害等重大问题，其支持率大幅上升。但在以后的任期内，布朗遭遇难以消解的麻烦。英国经济发展完成了一个周期，开始一个下降的过程，而 2008 年世界金融危机突然袭来，严重冲击在英国经济中占很大比重的金融业。布朗果断推出高达 4000 亿英镑的救市计划，其中 370 亿英镑用于对英国 3 大银行的资本重组，使英国金融系统免于崩溃。但布朗的经济刺激计划远未达到预期的效果，英国经济连续 6 个季度负增长，进入 1955 年以来持续时间最长的严重衰退期。工党政府的财政措施导致财政赤字和公共债务急剧上升。2009 财年的财政赤字高达 1670 亿英镑，约占国内生产总值的 11.5%，达到战后以来的最高点；公共债务上升到 8577 亿英镑，相当于国内生产总值的 68.1%。经济低迷导致失业率迅速攀升，2009 年下半年至今都在 7.8%—7.9% 之间，达到 1996 年以来的最高失业水平。尽管英国经济从 2009 年第四季度开始恢复增长，但只是缓慢复苏，

仅仅增长 0.4%。英国经济陷入困境，自然是因为全球金融风暴的冲击，但工党政府处置失当，也难辞其咎。经济困难导致社会、教育和医疗等方面的资金不足，而工党政府为削减财政赤字而出台加税、减少补贴等措施，影响民众的福利和收入，导致生活水平下降。布朗没有保住担任财政大臣时的“经济功绩”，民众对工党政府未能妥善处理经济问题感到失望。工党的“天然盟友”工会组织也向政府发难，多起全国性罢工削弱了工党政府的威信。严重的经济问题是工党失去大量选票的一个重要原因。

（二）“贿赂门”“骗补门”等一系列政治丑闻，严重损害布朗和工党政府的形象

英国报纸披露，前工党大臣和工党议员接受秘密贿赂，进行游说以疏通政府。多家媒体曝光众多议员钻报销制度的空子，在申领补贴方面弄虚作假，多达四五百名议员涉嫌冒领补贴。议员们不仅获得住房、伙食方面的补贴，还报销饼干、游泳池清理费、乡间小屋装修费等各种费用。布朗首相等 13 名内阁官员也涉嫌骗取额外补贴。“骗补门”丑闻曝光后，布朗未能主动处理，只是以“一切支出都合法”来回应。普通民众正深受经济危机的煎熬，对议员的行为深感愤慨，矛头首先针对执政党工党。反对党也以此抨击工党政府。布朗为平息公愤，不得不狼狈道歉，承认议会报账制度不健全，并进行议会制度改革。数百位议员不得不吐出不该得的钱，问题严重的议员走人，内阁大臣史密斯等 10 位阁员因涉嫌丑闻而被迫辞职，下院议长马丁被迫下台。“骗补门”弱化了民众对布朗和工党政府的信任，他们通过选票表达他们对工党的不满。

（三）工党政府的外交政策失误，尤其是追随布什参加伊拉克战争和阿富汗战争，成为工党席位减少的一个重要因素

当年，布莱尔一味追随美国，派兵参加伊拉克战争，引起工党内外关于这场战争的合法性的激烈辩论。一些政府官员认为对伊拉克使用武力是违反国际法的，它既没有获得联合国安理会的授权，又没有任何其他国际法基础。许多民众认为工党政府出兵伊拉克的决定是重大的外交政策失误，更为 179 名英国士兵的死亡深感悲伤。2009 年 7 月 31 日，英军全部撤出伊拉克，但阿富汗问题久拖不决。工党政府把纳税人的钱花在这些不明不白的战争上，耗费多达 180 亿英镑；英国士兵则为这些战争付出了伤亡的代价。布莱尔是出兵伊拉克和阿富汗的决策者，但布朗不得不为这一“既定战略”承担责任。许多人把士兵伤亡惨重和军费开支高昂的账记在布朗和工党政府身上。

（四）工党内部派系斗争加剧，布朗屡遭“逼宫”，引发严重的政治危机，恶化了工党的形象

民众对工党的信任日益削弱，工党的支持率不断下降，在选举中一再失利。因此，一些工党议员和内阁成员密谋联合推翻布朗，甚至有人公开呼吁重新选举，选出工党新领袖取代布朗，以扭转工党支持率低迷的态势。英国唐宁街网站上发布要求首相布朗下台的请愿书，有 2 万人联名支持。尤其是在 2009 年地方议会选举和欧洲议会选举惨败后，工党内部要求布朗辞职的声浪达到了最高点。2009 年 6 月，有 4 位内阁大臣签署联署信，敦促布朗下台，并提出辞职，导致空前的政治危机。进入 2010 年，两名前内阁大臣联名致函下院的工党议员，提议以党内投票方式重选工党领导人，挑战布朗的领导权。工党前秘书长瓦特出书

对布朗进行人身攻击，支持前大臣的“政变”行动，呼吁布朗下台。布朗采取各种手段，击败了一系列“宫廷政变”，成功捍卫了他在党内的地位，但他的声誉严重受损，支持率已经降到历史最低点，而且工党内部不和，也使政府声望大幅下降，多数民众对工党的信任度降低。

（五）工党的竞选纲领也无法吸引更多的选票

面对工党支持率日益下降的态势，布朗试图通过竞选纲领来吸引选民，特别是在选民最关注的经济问题上做文章，作出一大堆承诺，以便重获多数选民的信任和支持。保守党和自民党等政党不遗余力地批判布朗和工党，也以大量承诺来争取选民。保守党推出“为变革而投票”的竞选口号，要给英国带来一个崭新的开始。保守党强调“授权于民”，以实现一个民治的“大社会”。自民党向来在野，不必为国家糟糕的经济形势承担责任，也没有两大党那样饱受腐败丑闻的困扰，因此克莱格指出“选给工党与保守党，就是选给贪污腐败”，反复呼吁选民求“新”、求“不同”，给第三党机会。布朗希望选民明确授权工党继续推进经济振兴工作，然而，许多选民已经不愿再给工党机会了。尽管布朗曾被普遍认为是使英国经济保持强势的主要人物，但毕竟是在他的任期内英国经济陷入困境，遭遇第二次世界大战以来最严重的财政危机。选民有理由怀疑布朗是否有足够的智慧使英国较快地走出经济危机的阴影。卡梅伦和克莱格的内政外交革新方案未必令人满意，他们也没有表现出精通内政外交的才能，但是他们宣称的“振兴国家”“加快变革”的口号，对于一些“厌旧”的选民有很大吸引力。

（六）布朗输掉工党的多数党地位，还在于他缺少领导人的魅力和灵活的应变能力

布朗务实而沉稳，但为人比较刻板，没有幽默感，口才欠佳，不如卡梅伦和克莱格那么具有感染力和亲和力，而且，布朗脾气暴躁，甚至在竞选期间发生骂女选民的所谓“麦克风门”事件。相比之下，卡梅伦风度翩翩，口若悬河，深谙如何打造良好公众形象之道。自民党领袖克莱格能言善辩，切中时弊，看起来态度诚恳，富有个人魅力。卡梅伦和克莱格都缺少治国理政的经历和经验，但他们相对年轻，充满活力和自信，或许能为促进经济复苏、推动社会变革带来希望。最终，选票向反对党倾斜，把卡梅伦—克莱格组合送到英国政治舞台的中心，而布朗这位150年来担任财政大臣时间最长、最风光的政治家，则成为任期最短的首相之一。

三、新政府　新挑战

保守党和自民党的联合政府上台，给英国政坛注入一点新鲜的活力。卡梅伦和克莱格这两个政治竞争对手在选战中残酷争斗，现在都表示他们将把国家利益和民众利益置于党派利益之上，承诺共同努力维护经济稳定，解决社会问题，改革政治体制。保守党和自民党都表现出较高的姿态，相互作出一些妥协和让步。但是，联合政府仍面临着一系列考验。

（一）新政府的施政纲领融合了两党政策主张，展示了新政府的经济、内政和外交政策框架

5月25日，伊丽莎白女王在新一届议会开幕时阐述了新政府的施政纲领。这个施政纲领依据保守党和自民党5月20日达成的全面合作协议，是一个关于联合政府大政方针的原则性框架。保守党和自民党都作出了妥协和让步。保守党基本上满足了自民党提出改革选举制度的要求，同意就是否改革现行的选举制度举行全民公决。两党同意本届议会维持5年不变，确定下一次选举在2015年举行，如果解散议会必须得到55%以上议员的支持。这保证了自民党在今后5年内与保守党共同执政。自民党放弃了要求英国加入欧元区的主张，同意联合政府在新一届议会的5年任期内不会“加入或准备加入”欧元区。在其他方面，两党各有让步。新政府施政纲领的重要特点是系统修正了前工党政府的一系列政策。新政府已拟订24项议案，涉及教育、福利、选举制度改革、收紧移民政策、保护民众隐私、改革金融监管等多项议题。

（二）保守党与自民党达成了联合执政的协议，但是联合政府本身具有内在的脆弱性和不确定性

保守党和自民党的政见差异明显，在重大问题上持有不同甚至截然对立的主张。两党可以把分歧暂时掩藏起来，但不可能完全消除分歧，否则它们就不是代表不同社会群体、持有不同政治立场的政党了。在未来联合执政的过程中，两党需要不断磨合与讨价还价，要在左翼和右翼路线之间取得平衡，因此新政府具有脆弱性和不确定性。这样的合作关系必然会导致决策困难。在法案和政策的制定过程中，两党的分歧必然会暴露出来，这将需要用更多的时间去辩论和争执，因此会延长决策过程。在涉及原则性的问题时，谁也不能保证保守党和自民党内部完全一致，何况作为反对党的工党仍有相当实力，在一些关键问题上会对执政联盟的新政造成阻力。因此，即使通过妥协达成一致，所制定的政策也是软弱的，很难形成有力的对内对外政策。联合政府不是一个强大的政府，能否有效处理一系列非常棘手的内政外交问题，尚存疑问。

（三）新政府在财政政策方面面临着严峻挑战

新政府最紧迫的任务是拯救疲软的经济，削减财政赤字是重中之重。保守党和自民党在大选前都提出了削减财政赤字的方案，但具体内容有所不同。在当前严峻的国际经济形势下，尤其是希腊债务危机对整个欧元区经济构成严重冲击的情况下，自民党改变了原先立场，支持保守党立即削减公共开支的计划。财政大臣奥斯本 5 月 24 日宣布，本年度将削减 60 亿英镑政府支出。这个削减计划向市场表明新政府将兑现财政紧缩的承诺。但问题是如何在削减财政赤字的同时又保证经济的复苏。如果采取激进步骤快速削减财政赤字，过早退出经济刺激措施，有可能对经济复苏带来灾难性后果。如果把实际财政赤字占国内生产总值的比例削减 10%，那么国内私人部门和对外部门的财政盈余总额就会出现同等降幅。如果要在保持经济增长的情况下做到这一点，这些部门就需要大幅增加支出。目前，英国外部收支下降，只有加大投资力度，才能改变经济萎靡的局面。这就需要在赤字削减和经济复苏的两难中维持平衡，在不危及经济复苏的前提下改善公共财政状况。另外，新政府大幅削减公共开支，同时必须关注民生问题。缩减财政预算的计划一旦激怒选民，“不排除出现大罢工和抗议活动可能性”。新政府还必须采取适当的税收政策，以便保证收支平衡。

（四）选举制度改革很可能造成英国政坛的深刻变化

自民党长期以来要求改革选举制度，实行比例代表制，并力图在下次选举前实现这一转变。保守党主张继续维持现行的简单多数选举制，只是为了组建联合政府，才对自民党作出让步。根据两党协议，将就改革选举制度问题进行全民公决。如果实行某种更为公平的比例代表制，较小的党派更容易在议会中获得席位，那么小党的影响力必然增强，英国政坛上出现联合政府的可能性也会增加，国内政治格局势必出现调整。自民党将是选举制度改革的最大受益者，而这对长期以来轮流坐庄的保守党和工党不利。在改革选举制度的问题上，两党之间的暂时妥协很可能把矛盾转移到政党内部，保守党内很多议员的政治前途将会受到影响，因此会遭到不少人的激烈反对，而自民党将会大力推动。这将会引发一场关于选举制度的辩论，最终只有依靠民意来解决问题。在其他许多问题上，保守党和自民党也有明显分歧，需要两党逐步协商，通过妥协达成共识。各项争议的讨论结果将会影响两党的关系。

（五）新政府的一些外交行动开始显示出一个与前工党政府有所不同的“新英国”

一个显著的事实是新政府更加重视与欧盟的关系。卡梅伦并未像大选前表示的那样，要“从布鲁塞尔收回多种权力”。他在 5 月 21 日访问德国时明确表示，英国希望在欧元区经济危机中扮演“积极参与者”角色。卡梅伦似乎悄悄地改变了以前的立场。保守党是传统的疑欧派，卡梅伦本人一直反对欧盟一体化，反对英国加入欧元区，并且在 2009 年要求欧洲议会中的保守党议员退出“欧洲人民党党团”，组建以反对“联邦制欧洲”为宗旨的新党团“欧洲保守党与改革派党团”。他在大选前多次表示，保守党一旦上台，将谋求英国退出《欧盟基本权利宪章》，恢复英国在刑事司法上的自主权，甚至要求对《里斯本条约》举行全民公决。自民党则持有完全不同的态度，希望英国与欧盟保持更密切的关系。克莱格一直奉行亲欧盟的政策，强烈主张英国加入欧元区。最后自民党在这方面作出让步，新政府决定英国在这 5 年内不会“加入或准备加入”欧元区，任何涉及向欧盟让渡国家权力的议题都必须进行全民公决。由此看来，新政府虽然希望英国与欧洲其他国家保持较密切的关系，但英国依然处于边缘地位。

（六）英国游离于欧盟之外的欧洲政策必然影响英美关系

在卡梅伦就任首相几个小时后，美国总统奥巴马第一时间致电卡梅伦，祝贺其出任英国首相，并称英国是美国“最亲密的朋友和盟友”，但这并不能说明美国重视所谓“英美特殊关系”。美国总是以现实眼光看待英美关系。在过去几年里，英国一方面向美国诠释欧盟的意图，另一方面引导欧盟的发展道路。但是英国与欧盟疏离的关系，使英国政府难以扮演好这两种角色。英国在美国的全球战略中的利用价值减弱，“英美特殊关系”也持续降温。尽管英国在伊拉克战争、阿富汗战争、伊朗核计划、自由贸易等问题上紧跟美国，但是美国人已不再像过去那样重视“英美特殊关系”。英国的辉煌岁月早已过去，不再具有影响世界的力量，只不过在一些地区扮演次要角色的作用。新政府开始以更现实的态度重新审视和界定这种关系。新政府表示英美关系“非常重要”，希望与美国发展牢固但并不盲从的关系。今后，在自民党的推动下，联合政府或许会在欧洲和美国之间作出选择。

（七）新政府还没有制定全面的外交战略，但目前面临着许多亟待解决的问题

新政府对伊朗核计划、阿富汗战争、恐怖袭击危险等问题的政策没有显著改变，希望在其中发挥积极作用，维护英国在国际事务中的发言权，但不会像前政府那样亦步亦趋紧跟美国。新政府表示，英国会继续保持和发展英中关系的良好局面，推动英中关系继续向前发展。同时卡梅伦要与印度发展“新的特殊关系”，希望印度能够成为英国的一个主要政治与贸易伙伴。

新政府的运作关系到英国经济前景和政治走向，也将对欧洲乃至世界经济和政治产生一定的影响。卡梅伦和克莱格如何通过折中妥协来处理保守党和自民党之间的分歧，将决定新政府的命运。这种妥协策略也许会带来新机遇：在综合各种政治主张的基础上凝聚共识，走出一条新路，改变英国未来的政治模式。

2013 年德国大选评说*

在欧债危机肆虐的背景下，大多数欧元区成员国政府接连被民众用选票赶下台。令人瞩目的是，在 2013 年 9 月 22 日举行的德国第 18 届联邦议院选举中，中右政党联盟党（基民盟 / 基社盟）战胜中左政党社会民主党，继续保持联邦议院第一大党地位，默克尔三度连任总理。这表明，默克尔政府的内外政策符合民意，符合大多数民众的利益，默克尔本人的执政能力和执政业绩得到多数民众的认可。本届大选的结果改变了“五党并立”的政党格局，德国政党政治的发展将呈现一个新的局面。

一、政治格局已定，组阁形势尚不明朗

2013 年德国联邦议院选举，全国共有 34 个党派、4451 名候选人登记参选。有投票权的选民约为 6180 万，73% 的选民参加投票。与 2009

* 原载于《当代世界》2013 年第 10 期。

年相比，选民投票率略有上升。德国官方9月23日公布的计票结果显示，中右政党联盟党和中左政党社民党分别保持了第一大党和第二大党的地位，左翼党和绿党也取得进入联邦议院的资格，上次大选中的第三大党自民党则无缘新一届联邦议院。

联盟党获胜本在预料之中，但联盟党一改近年来得票率下滑的颓势，赢得41.5%的选票，比2009年大选时33.9%的得票率高出近8个百分点，这种上升速度还是令人惊讶。联盟党此次得票率是1990年以来历次大选的最高得票率，仅低于联邦德国大选历史上以阿登纳为首的基民盟1957年所达到的50.2%的得票率。联盟党这次以高票赢得大选，表明社会市场经济模式已在德国国内得到普遍认同。联盟党的主要对手社民党获得25.7%的选票，虽比2009年的23.1%略有起色，但仍低于2005年33.9%的得票率。社民党总理候选人施泰因布吕克大选前表示要取代联盟党来组阁的愿望成为泡影。

自民党、绿党和左翼党在2009年大选中得票率明显增长，2013年的得票率都出现下滑。自民党的得票率从2009年的14.7%暴跌至4.8%，未能跨过进入联邦议院所必需的5%得票率门槛，成为本届大选的最大输家。绿党在本届大选中获得8.4%的选票，低于2009年的10.5%，与2005年的得票率持平。极左的左翼党在本届大选中的得票率从2009年的11.9%大幅下滑至8.6%。德国选举法设置的5%得票率门槛最终把海盗党和德国选择党挡在联邦议院的门外。

联盟党大获全胜，默克尔将第三次出任联邦总理。在本届大选中，联盟党获得1990年以来历次大选的最高得票率，超过社民党和绿党（红绿联盟）的总和（34.1%），接近社民党、绿党和左翼党三党得票总和（42.7%）。联盟党获得联邦议院的311席，社民党193席，左翼党

64席，绿党63席。德国选举法没有限定总理连任的次数，默克尔将成为继阿登纳及科尔之后又一位三度赢得大选的总理，并将在2016年打破“铁娘子”撒切尔夫人治理英国11年的纪录，成为欧洲乃至全球执政时间最长的女性政府首脑。

本届大选的结果改变了“五党并立”的政党格局，德国政党政治的发展将进入一个新的局面。长期以来，由于一个政党难以获得绝对多数票而单独执政，于是形成了以联盟党和社民党为主体的、“一大一小”的两党联盟模式。随着政党格局多元化，选票的分散往往使这种两党联盟模式难以达到组阁所要求的有效多数票，于是又出现了跨政治阵营的联合模式，甚至可能有“一大两小”三党联盟。2013年，联盟党的执政“小伙伴”自民党无缘联邦议院，“五党并立”格局被打破。默克尔无法如愿实现同自民党继续联合执政的目标，不得不转向次优选择，寻求跨阵营的联合。理论上，社民党、左翼党和绿党都可能成为联盟党新的执政伙伴。新一届政府的政党组合采取何种形式，至今尚不明朗。

联盟党可能与主要对手社民党组成大联合政府，形成黑红联盟。联盟党和社民党在联邦层面曾组成过两次大联合政府，一次是1966年底基辛格领导的基民盟和勃兰特领导的社民党联合执政，另一次是2005年大选后联盟党和社民党组成大联合政府。这次黑红联盟执政期间，两党总体上还是保持了良好的合作关系，但联盟党和社民党之间存有意识形态方面的差异，传统上联盟党注重社会市场经济，强调私有经济秩序与社会平衡之间的联系，社民党更强调社会公平。因此，默克尔和施泰因布吕克在大选前都表示不会考虑组成联合政府，前者想要的是黑黄联盟，而后者的目标是取代黑黄联盟，而不是参政。然而，大选结果公布后，联盟党已与社民党进行初步接触，商讨组成联合政府的事宜。两党尚在讨价还价，黑红联盟有可能成为现实。

联盟党也可能与绿党联合执政，组成黑绿联盟。基民盟和绿党在能源、经济、社会等方面的政策立场上存在很大差异，绿党以环保、反核为主要诉求，主张民主公平、强化社会福利和充足的财政保障，对默克尔的财政紧缩政策持反对态度。不过，绿党在价值观上逐渐向保守偏移，几乎赞同默克尔政府的所有重大决策，而默克尔在2011年日本核电事故后宣布德国放弃核能的做法也使两党有了更多的“共同话题”。绿党领导人厄兹代米尔在大选后明确表示，不排除绿党和联盟党联合组阁的可能。

由于联盟党通常对左翼党持排斥态度，基本上可以排除两党联合执政的可能。

二、联盟党获胜及默克尔连任的主要原因

默克尔领导的联盟党之所以赢得大选，其根本原因在于多数民众对默克尔的执政能力持有充分的信心。

（一）默克尔优异的政绩和能力是赢得选民信任的关键因素

随着欧债危机愈演愈烈，大多数欧元区成员国经济低迷甚至衰退，失业率居高不下，民众生活水平下降，社会骚动不安，而默克尔政府坚持以着重实体经济、不断提高经济竞争力为核心内涵的经济发展模式，并且采取一系列改革措施，削减福利，紧缩开支，成功抵御全球金融危机的冲击。德国总体上保持了较快的经济增长、良好的经济发展势

头和稳定的社会局面。2010—2012年德国国内生产总值分别同比增长4.2%、3.3%和0.7%，同期欧元区的增长率为2.0%、1.4%和-0.6%。随着欧债危机基本企稳，德国经济发展势头令人乐观。2013年第二季度德国经济环比增长0.7%，而同期欧元区为0.3%。其次，政府财政保持稳健，新举债务下降。2012年德国政府财政盈余占GDP的比重为0.2%，是欧元区中唯一实现盈余的成员国。虽然德国政府债务仍高于欧盟《稳定与增长公约》规定的60%红线，但在欧元区成员国中处于较低水平。德国政府开源节流的各项措施初见成效，经济增长强劲，财税收入大幅增加，德国财政已实现收支平衡，政府债务逐渐减少。第三，通胀率和失业率保持双低。德国7月的居民消费价格指数为1.9%，已连续7个月在欧洲央行设定的2%的目标之下。截至2013年6月，德国的失业率已连续12个月维持在5.4%，青年失业率维持在20年来的最低点，而欧元区整体失业率达到12.1%，希腊、西班牙等重债国的失业率更分别高达27.6%、26.3%，青年失业率超过55%。第四，提升德国在欧洲舞台上的领导地位。在应对欧债危机的过程中，德国成为欧洲经济的引擎，并且通过承担其责任和义务，不断增加在欧盟的政治影响和经济分量。默克尔立场鲜明地支持欧元，与法国连手促成纾困机制，将希腊留在欧元区内；作为欧洲稳定机制的最大出资方，在对重债国实施救助的同时，坚持紧缩政策，要求严守财政纪律，避免了欧债危机继续恶化；推动建立欧元区“财政联盟”，带动欧盟经济复苏。欧盟的治理结构也随之发生了微妙的变化，随着法国经济不断走弱，“法德轴心”有向“德法轴心”演变的趋势。

（二）默克尔的个人魅力对选举结果产生很大影响

在多数德国人看来，默克尔不仅积极维护欧洲整体的利益，在挽救欧元区、维护欧盟团结以及推动欧洲一体化的过程中发挥了重要作用，更重要的是维护了德国的利益免受危机蔓延的影响，因此期待她继续承担领导角色，带领欧洲走出困境。默克尔深孚众望，民众支持率一度高达 70%，被视为联盟党胜选的王牌，2012 年 12 月以创纪录的 97.9% 党代表票第七次当选为基民盟主席。默克尔谨慎、理性，生活节俭，低调实干，这与德国的国民性格有相当高的契合度。虽然社民党总理候选人施泰因布吕克也非等闲之辈，曾在默克尔政府里担任财长，但他在联邦政府层面的执政经验和个人魅力无法与默克尔相提并论，其民众支持率只有默克尔的一半。

（三）默克尔调整竞选战略，提升了联盟党的支持率

近几年来，联盟党的支持率一直领先于社民党，但是黑黄联盟与反对党组合间的支持率不相上下。默克尔及时采取固票策略，确保联盟党获得最多的选票。进入 2013 年，基民盟在下萨克森州议会选举中与社民党展开首次较量，黑黄联盟以微弱票差败给红绿联盟，失去在该州长达 10 年的执政权。主要原因是基民盟的竞选策略失误，为了和自民党共同执政而号召本党选民把第二张政党选票投给自民党。在本届大选前，尽管自民党为避免在联邦政治舞台上被边缘化而呼吁默克尔的支持者把第二张票投给自民党，默克尔则选择与盟友切割，改变以往的配票策略，呼吁选民把两张选票都投联盟党，从而保持第一大党的地位。另外，针对政党格局多元的形势下小党分散大党选票，“欧洲怀疑论”持续发酵的情况，默克尔及时出手，遏制反对党支持率上升的趋势，明确

阐述欧元区命运和德国根本利益之间的密切关系，以缓解德国选民对更多救助措施的疑虑。直到大选前最后一天，默克尔重申对欧元的承诺，但反对发行欧元债券，指出援救计划不会给德国带来更多债务，以安抚忧虑的选民。默克尔的战略显然发挥了作用。

（四）社民党提不出新的政策主张，有利于联盟党保持优势

在德国经济发展势头良好和欧债危机风险下降的情况下，社民党所提出的具体改革措施缺乏足够冲击力，无法使选民相信它代表自己的利益，因此不能改变联盟党支持率领先的局面。关于德国的欧洲政策，主要党派之间已达成共识，都相当一致地维护欧洲一体化。默克尔通过暂缓推进希腊救助计划，化解了施泰因布吕克在这个问题上的批评，而对于加强对银行和金融市场的监管，施泰因布吕克也没有提出更切合实际的有效措施。突然出现的“斯诺登事件”并未使默克尔遭受很大伤害。对于叙利亚危机，默克尔和施泰因布吕克都表示反对德国参与任何对叙利亚的军事行动，具体的立场差别不会对德国大选结果产生重大影响。广大民众真正关心的是劳动报酬公平、儿童保育政策、税收政策、养老和医疗保险、能源转型等内政问题，对此联盟党在其竞选纲领中强调新的社会公平，致力于缩小贫富差距，这一点与社民党的观点几乎没有差别。实际上，德国各派政治力量在过去 20 年里已经就福利国家体系改革达成了共识。

（五）默克尔在外表平静的选战中保持自己的优势

默克尔的个人支持率远高于对手，而且联盟党的优势也很明显，因此德国媒体和观察家普遍认为默克尔将毫无悬念地赢得第三个总理任

期。因此，默克尔采取防御的竞选策略，一方面大讲政绩，另一方面承诺“稳定、巩固和安全”，凭借执政者相当大的权力，始终主导着竞选进程，“静静地”推进选战，努力把自己的优势保持下去。默克尔宣布，从 8 月 1 日起实施有关家庭福利政策的两项措施：一是在全国额外增设数万个托儿所的位子，保证每个婴幼儿在托儿所里都有位子；二是每个月向在家照顾一岁以上幼儿的家长发给 100 欧元的补助金。她努力向选民传递这样的信息：联盟党总是能够在危机时刻拯救德国，她有能力带领德国走出严重的经济危机，走向繁荣。施泰因布吕克也作出大量承诺，拉拢那些依然犹豫不决的选民，但这些承诺并没有对选情造成很大影响。

三、新政府的欧洲政策走向

德国是欧盟最大的经济体，也是对整个地区最具辐射力和影响力的国家，国内外各界当然密切关注 2013 年德国大选结果会对其欧洲政策产生什么影响。其实，无论组阁结果如何，德国现行的欧洲政策都不会出现实质性的变化，但存在一定的微调空间。

目前，德国国内经济景气情况良好，各方面都比较稳定，欧债危机相对企稳，由此可以证明前一届政府的经济政策和债务危机管理措施的正确性。而且，大选的结果也表明德国民众认可默克尔的政策措施。默克尔及其领导下的联盟党掌握组阁的主导权，无论与社民党还是与绿党结盟，德国的内外政策都将保持很强的连续性，不会出现大幅度的政策转向。从德国历史的角度来看，这场四年一度的例行选举不会改变已经证明有效的政策。由于默克尔主导的新政府是跨政治阵营的联合政府，施政纲领只能留同去异，参与组阁的政党要达成妥协。另外，联盟党和自民党连续在联邦州议会选举中失利，社民党和绿党在联邦参议院中占有多数席位，可以阻止默克尔政府提出的法律草案向右偏转。

德国的欧洲政策建立在朝野共识之上，德国主要政党和主流民意对欧洲一体化基本上都持积极态度，都坚定地维护欧元。在应对欧债危机的立场上，社民党与联盟党没有根本分歧，几乎只有一个声音。社民党与绿党不时站在默克尔的对立面，但在欧元政策上与默克尔并无不同，两党支持所有重大的欧元救援措施。无论是黑红联盟还是黑绿联盟，新政府都是一个比较稳定的大联合政府，可能会修正而非从根本上改变德国现行的欧洲政策，不可能对目前执行的欧债应对措施进行方向性调整。

新政府会兼顾联盟党和执政伙伴的政策倾向。默克尔始终坚持紧缩政策，要求欧元区成员国勒紧腰带，整顿公共财政，而社民党对财政紧缩政策更为犹疑，倾向于推行振兴经济措施。德国坚持紧缩政策、整顿财政纪律的主张遭到重债国的批评，认为一味地紧缩将把欧元区和欧盟经济带入衰退，加剧失业状况，导致债务上升，引发社会风潮，破坏重债国和欧元区的稳定。然而，新政府不会因为压力而大规模修改现行政策，这不仅是因为这些政策是基于德国根深蒂固的经济治理理念，也是因为政府的行动受到许多国内因素的制约。新政府会进一步平衡紧缩政策和经济增长的关系，在继续坚持紧缩和财政巩固政策的同时，支持更多促增长的措施，努力创造就业机会，从拉动经济增长和巩固财政两方面解决欧债危机。在德国国内，新政府会继续推行财政巩固的政策，即从 2016 年起，德国联邦结构性赤字不能超过其国内生产总值的 0.35%，而各联邦州自2020年起将不能新增任何债务。对于欧元区重债国，德国可能会适当放松紧缩财政和削减赤字的要求，允许采取更多促进增长的措施，但不会放弃抗击欧债危机的实际行动方式。

关于应对欧债危机的措施，德国国内的争论主要集中在救助方式和救助限度上。德国支持总金额高达2400亿欧元的两轮希腊救助计划，推动欧洲稳定机制和“财政契约”成为应对危机的重要工具和保障，并且同意为摆脱欧债危机作出更大的努力。默克尔继续坚持救助希腊，以确保欧元区的完整，并公开表示将对希腊提供第三轮救助。同时，默克尔一直反对财政转移，明确拒绝发行统一的欧元债券，强调“没有统一监管就没有债务共担”。社民党倾向于由整个欧元区来承担所有欧元区债务，包括发行欧元债券和设立偿债基金来应对欧债危机。许多德国人对希腊、西班牙等重债国表示不满，反对希腊救助计划，认为希腊应退出欧元区。随着欧盟和欧元区全面救助计划的实施和全面改革的推进，德国民众认识到拯救希腊和欧元区对本国利益的重要性，总体上支持政府的救助政策。新政府会继续坚持默克尔的理念：欧元的崩溃势必损害欧洲一体化进程，也将削弱德国在世界上的地位，因为欧洲只有联合起来，才是多极世界格局中的重要一极。因此，新政府会更加重视平衡德国在欧洲一体化进程中的定位与国内政治诉求，平衡国家利益和欧洲利益的关系，平衡参与欧洲救助行动与国内民意的关系，在推动欧洲一体化进程中维护德国的影响力和民众的利益。新政府会充分考虑选民的意愿，有可能施压欧盟采取多种措施完善救助方案，推动对希腊的第三轮救助，包括由欧盟成员国减记部分希腊债务，或由欧洲央行承担减记所持希腊国债的损失，但所有这些措施必然附加严格的条件，要求希腊及其他受援国作出相应的努力；有可能同意设立共同储蓄保险框架、债务赎回基金和某种形式的欧元债券。

在解决欧债危机的过程中，德国始终是欧元区最大的救助国，在欧盟中的领导地位日益突出，欧盟及其他成员国也不断提高对德国责任的要求。德国经济实力最强，而且是欧洲一体化的最大受益者，理应承担更多的责任和义务。新政府会进一步发挥德国在欧洲一体化进程中的主导作用，加强欧盟成员国之间的团结，特别是强化与法国等大国的协调，推进成员国之间的经济政策协调，推动加强经济竞争力的改革发展，重启因为大选而暂停的结构性改革，实施欧元区危机管理措施，包括加强欧元区制度建设，实行欧洲范围内的银行监管，建立欧洲银行联盟，以实现更紧密的财政和经济一体化，推动欧洲走向统一和繁荣。为了彻底摆脱欧债危机，新政府会强调治标和治本相结合，推进欧元体制改革，纠正欧元的先天不足；推动欧元区成员国向欧盟机构让渡相关领域里的政策制定权与执行权，赋予欧盟最高机构在某些领域里的最终话语权，从而奠定欧洲一体化建设的根基。

下　编

波折与进展

坎坷但坚定前行的欧元*

一、欧元一跌再跌，原因何在

欧元启动是当代国际经济关系中最重大的事件之一，受到全世界的高度重视。然而欧元问世流年不利，在外汇市场上表现欠佳，对美元的汇率持续不稳，最近又连创新低，因此减弱了一些人对欧元的信心。

欧元以强币姿态进入汇市，1999 年 1 月 4 日开盘时欧元对美元的汇率高达 1∶1.1877，然而不久却一路下滑，7 月 13 日跌至 1∶1.0108，此后止跌回稳，但是到今年 4 月竟一度跌至 1∶0.9365 的水平。这次欧元汇率下跌，直接原因在于意大利达莱马政府辞职和奥地利自由党前主席海德尔关于奥地利应考虑退出欧盟的讲话所造成的影响，实质上是去年汇率下跌趋势的延续。欧元汇率不稳有 3 个主要原因。第一，欧元区大国经济相对疲软，而美国经济持续强劲，二者形成强烈反差。1999 年，整个西方的经济增长率为 2.5% 左右，欧元区为 2.3%，美国为 4.1%。从 1999 年下半年起，欧洲经济出现回升势头，2000 年开

* 原载于《学习时报》2000 年 5 月 22 日。

始加速增长，经济增长率可望达到 3.2%，而美国预计达到 4.3%。在这种情况下，欧元对美元的汇率下跌也就不足为奇了。第二，欧美实行不同的货币政策，欧元和美元之间显著的利率差使美元走强。欧洲中央银行出于刺激经济增长的需要，保持欧元的较低利率，把主导利率从 3% 降到 2.5%，经历后来两次提高利率才达到 3.5%。美联储为抑制通货膨胀，使主导利率达到 5.5%。在外汇、投资市场上，交易商选择收益更高的美元，造成欧元汇率下滑。第三，一系列事件影响了人们对欧元的信心，损害了欧元的地位。科索沃危机和北约对南斯拉夫的轰炸，使资金从欧洲流向美国；欧盟财政部长会议允许意大利突破财政赤字不超过国内生产总值的 2% 的约定，影响了欧盟规则的可信度；欧元区内各个方面在欧元汇率及其他问题上争论不休，使人们觉得欧盟经济政策混乱；最近发生的意大利政府危机以及海德尔的讲话，也造成一种欧洲局势不稳的印象。凡此种种，都削弱了欧元的地位，致使欧元汇率下滑。

二、虽波动频繁，欧元影响不容小视

就整体而言，尽管外汇市场情况不太乐观，但欧元能在启动刚 1 年多的时间内，基本站稳了脚跟，仍是一件相当不容易的事情。欧元体系的运行大大提高了欧盟抵御国际金融危机和参与国际竞争的能力。在亚洲和俄罗斯金融危机造成国际市场萎缩、世界经济环境大为不利的情况下，欧元区内实现了《马斯特里赫特条约》规定的首要目标——保持价格稳定，并且促进了经济复苏，使各项经济指标呈上升势头。如果没有欧元，欧元区难以取得这样的成果。按照欧洲中央银行副行长努瓦耶的说法："欧洲中央银行把欧元变成了一种在长时期内其购买力都有保障的货币，变成了一种从本质上来说很坚挺和很稳定的货币。"在欧元区内，欧元的使用促进了成员国财税和管理方面的改革，促进了工资和社会福利制度改革，促进了企业改革和大规模兼并重组，宏观经济结构的调整为长期稳定的经济发展奠定了坚实的基础。在世界舞台上，欧元使用范围日益扩大，欧元债券发行量猛增，已成为举世公认的第二大国际储备货币，并且是重要的贸易结算货币。

三、欧元的作用已超出经济的范畴

欧元的作用远远超出了经济的范畴，不仅加深了欧洲经济一体化，而且加快了政治一体化进程。欧洲中央银行作为欧盟的重要金融管理机构，是欧盟的第一个真正具有联邦性质的机构，其政策工具对政治一体化的发展产生了重大推动作用。欧元区的形成坚定了欧洲人对欧洲一体化的信心，因此在拖延已久的共同农业政策改革方面取得了决定性进展，在司法和内务方面加强了合作，在共同防务建设方面迈出了一大步，开始组建由欧盟领导的、独立于北约的武装力量。欧元增强了欧盟的地位，扩大了欧盟的影响力，使越来越多的中东欧国家、地中海北非国家向欧盟靠拢。这些成就的深远意义是难以估量的。

四、欧元汇率短期不会攀升，但势将逐渐走强

就欧元汇率的前景来说，由于欧美经济形势依然存在相当大的差距，短期内不大可能攀升。欧洲经济出现了加速增长的势头，但是美国经济也继续增长，尽管华尔街股市出现暴跌。如果欧元汇率继续下滑，欧洲中央银行可以提高指导利率，以便提高欧元的收益，增强欧元的吸引力，但是其后果可能是影响欧洲经济增长。欧洲中央银行拥有大量美元储备，有能力通过抛售美元、买入欧元对外汇市场进行干预，但是只有在特别必要时才会那样做。

从发展趋势来看，欧元汇率将趋于稳定，并且逐渐走强。首先，随着欧洲改革不断进展，宏观经济结构逐步调整，欧元运行体系日益完善，欧洲资本市场呈现繁荣，多年来平稳增长的欧盟经济将会加速，逐渐缩小同美国的差距。美国经济中的大量泡沫及其一年 3000 亿美元的贸易逆差迟早会使美元变弱。其次，欧元区 11 国财政部长决定，自 2002 年 1 月 1 日开始的欧元和成员国货币的同时流通期，将从 6 个月缩短为 2 个月，加速欧元从账面交易货币向实际流通货币的转变，以保证市场和物价稳定。为了维护欧元的健康流通及其地位，欧洲中央银行会采取必要措施使之稳定，不会坐视欧元汇率过度波动。最后，欧元是欧洲一体化发展的产物，是欧盟国家对全球化挑战的回应，涉及它们的重大利益，因此维护欧元体系的健康运行已成为成员国的政治共识，而且政治一体化的进展必然会加强欧元的地位，增加欧元的吸引力。鉴于这些原因，从较长远的观点看，尽管欧元区内外仍然会有种种不确定因素的干扰，欧元将会日益坚挺，汇率逐渐走强，欧盟也将因此在世界经济和政治舞台上发挥更重要的作用。

欧盟致力推动共同防务建设进程*

为了成为多极世界中真正独立的一极，欧洲联盟在加快经济货币联盟建设的同时，不断推进政治联盟建设。欧元的问世标志着经济一体化的一个重大突破，欧洲防务一体化所取得的重大进展，使欧洲一体化产生了质的飞跃。

《马斯特里赫特条约》规定，欧盟将实行共同外交和安全政策，最终实行共同防务政策；西欧联盟将发展成为欧盟的一个组成部分，负责执行欧盟防务方面的决策。在此后修改条约的历次会议上，都要讨论“欧洲安全和防务特性”的问题。《阿姆斯特丹条约》在共同外交和安全政策方面引进了特定多数表决制，规定在执行一致同意的政策时，可由多数表决作出决定；而个别不同意某项政策的成员国不得阻碍其他国家采取行动。欧盟建立以来，成员国曾进行了一些防务合作，但是欧洲安全和防务特性相当有限，与欧盟共同防务的目标相去甚远。这主要表现在 3 个方面：首先，外交和防务涉及国家主权的最敏感的领域，一些成

* 原载于《学习时报》2000 年 5 月 22 日。

员国难以作出将外交和安全决策权交出去的政治决定；其次，欧盟国家在发展欧洲防务特性的问题上存在严重分歧，突出地表现在法国和英国之间关于建立欧洲防务实体的争论上；最后，美国为维护对欧洲事务的影响力并主导未来欧洲安全格局，只是同意在北约组织内发展欧洲防务特性，坚决反对出现重复北约职能的欧洲防务实体。正是这些原因，使得西欧联盟与欧盟的合并没有成为现实，欧盟也没有独立于北约的武装力量。

然而，到 1998 年底，欧盟国家普遍支持加快欧洲共同防务建设步伐，尤其是英国改变了对欧盟政治联合的冷漠态度，英国首相布莱尔大力倡导增强欧盟的防务功能。1998 年 12 月 4 日，法英首脑在法国的圣马诺会晤，签署防务合作联合声明，呼吁欧盟国家全面迅速实现《阿姆斯特丹条约》里关于共同外交和安全政策的规定，主张欧盟必须拥有自主行动的军事能力，提出建立欧洲快速反应部队的建议。圣马诺声明标志着英国从欧洲防务合作的旁观者转变为积极推动者，意味着欧盟主要国家之间消除了欧洲防务建设上的尖锐分歧。

科索沃战争是促使欧盟国家加快欧洲共同防务建设的一个重要因素。欧盟最初试图掌握解决科索沃危机的主动权，并且在科索沃战争中表现出空前的积极性，但最终还是把战争的主导权让给了美国。科索沃战争证明了欧美之间在意识形态、价值观念和战略利益上的一致性，同时也暴露了欧美之间错综复杂的矛盾和利益冲突。欧盟国家认识到，欧洲共同防务建设的滞后使它们继续处于受制于美国的被动地位，必须发展自己的军事力量，拥有自主而有效的行动能力，“不能把安全保障的全部希望寄托在美国身上”。

欧盟国家加快欧洲共同防务建设的意愿是在 1999 年 6 月 4 日的欧

盟首脑科隆会议上表现出来的。这次会议通过了一个具有历史意义的决定——《加强欧洲安全和防务政策的声明》，主要内容包括：把西欧联盟纳入欧洲联盟，使之成为欧洲防务的支柱；到2000年，西欧联盟将具有无须依赖北约、自行在欧洲大陆执行和平任务和预防冲突的能力；任命即将卸任的北约秘书长索拉纳为欧盟首任共同外交和安全政策高级代表。此后，欧盟国家就欧洲防务建设的具体问题加紧协商，协调立场。同年11月15日，欧盟外交部长和国防部长理事会就共同外交和安全政策作出决议：建立欧盟领导的干预危机的军事力量；成立负责政治、安全和军事事务的委员会。12月6日，欧盟外长会议进一步作出决定，欧盟将在4年内建立一支有海空支持的6万人的快速反应部队，以便能在不依赖欧洲之外任何力量的情况下，对欧洲范围内发生的危机作出迅速反应；欧盟中的非北约成员国有权放弃参与集体防务，但没有否决集体行动的权利。12月11日，在赫尔辛基召开的欧盟首脑会议上，重点讨论了欧洲共同防务的问题，批准了欧盟外长会议提交的欧洲共同安全和防务计划。这标志着欧盟在共同防务建设方面取得了实质性进展。

进入2000年，欧洲防务建设紧锣密鼓地展开，逐步落实赫尔辛基会议提出的方案。3月1日，欧盟成立3个新机构：由各国大使级官员组成的政治与安全委员会，负责起草共同外交和安全政策；由参谋长等人组成的军事委员会，负责向政治与安全委员会提供军事方面的建议；作为军事委员会下属机构的参谋部，主要任务是在2003年之前组建一支5万—6万人的独立于北约的欧洲快速反应部队，目的是在美国不参与的情况下对有关冲突进行干预。至此，欧洲安全和防务政策不再是一纸空文，而是进入了实施阶段。

根据目前的状况，欧盟要拥有强大的自主防务力量、独自主导欧洲安全，尚需时日。欧盟内部还有许多工作要做：必须进一步协调安全政策，增加防务预算，加强防务工业合作，推进军队的现代化改造，从而缩小同美国的差距。欧盟和美国的关系，欧洲快速反应部队与北约的关系，仍然是微妙的问题。欧盟目前在安全方面还无力摆脱美国，而欧洲是美国战略重心之所在，因此美国不会听任欧洲谋求独立自主，必然通过北约加以控制。然而从欧洲一体化的发展逻辑来看，欧盟国家在实现经济货币联盟以后必然推进政治联盟建设，必然通过欧洲共同防务建设使共同外交和安全政策成为现实。也就是说，欧盟国家不会放弃谋求自主和平地位的努力，不会停止反控制的努力。

推进全方位外交的欧盟*

欧盟通过全方位外交在国际舞台上显示了力量和影响，开始改变“经济巨人、政治侏儒”的形象，在一定程度上发挥了平衡作用，促进了多极化趋势的发展。

近年来，欧盟加快了一体化的步伐，欧元的启动标志着经济货币联盟的形成，共同外交与安全政策的逐步实施，尤其是共同防务建设，则标志着政治联盟建设的重大进展。欧洲一体化的成就无疑增强了欧洲人的自信心和自主意识。为实现作为未来多极世界中重要一极的目标，欧盟以整体实力为依托，强调欧洲特性，加强同世界主要力量的协调，构建以欧盟为主导力量的欧洲格局，扩大在世界上的影响。

* 原载于《学习时报》2001年7月16日。

一、整合欧洲

欧盟委员会在2000年2月制定的五年规划中，把形成“稳定欧洲大陆”作为欧盟的“主要战略目标”。实际上，欧盟一直利用中东欧国家政治改革的时机，加强整合欧洲的力度。通过科索沃战争，欧盟得到了整合巴尔干地区的机会，增加了对该地区的控制。欧盟东扩是进行经济和政治双重整合的重要措施，目的在于促使中东欧发生不可逆转的变化，形成欧盟主导的地缘政治格局。欧盟认为，“欧盟扩大将加强欧洲对付新世纪挑战的能力”，因此一直在进行第五轮扩大的谈判，预定用大约10年时间接纳12个国家入盟。2000年12月的欧盟尼斯首脑会议决定，与下一批候选国的入盟谈判到2002年底结束，从2003年开始接受新成员。通过扩大，欧盟在边境形成一条安全带，保证周边的稳定。如果通过整合而形成一个拥有4.4亿多人口的欧洲经济区，那么其战略地位无论怎样估计都是不过分的。

二、与美关系

欧盟国家长期同美国保持密切的盟友关系，具有相似的价值观念和一些共同的政治经济利益，目前互为最大贸易伙伴和投资市场，因此经常协调与合作，维护西方主导的国际体系和国际规则，在一些重大国际问题上采取联合行动，科索沃战争就是一个突出的例证。但是那种盟友关系是不对称的。欧洲人不接受美国主导世界的单极霸权秩序，试图摆脱美国的控制，谋求与美国平等的地位。欧盟为维护自己的利益，同美国在经贸和安全体制等方面的摩擦和冲突呈上升趋势。欧盟坚决反对美国的“超级301条款”、赫尔姆斯-伯顿法和达马托法，谴责美国政府实施“治外法权”，抨击美国违背国际贸易法规和企图控制世界贸易。欧美之间贸易战不断，相互采取报复措施；在全球贸易问题上存在严重分歧，争夺世界市场的斗争日益加剧。欧盟采取一系列行动，表明自己的外交自主性：法国等国家的飞机直飞伊拉克的萨达姆机场，打破美国的禁飞令；在美国单方面暂停同朝鲜的外交联系后，欧盟代表团访问平壤，得到朝鲜方面在2003年前暂停核试验的承诺。对于美国的国家导弹防御计划（NMD），几乎所有的欧盟国家都表示反对。对于美国单方面拒绝履行《京都议定书》，欧盟国家表示愤怒。2001年5月3日，美国在联合国人权委员会和国际麻醉品管制局选举中落选，所失去的两个席位都被欧洲候选人夺走。这被看作对布什拒绝《京都议定书》和实施NMD的报复，也被看作崛起中的欧盟可以在全球性问题上与美国抗衡的先兆。欧盟目前在安全方面还有求于美国，因此在同美国激烈竞争的同时，会继续保持密切协调与合作。但是两个大陆逐渐疏远，欧盟开始把发展与其他大国的关系作为制衡美国的手段。

三、与俄关系

出于地缘政治和经济的考虑，欧盟把俄罗斯作为欧洲整体建设的关键因素。欧俄关系对欧洲安全具有特殊的意义，而且彼此是重要的贸易伙伴。尽管欧俄之间存在一些冲突隐患，但是欧盟内部逐步统一了“只有通过加强同俄罗斯的合作才能解决欧洲面临的问题”的认识，确立了以政治对话代替对抗、以加强接触扩大交流取代孤立的战略思想，决心发展同俄罗斯的合作伙伴关系，扩大经济、安全等领域里的合作，促进俄罗斯的“稳定、民主和繁荣”，逐步将俄罗斯融入欧洲发展进程。这与美国加紧挤压俄罗斯的行动形成鲜明对照。进入2001年，欧盟和俄罗斯彼此又靠近了一步。欧盟主席国瑞典首相佩尔松、欧盟委员会主席普罗迪与欧盟外交和安全政策高级代表索拉纳一同访问莫斯科，同普京总统等俄罗斯领导人举行会谈，就欧洲安全、美国NMD等重大问题交换意见，并发表联合声明，强调进一步加强经济合作，计划用5到10年时间建成欧洲统一经济空间。欧俄接近的趋势是美国不愿看到的。

四、与亚洲关系

欧盟在战略上重视全面拓展同亚洲的关系，以改变欧美亚三角关系中欧亚关系滞后的状况。欧盟1994年7月13日公布《走向亚洲新战略》，提出要加强欧盟“在亚洲的经济存在”。从1996年3月起，欧盟十五国和东亚十国及欧盟委员会领导人举行了3届亚欧会议，亚欧合作关系出现实质性的进展。亚欧全面伙伴关系框架已经确定，经常性合作机制建立起来。亚欧国家开始政治、安全、经济、文化及科技交流等方面的合作。亚欧初步确定了在2015年实现贸易自由化的时间表，并制定了经贸合作的阶段性计划和政策。欧盟坚决反对美国参加亚欧会议，显然有利用亚欧会议联合制衡美国、平衡国际格局的意图；要借助欧亚会议扩大在亚洲的影响，与美国试图主导APEC的局面相抗衡。欧亚会议确实有助于世界3大经济区之间的关系趋于均衡。

欧盟大力发展同中国的经贸关系、政治关系和其他领域的合作，加强同日本的经贸关系，积极参与中东和平进程，参与非洲的冲突调解和经济发展。通过双边、多边经济贸易合作和发展援助协议，同 123 个国家、5 个国际组织和地区性经贸集团建立了日益密切的经济、贸易和政治联系。欧盟承担了 55% 的国际发展援助，66% 的国际人道主义援助，40% 的联合国维和行动费用。

欧盟通过全方位外交在国际舞台上显示了力量和影响，开始改变“经济巨人、政治侏儒”的形象，在一定程度上发挥了平衡作用，促进了多极化趋势的发展。当然，欧盟作为一个民族国家的利益共同体，不同于传统的国际行为体，要成为多极世界中的一极，还有不少障碍。在欧盟内部，成员国争论不休，运作机制存在明显缺陷，改革遇到重重困难，诸如此类的问题使欧盟难以完全做到“用一个声音说话”。说到底，还是如何处理国家主权和超国家权力的关系、如何协调成员国之间利益的问题。在外部，欧盟谋求独立自主的行动，受到美国的很大牵制。美国要求欧洲人对欧洲事务承担更多的责任，但是不会听任欧盟建立独立的防务力量而削弱北约，因为北约是美国主导欧洲事务的重要工具。美国不愿看到拥有共同外交和安全政策的欧盟在新世纪里成为分庭抗礼的对手。欧盟要成为世界上自主的一极，确实需要一个过程。为了独立自主，维护和增进共同利益，欧盟成员国将会继续推进一体化进程。

《里斯本条约》：欧洲一体化的新起点*

2007年12月13日，欧盟27国领导人在葡萄牙首都里斯本正式签署《里斯本条约》，结束了持续两年多的制宪危机。《里斯本条约》不再使用“宪法”等易于引起国家联想的字眼，也不提盟旗、盟歌等“超国家”象征，但保留了此前夭折的《欧盟宪法条约》的许多重要内容，因此为欧盟机构改革铺平道路，翻开了欧洲一体化新的一页。

一、《里斯本条约》的主要改革内容

《里斯本条约》合并欧洲共同体、共同外交与安全政策和司法与内务合作这3个支柱，确立欧盟的单一法律人格，取代并继承共同体。欧盟作为一个法律实体，有权签署国际条约，成为国际组织的成员。这在一定程度上解决了3个支柱不对称的复杂结构问题，有利于欧盟应对各种挑战，增进共同利益。

---

* 原载于《学习时报》2008年1月24日。

《里斯本条约》对欧盟机构设置和决策方式进行了一系列改革：设立欧洲理事会常任主席职位，取消半年轮值主席国制度；缩小欧盟委员会的规模，从2014年11月起委员人数由27名减至18名，废止一国一名委员的模式，改行轮流从2/3成员国中选任的制度，并加强欧盟委员会主席的作用；改革部长理事会表决制，从2014年11月起采用“双重多数表决制”，即有关决议必须获得代表至少65%欧盟人口的55%成员国的同意，而在此之前将“特定多数表决制”的适用范围增加40多个政策领域，包括移民、司法与警务、教育等敏感领域。这些规定有助于保持欧盟运作的连续性和一致性，提高工作效率和决策效率，避免陷入机构庞大、运转失灵、议而不决的局面，而且有助于提高欧盟决策的双重合法性。

《里斯本条约》扩大欧洲议会在立法、预算以及政治控制方面的权力和影响，引入参与性民主等措施，提高欧盟的民主合法性。随着共同决策程序成为更多领域的“普通立法程序”，欧洲议会处于和部长理事会平等的地位；欧洲议会拥有决定欧盟委员会主席和委员以及欧盟外交与安全政策高级代表的权力；从2009年起议员总数由目前的785名减至750名，席位分配以成员国人口为依据。依据基于“授权原则”和“辅助原则”的权能分配机制，成员国议会在欧盟立法和运作过程中发挥重要的监督作用。条约引入参与性民主，包括确立公民创议权，促进公民、公民社会组织和欧盟机构（尤其是欧盟委员会）之间对话，向公众开放部长理事会的立法辩论和表决，等等。这些措施增加直选产生的欧洲议会的权力，提高欧盟机构运作的透明度和公开性，鼓励公民参与欧盟民主生活，增加公民社会组织了解和参与欧盟决策的机会，因此有助于缓解对欧盟民主赤字的批评，并且使欧洲人在保持国家公民身份的同时确立欧洲公民身份，强化欧洲认同。

《里斯本条约》强调欧盟的共同价值和目标，尊重人的尊严、自由、民主和平等，特别是纳入《欧盟基本权利宪章》，使之具有法律约束力，保护欧盟活动领域里的公民权利、政治权利、经济权利和社会权利。《里斯本条约》更加重视社会问题，提出欧盟新的社会目标，包括充分就业和社会进步、反对社会排斥和歧视、促进正义、消除贫穷等。增强欧盟在自由、安全和司法领域里的行动能力，有效打击恐怖主义和跨境犯罪；提高欧盟在能源政策、公共卫生、公民保护、气候变化、人道主义援助等领域的行动能力，以回应对欧盟公民安全的威胁。这些措施可以更好地保护欧洲公民权益，改善欧洲人的生活，增进所有人的安全，使欧洲成为自由、团结和安全的欧洲，因此有助于增强欧洲公民对欧盟的认同与支持。

《里斯本条约》整合原有条约中有关对外关系的条款，并增加新的内容，可以使欧盟外交、贸易及安全等对外政策更为协调一致。除了欧盟理事会主席对外代表欧盟，《里斯本条约》合并目前欧盟外交与安全政策高级代表和欧盟委员会对外关系委员的职位，赋予欧盟外交与安全政策高级代表更大的权力。高级代表兼任欧盟委员会副主席，主持外交部长理事会会议，统管欧盟外交与安全政策，在对外关系中代表欧盟讲话。这项改革有助于改变欧盟目前多头共管外交的局面，有助于形成共同对外政策，增进欧盟对外行动的一致性、可见度和影响力。欧盟作为单一法律实体将加强其对外谈判力量，在对外经贸政策、人道主义援助和发展政策方面，以及在应对能源、环境、跨境犯罪、恐怖主义等全球性问题与挑战方面，将采取更一致、更有效的国际行动。另外，“共同防务条款”和“团结条款”扩大了欧盟在打击恐怖主义、冲突预防使命、冲突后稳定使命等方面的潜力，使之具有近似于军事同盟的性质。根据特别的决策安排，一些更热心的成员国可以推进其防务合作，从而为形成共同安全与防务政策铺平道路。总之，《里斯本条约》促进欧盟外交与安全领域的合作，使欧盟在决定新政策时把各种对外政策工具结合在一起，在国际事务中发挥更重要的作用。

二、《里斯本条约》面临的挑战

《里斯本条约》为欧盟改革与发展提供了必要的法律框架及工具，可以使欧盟更现代、更高效、更民主，具有更强的行动能力，但是条约本身以及欧盟的未来依然面临着诸多挑战。按照既定程序，《里斯本条约》必须经27个成员国依据各自宪法批准后才能生效，然而《里斯本条约》是否能在2008年内顺利获得批准，还存有疑问。除了爱尔兰采取全民公决方式以外，其他成员国决定以议会表决来完成批准程序。采用议会表决方式减少了条约批准的难度，此前已批准《欧盟宪法条约》的成员国也许可以比较顺利地批准《里斯本条约》，但英国、荷兰和丹麦等国家的议会很可能会有激烈的辩论。鉴于法国和荷兰这两个创始会员国曾否定《欧盟宪法条约》的教训，而且各国都有阻碍一体化发展的势力，欧盟领导人对《里斯本条约》如期获得所有成员国的批准持审慎乐观的态度。

《里斯本条约》正式实施后，欧盟依然会面临不少问题。在条约谈判过程中，成员国围绕重大改革条款展开激烈争论，反映出在有关政府间合作还是超国家治理的一体化道路上的根本分歧。《里斯本条约》最终只是一个妥协的产物，在保持共性的同时也包含了允许差异的灵活性，因此在税收、社会保障、外交政策、共同防务等领域里继续实行“全体一致”原则，而且增加了“区别对待”的灵活规定，例如允许英国和波兰对《欧盟基本权利宪章》享有部分“豁免”等。如今的 27 国欧盟呈现出更加多样的特征，尤其是新老成员国在历史文化传统以及政治、经济、社会发展水平等方面存在巨大差异，利益关系更为复杂，一体化的难度加大。上述改革措施没有解决政治一体化落后于经济一体化的问题，而且“多速度”问题日益突出，欧盟作为一个整体的凝聚力可能会减弱。可以想见，未来要在涉及国家核心主权和特殊利益的敏感问题上形成和实施共同政策，会有不少协调方面的困难。欧盟是否能够通过《里斯本条约》来推进经济增长，实现经济繁荣，促进社会公平，有效保护公民权利，满足欧洲民众最迫切的希望和期待，这还是有待观察的问题。而且，随着内部权力格局的变化，欧盟是否能够通过《里斯本条约》来形成真正的共同外交与安全政策，有效应对气候变化、能源、环境、移民等全球性问题与挑战，“用一个声音说话”而不引起权力斗争，摆脱美国控制而形成欧洲特性，这些也是未知数。

在欧洲派看来，《里斯本条约》不尽如人意，而在疑欧派看来，《里斯本条约》走得太远。从根本上说，共同利益是欧洲一体化的基础。在欧盟扩大的情况下，《里斯本条约》可以说是一个比较现实的折中方案，有利于增进成员国的共同利益，它不可能解决欧盟面临的所有问题，但毕竟为欧盟的未来绘制了蓝图，为欧盟推进运行机制改革和深化政治一体化注入了新的动力。因此，《里斯本条约》如同《罗马条约》和《马斯特里赫特条约》，是欧洲一体化进程的一个重要里程碑，标志着欧盟成员国深化一体化合作的新起点。至于《里斯本条约》的真正效果，只有几年后才能明了。

欧盟改革进程再遇危机*

爱尔兰于6月12日举行全民公决，结果以53.4%对46.6%的比率否决了攸关欧盟改革与发展的《里斯本条约》。由于《里斯本条约》必须得到欧盟所有成员国批准后才能生效，爱尔兰的否决使欧洲一体化进程再次陷入困境，引起整个欧洲的强烈震动。

一、重大的挫折

欧盟成员国领导人2007年12月13日在里斯本正式签署《里斯本条约》，走出因法国和荷兰全民公决否决《欧盟宪法条约》而陷入的制宪危机。《里斯本条约》虽无欧盟宪法之称谓，但保留了《欧盟宪法条约》的大部分改革内容。为了顺利完成批准程序，欧盟27个成员国中有26国有意避开全民公决的变数，选择了议会表决形式，只有爱尔兰因本国法律的要求而举行全民公决。这个条约关乎欧盟的近5亿人口，

* 原载于《学习时报》2008年6月23日。

然而它的命运似乎完全取决于爱尔兰这个只有7万多平方公里、400多万人口的“小国”的公决结果。因此，整个欧洲的目光都投向了爱尔兰，密切关注公决进程。

迄今，已有18个成员国通过了《里斯本条约》，其中包括曾否决《欧盟宪法条约》的法国和荷兰。爱尔兰的全民公决似乎成为条约能否生效的关键。由于近期爱尔兰民调显示支持者与反对者的比例不相上下，欧盟成员国领导人一直忐忑不安。全民公决前的一项民调表明支持者拥有42%对反对者39%的微弱优势，欧盟领导人和各国政府也没有任何轻松之感，担心这个占欧盟总人口不到1%的小国给经过艰难谈判、反复修改而形成的《里斯本条约》亮出红灯。

爱尔兰全民公决如期举行，大约53.1%的爱尔兰公民参加投票。6月13日，公决结果揭晓，以86.24万反对票对75.25万支持票否决了《里斯本条约》。换言之，86万多爱尔兰人否决了即将对近5亿欧洲人实行的条约，使欧盟成员国几年来努力推进的制宪进程再次遭遇重挫。爱尔兰曾在2001年的全民公决中否决了《尼斯条约》，使欧盟扩大进程陷入停顿。这一次，爱尔兰又以全民公决的方式否决了《里斯本条约》，阻挡了欧盟扩大为27国后的改革进程。欧洲媒体纷纷发表评论，用“一场严重危机”“一大沉重打击”“致命一击”等词语来形容这一事件。欧盟领导人对这一结果表示失望，认为这是欧洲一体化进程中的一个重大挫折。

二、否决的原因

爱尔兰本应是《里斯本条约》的积极支持者，因为爱尔兰是欧洲一体化的最大受益者之一。1973年爱尔兰加入欧共体时，人均GDP远远低于欧共体平均水平，而如今已从“欧洲的乞丐”一跃成为欧洲最富裕的国家之一，2007年人均GDP居世界第5位，达到58883美元，超过英国、法国、德国、美国等老牌的发达国家。爱尔兰几十年的经济快速发展得益于欧盟的共同市场，也在很大程度上得益于欧盟的大量经济援助，仅1973年至1999年间就得到欧盟拨给的300多亿欧元发展援助资金。爱尔兰人明白欧盟对于国家经济发展的重要性，“欧洲派”也长期占上风，然而既得利益难以抵消对欧盟改革的忧虑，爱尔兰全民公决还是否决了这个为欧盟改革铺路的条约。

这次全民公决是支持派和反对派之间的一场激烈较量。支持派认为，《里斯本条约》的改革措施是应对欧盟急剧扩大和全球化挑战的关键之举，有利于爱尔兰的发展。爱尔兰政府，两大执政党共和党和进步民主党，在野党统一党和工党，以及商界领袖、工会和农协，都大力支持《里斯本条约》。爱尔兰总理科恩要把这次公决变成一场“肯定性公决”。但是来自极左和极右的反对派则决心发动一场“否定性公决”，阻止欧盟改革进程，并以此显示爱尔兰在欧盟中的分量。反对派包括国民党、新芬党、商人甘利组织的“自由派”和一些天主教组织。他们在民众中并不占多数，但宣传鼓动的声势很大，要利用民众的忧虑来挫败《里斯本条约》。

反对派对《里斯本条约》的一系列改革措施深怀戒心，认为那些措施威胁爱尔兰的国家自主权和国家利益。他们认为，《里斯本条约》的机构改革措施，包括设立欧洲理事会常任主席和统管外交与安全政策的高级代表，是欧盟走向“超国家”或“联邦”的危险一步。《里斯本条约》改革决策方式，实行“多数表决制”并扩大其适用范围，按照成员国人口分配欧洲议会议席，将会减少爱尔兰在欧盟决策中的影响力。

《里斯本条约》的“共同防务条款”和“团结条款”使欧盟具有近似于军事同盟的性质，会损害爱尔兰一贯奉行的中立立场。《里斯本条约》在更多的领域里实施共同政策，把更多的权力集中于布鲁塞尔，会迫使爱尔兰改变极有吸引力的企业税率，削弱繁荣的爱尔兰经济。《欧盟基本权利宪章》将迫使爱尔兰修改相关的国家法规，冲击爱尔兰文化和社会生活。天主教组织特别担心新条约使爱尔兰宪法禁止的堕胎合法化。

许多爱尔兰人与其他成员国的民众一样，对社会现状非常不满，同时对《里斯本条约》可能带来的不确定因素感到忧虑和不安。由于油价和粮价飞涨、失业率上升、股市低迷，爱尔兰人深受其害。他们担心，随着欧盟扩大和改革深化，新成员国的移民和外劳会大量涌入，影响本地居民的就业和生活质量，他们长期享受的欧盟补贴会减少，影响农村发展。实际上，没有多少人真正理解《里斯本条约》的条文及其含义，因此一些人不去为那个晦涩难懂的条约投赞成票，而另一些人在反对派的宣传鼓动下，通过全民公决把他们的不满和忧虑宣泄出来，最终影响了投票结果。

三、严重的影响

按照规定，爱尔兰的否决就等于宣判《里斯本条约》的“死刑”，因此引起欧盟领导人和成员国首脑的震惊。欧元区主席容克表示，“爱尔兰公决说不，《里斯本条约》就是死了”。而欧洲议会议长珀特林、欧盟委员会主席巴罗佐以及大多数成员国领导人都拒绝承认条约已经死亡。爱尔兰总理科恩本人也认为“条约还活着”。但是无论如何，这一事件打乱了欧盟改革的全盘计划，也给“疑欧”情绪较强的国家以及尚未批准条约的国家的政府造成了巨大压力。

爱尔兰的否决显然使《里斯本条约》难以按原计划于2009年1月1日生效，使欧盟改革方案无法在2009年欧洲议会选举前如期实施。6月19日举行的欧盟首脑会议，会把《里斯本条约》的命运作为主要议题，而不是按原计划讨论如何产生欧洲理事会常任主席和“欧盟外长”的问题。下半年担任欧盟轮值主席国的法国将不得不致力于解决《里斯本条约》的生效问题。旨在深化经济改革和增强欧盟经济竞争力的“里斯本战略”新方案将会受到影响。《尼斯条约》虽然可以保证欧盟的基本运作，但无法实现使欧盟更民主、更高效、更透明的目标，也难以提高欧盟的决策效率和行动能力，难以增强欧盟的国际影响力。

爱尔兰的否决使其政府面临一场政治危机，也重新激起欧洲各地“疑欧派”对《里斯本条约》的质疑，尽管这不会导致全面的信心危机。在都柏林，反对派高举标语庆祝全民公决的结果，而全力支持《里斯本条约》的执政党则处于尴尬境地。爱尔兰政府还面临着外部的压力，需要就此向欧盟的伙伴作出解释。在英国，布朗首相遭到反对党的严厉指责。2005年英国工党在大选纲领中承诺全民公投《欧盟宪法条约》，布朗顶住保守党反对的压力，2007年12月低调签署《里斯本条约》，并以《里斯本条约》不同于《欧盟宪法条约》为理由，拒绝全民公投而坚持采取议会表决的批准方式。如今，英国议会已完成对《里斯本条约》的主要立法程序。爱尔兰的公决结果再次激起反对派的声浪。保守党指责布朗政府违背公决承诺，强烈要求举行全民公决，让民众决定《里斯本条约》的命运。一些保守党人现在不但要求全民公决，还认为英国应该脱离欧盟。在尚未批准《里斯本条约》的国家中，捷克也是一个变数。一贯对欧盟和欧元持怀疑态度的捷克总统瓦茨拉夫·克劳斯发表声明，称赞爱尔兰的公决结果是“自由和理智战胜人为精英工程和欧洲官僚主义的胜利”，认为《里斯本条约》的批准程序无法继续下去。

爱尔兰的否决对丹麦加入欧元区产生直接影响，丹麦首相拉斯穆森表示丹麦有可能推迟对欧元的全民公决。这一事件可能阻止欧盟的扩大进程，因为按照欧洲议会的一项决议，只有在《里斯本条约》生效后，欧盟才能接纳新成员。因此，原计划于 2011 年入盟的克罗地亚、其他巴尔干国家以及长期以来争取入盟的土耳其都会受到影响。

四、并非欧洲一体化的终结

欧盟领导人和大多数成员国领导人对爱尔兰人的选择表示遗憾，同时强调欧盟需要《里斯本条约》，认为一个成员国的否决并不意味着这个已被 18 个成员国批准的条约已经死亡，呼吁其他成员国继续相关的批约程序。目前还没有消除危机的适当方案，热情的支持者也避谈任何其他途径的可能性。

欧盟成员国领导人已经为《里斯本条约》投入了“大量的政治资本”，不会轻易放弃，也不愿重启炉灶，展开新一轮的谈判，通过激烈的讨价还价再次修改条约。爱尔兰政府难以改变批准程序，并且排除了组织第二次公决的可能。欧盟委员会主席巴罗佐此前也指出，没有替代《里斯本条约》的“B 计划”。显然，撇开爱尔兰的设想不符合欧洲建设的基本原则，而爱尔兰为了国家利益也不会退出欧盟。那么，欧盟 27 国必须设计一个解决问题的适当方式，既尊重爱尔兰公民的意见，又保留《里斯本条约》的实质内容。

欧盟成员国也许可以把爱尔兰全民公决结果暂时放在一边，组建一个实施《里斯本条约》的“联盟内的联盟”，而让爱尔兰进入“慢车道”。事实上，目前的欧盟已是“多速欧洲”，欧元区和申根区都没有囊括欧盟成员国。也许可以对《里斯本条约》重新包装，制定一个简单明了的文件，保留其中重要的、无争议的改革内容，不需全民公决而付诸实施。《单一欧洲法令》就是这样的一份文件。或者增加灵活条款，允许爱尔兰在堕胎、税务和中立地位等方面享有特殊地位，那么爱尔兰也不是完全不可能举行第二次全民公决。这样的做法已有先例可循。丹麦曾在全民公决中否定了《马斯特里赫特条约》，但在防务政策、欧元等方面得到让步后，举行第二次全民公决通过了该条约，尽管丹麦政府此前排除了再次举行公民投票的可能。爱尔兰在得到不会危及其国家利益和中立地位的保证后，在第二次全民公决中批准了《尼斯条约》。关键在于尊重爱尔兰的民意，同时让爱尔兰民众认识到欧盟改革是共同利益之所在。

爱尔兰的否决是欧盟遭遇的一次严重危机，但不是欧洲一体化的终结。欧洲一体化 50 多年的历史表明，欧盟成员国总是能够通过相互妥协，找到走出危机的方法，不断发展壮大，给欧洲人带来和平与繁荣。这一次，欧盟不会像一些媒体担忧的那样解体，也能找到摆脱困境的途径。欧盟成员国不会停止一体化的步伐，因为欧洲一体化符合欧洲广大民众的根本利益。只是在一体化进程中，欧盟领导人必须吸取教训，时时了解和体察民意，在规划欧盟百年大计时，关注民众眼前的切身利益。

爱尔兰全民公决成功的多种因素*

爱尔兰在去年否决《里斯本条约》近16个月后，于今年10月2日再次举行全民公决，在整个欧洲的密切关注中，以67.1%的支持票通过了这个旨在推进欧盟改革的宪法性条约，向《里斯本条约》正式生效迈出了“重要一步”。《里斯本条约》获得绝对多数支持而成功过关，其中有多种因素发挥了作用。

一、欧盟的保证为爱尔兰第二次全民公决清除了障碍

2008年6月12日，爱尔兰以53.4%的反对票否决了《里斯本条约》，这让爱尔兰政府面临一场政治危机，也引发欧盟内部分歧，打乱了欧盟改革的全盘计划，欧盟制宪进程再次陷入困境。新芬党领袖亚当斯说，“《里斯本条约》已经告终”，然而欧盟领导人没有轻易放弃。欧

* 原载于《学习时报》2009年10月19日。

盟已经为《里斯本条约》投入了“大量的政治资本”，不愿重起炉灶。欧盟委员会主席巴罗佐指出，没有替代《里斯本条约》的“B 计划”，但爱尔兰排除了举行第二次公决的可能。在欧洲一体化进程中，每一次重大进展之前几乎都会遭遇麻烦，但欧盟成员国总是能够经过争执而相互妥协，最终化解危机，走出困境。丹麦 1992 年全民公决否决了《马斯特里赫特条约》，爱尔兰 2001 年全民公决否决了《尼斯条约》，都造成了严重危机，但后来都通过成员国相互妥协，再次举行公投，最终使条约得以通过。对于爱尔兰这一次全民公决失利，欧盟领导人采取相当低调的处理方式，称之为“意外”而非“危机”，在表示尊重爱尔兰民众选择的同时，试图避免出现更大的危机，并且努力寻求挽救《里斯本条约》的途径。

一年多来，欧盟领导人展开频繁的外交行动，进行广泛的磋商，与爱尔兰协调立场，讨论有关《里斯本条约》的解决方案。去年 6 月 19 日，欧盟布鲁塞尔首脑会议开始商讨处理《里斯本条约》危机的对策。12 月的欧盟首脑会议讨论《里斯本条约》的前途问题，爱尔兰总理考恩提出本国民众在有关税收、堕胎、社会政策、中立地位等问题上的疑虑。今年 6 月 19 日，欧盟布鲁塞尔首脑会议作出重大让步，成员国领导人一致作出“具有法律效力的决定”，保证《里斯本条约》生效后，爱尔兰的某些政策不会受到影响。欧盟委员会主席巴罗佐在新闻发布会上表示，爱尔兰政府所提出的一切要求都得到了满足，相信在不久后该国举行的第二次全民公决中，《里斯本条约》一定能够获得通过，从而为扩大后的欧盟的正常运作提供保障。爱尔兰总理考恩表示，欧盟已承诺给予爱尔兰法律方面的保障，回答了爱尔兰民众对《里斯本条约》的疑虑。他确信欧盟所做的承诺，宣布爱尔兰将于 10 月上旬就《里斯本条约》举行第二次全民公投，呼吁爱尔兰人民批准这一条约。

欧盟的保证“不仅适用于欧盟所有成员国，而且未对《里斯本条约》原先的版本进行丝毫改动，因此那些已批准该条约的国家无须履行新的审批程序”。这些保证打破了僵局，清除了爱尔兰再次举行全民公决的障碍，并且有助于打消爱尔兰民众的疑虑。其实，《里斯本条约》反映了欧盟各国政府加快欧盟内部改革的强大政治意愿，在很大程度上体现了各方的共同利益。爱尔兰人并非真正希望脱离欧盟，而是要成为欧洲中心的一部分。

二、金融风暴和经济衰退促使爱尔兰人改变立场

恶劣的经济形势是促使爱尔兰民众在有关《里斯本条约》的问题上改变态度的主要原因。爱尔兰是一个只有 400 多万人口的小国，而 2008 年全球性金融危机使小国经济的脆弱性暴露无遗。爱尔兰这个“翡翠之岛”在金融风暴中遭受重创，成为第一个进入经济衰退的欧元区国家。爱尔兰本来是欧洲最具经济活力、最富裕的国家之一，2007 年人均 GDP 达到 58883 美元，在欧盟国家中仅次于卢森堡，在世界上居第 5 位。爱尔兰人非常清楚，爱尔兰经济过去几十年的快速发展，在很大程度上得益于欧盟统一大市场和欧盟的大量经济援助。“欧洲派”也长期占上风，然而在这场金融风暴到来之前，既得利益难以抵消对欧盟改革的忧虑，爱尔兰第一次全民公决还是否决了为欧盟改革铺路的《里斯本条约》。

金融危机爆发以来，爱尔兰工业生产下降，服务业增长缓慢，零售

业陷入困境，资本投资持续减少，进出口贸易双双下降，失业率急剧飙升，财政赤字大幅增加，国家竞争力急剧下滑。爱尔兰政府采取了一系列措施，但没有改变经济持续下滑的态势。2008 年爱尔兰 GDP 萎缩 2.3%。经济学家吉姆·鲍尔预计 2009 年经济下滑 6.6%。爱尔兰经济社会总和研究所发表的数据显示，爱尔兰经济在 2008 年至 2010 年间将萎缩 11.6%。此时，欧盟发挥了积极作用：欧盟的统一大市场和共同货币欧元使成员国免于陷入贸易战和汇率战；成员国联手推出 1 万多亿欧元的救市措施，在一定程度上提振了市场信心。欧盟批准爱尔兰 35 亿欧元的银行援助计划，使深陷困境的爱尔兰银行免于破产，也有助于爱尔兰对抗严重的经济危机。

在这场经济危机中，民众最直接的感受是生活水平下降、负债上升和偿债能力下滑，最担心的问题是失业，最关心的议题是经济增长。爱尔兰总理考恩认为，“现实将告诉我们，在经济危机中，作为欧盟群体中的一员远比单独求生容易得多”。尽管爱尔兰民众对考恩政府的表现极为不满，但是越来越多的人认识到爱尔兰作为欧盟成员国的重要性，认同政府支持《里斯本条约》的立场。爱尔兰在很大程度上要靠欧盟的支持和援助才能摆脱经济困境，要对抗经济衰退和保持未来繁荣发展就不能游离于欧洲之外，毕竟这是一个以出口外向型经济为特征的国家，2/3 的就业依赖于同欧盟各国的贸易。爱尔兰的未来取决于欧盟的发展，而支持《里斯本条约》有助于重建国家信誉，并且带来投资和就业机会。金融危机爆发以来的一系列民意调查显示，支持《里斯本条约》的人数逐渐上升，而反对者的比例不断下降。

三、广泛深入的宣传及便利措施大幅提高投票率

支持派吸取了上次全民公决时的教训，采取多种方式加强对《里斯本条约》的宣传。爱尔兰政府，几乎所有的主要政党，包括执政党和在野党，以及雇主协会、工会和农协，都积极参与宣传《里斯本条约》。爱尔兰政府利用报刊、电视、互联网详细介绍欧盟机构的组成和职能，解释《里斯本条约》的内容和全民公决的目的；说明欧盟扩大后进行改革的必要性，表明更透明、更民主的欧盟体制符合爱尔兰人民和所有欧盟人民的利益；解答民众关心的问题，澄清民众担心的问题与传言，同时强调欧盟已经满足了爱尔兰提出的全部要求。爱尔兰政府还与企业合作，邀请摇滚歌星、体育明星吸引民众，提高宣传效果。

投票率大幅提高是《里斯本条约》获得通过的直接原因。《里斯本条约》在爱尔兰第一次全民公决中受挫，一个重要因素是投票率过低，只有 53.1% 的爱尔兰人参加投票：犹豫不决者不去投票，支持者没有都去投票，而反对者是最积极的投票者。这样的投票率没有反映大多数民众的意见。在第二次全民公决中，欧盟对爱尔兰的承诺，恶劣的经济形势，广泛深入的宣传活动，使一些人转入支持派阵营，也使潜在的支持者积极参与投票。为了提高投票率，政府还设法为民众投票提供各种便利。政府在鼓励民众亲自前往投票站投票的同时，还允许人们通过邮寄的方式投票，让病患和残障人士在所在的医院或养老院里投票，让社会工作者陪同或协助有视力障碍和读写困难的人投票。这些措施显然有助于提高投票率。

在这次全民公决中，都柏林及其他城市的投票率明显高于去年，中产阶级的投票率也比较高，而不去投票的人中包括一些仍然担心禁止堕

胎法受冲击的天主教徒、一些因经济危机而失业的工人以及担心补贴减少的农民。由于爱尔兰人比较积极地参与，这次全民公决的投票率达到59%，并且以67.1%的多数通过了《里斯本条约》。这一结果在爱尔兰乃至整个欧洲引来一片欢呼声和感谢声。而反对派领导人甘利除了表示失望以外，也不得不承认，这显然是支持派阵营的压倒性胜利。

爱尔兰第二次全民公决及其后的欧盟局势[*]

10月2日，爱尔兰就《里斯本条约》再次举行全民公决，181万多人在43个选区投票，以67.1%的支持票通过了这个旨在推动欧洲一体化进程的条约。爱尔兰第二次全民公决的成功，消除了《里斯本条约》批准过程中的一大障碍，并且有助于解决其他剩余的问题，使《里斯本条约》年内正式生效成为可能。欧盟迈过了这道坎，将开始新一轮的深化和扩大，进一步朝准联邦式国家的方向发展。

一、《里斯本条约》的由来与挫折

《里斯本条约》是欧盟制宪进程中的一项重要成果，是在被抛弃的《欧盟宪法条约》的基础上修改而成。这个里程碑式的重要法律文件，旨在改革欧盟机构、运行体制和决策程序，保证欧盟运作更有效率、更加透明、更加民主，避免欧盟陷入机构庞大、运转失灵、议而不决的

* 原载于《当代世界》2009年第11期。

困难局面，推进欧洲一体化进程。但是它的制定和批准过程却是一波三折。

《里斯本条约》不带“宪法”字眼，没有欧盟宪法的地位，但保留了《欧盟宪法条约》的绝大部分内容。《里斯本条约》反映了欧盟各国政府加快欧盟内部改革的强大政治意愿，在很大程度上体现了各方的共同利益。按照计划，《里斯本条约》在2008年内由各成员国批准，2009年1月1日生效。对于《里斯本条约》如期生效，27个成员国政府都表现出“志在必得”的决心。为了顺利完成批准程序，26个成员国决定采取议会审批方式，唯有爱尔兰因本国宪法要求把每个有关外交的国际条约都写入宪法修正案，不得不举行全民公决。然而，天有不测风云，2008年6月12日《里斯本条约》在爱尔兰这个占欧盟总人口不到1%的“小国”的全民公决中翻了船。

当时，整个欧洲都在密切关注爱尔兰支持派和反对派之间的激烈较量。支持派包括爱尔兰的主要政治力量，反对派只有极端民族主义政党新芬党和几个小党。支持派认为，《里斯本条约》的改革措施是应对欧盟急剧扩大的关键之举，符合爱尔兰和整个欧盟的利益。铁杆反对派不占多数，但宣传鼓动的声势很大。他们的反对理由主要是《里斯本条约》侵犯爱尔兰的国家主权，损害国家利益和民族特性，削弱爱尔兰制定税收、禁止堕胎等各种特定政策的独立权利，危害爱尔兰一贯奉行的中立地位。普通民众并不真正了解《里斯本条约》的具体内容。2008年6月12日，许多人反应淡漠，不去投票，但也有不少人通过投票来宣泄他们对欧盟扩大的恐慌、对条约的疑虑以及对社会现状的不满。在6月13日这个“黑色星期五”，全民公决结果正式揭晓，以53.4%对46.6%的比例（86.24万反对票对75.25万支持票）否决了攸关欧盟改革与发展的《里斯本条约》。也就是说，这个人口仅有420多万的小国，否决了关乎欧盟近5亿人口未来命运的条约，86万多爱尔兰人的选择使欧盟成员国几年来努力推进的制宪进程再次遭遇重挫，打乱了欧盟改革的全盘计划，引起整个欧洲的强烈震动。

二、爱尔兰第二次全民公决成功的因素

爱尔兰在否决《里斯本条约》16个月后，再次举行全民公决，同样在整个欧洲的密切关注中，这个条约终于获得绝对多数支持而成功过关。爱尔兰第二次全民公决中作出截然不同的选择，自然有多方面的原因。

（一）欧盟的保证为爱尔兰举行第二次全民公决扫除了障碍

爱尔兰全民公决否决了《里斯本条约》，使爱尔兰政府面临一场政治危机，也在欧盟内部引发分歧。然而欧盟成员国每次在遇到麻烦时总能经过争执而相互妥协，最终化解危机，走出困境。

1年多来，欧盟领导人展开频繁的外交行动，努力拯救《里斯本条约》。去年6月19日，欧盟布鲁塞尔首脑会议开始商讨处理《里斯本条约》危机的对策。12月的欧盟首脑会议讨论《里斯本条约》的前途问题。2009年6月19日，欧盟布鲁塞尔首脑会议作出重大让步，各国领导人一致作出“具有法律效力的决定”，保证《里斯本条约》生效后，爱尔兰的某些政策不会受到影响。爱尔兰总理考恩表示，欧盟已承诺给予爱尔兰法律方面的保障，回答了爱尔兰民众对《里斯本条约》的

疑虑。他确信欧盟所作的承诺，宣布爱尔兰将于10月上旬就《里斯本条约》举行第二次全民公决，呼吁爱尔兰人民批准这一条约，以便欧盟能继续前行。

欧盟的保证“不仅适用于欧盟所有成员国，而且未对《里斯本条约》原先的版本进行丝毫改动，因此那些已批准该条约的国家无须履行新的审批程序”。这些承诺打破了僵局，清除了爱尔兰再次举行全民公决的障碍，并且对爱尔兰人转变立场发挥了重要作用。其实，爱尔兰人也并非真正希望脱离欧盟，而是要成为欧洲中心的一部分。

（二）金融风暴和经济衰退是促使爱尔兰人改变立场的主要原因

恶劣的经济形势是促使爱尔兰民众在有关《里斯本条约》的问题上改变态度的主要原因。2008年全球性金融危机使小国经济的脆弱性暴露无遗。爱尔兰这个“翡翠之岛”在金融风暴中遭受重创，成为第一个进入经济衰退的欧元区国家。爱尔兰本来是欧洲最具经济活力、最富裕的国家之一，2007年人均GDP达到58883美元，在欧盟国家中仅次于卢森堡，在世界上居第5位。然而自金融危机爆发后，爱尔兰工业生产下降，服务业增长缓慢，零售业陷入困境，房地产市场持续不景气，资本投资持续减少，进出口贸易双双下降，通货膨胀居高不下，国家竞争力急剧下滑，失业率急剧飙升，财政赤字大幅增长，这是近25年来爱尔兰经济的首次衰退。爱尔兰政府采取了一系列措施，包括保银行、振信心、扩投资、降利率等，但是未能改变经济持续下滑的态势。2008年爱尔兰国内生产总值萎缩2.3%。经济学家吉姆·鲍尔预计2009年经济下滑6.6%。爱尔兰经济社会总和研究所发表的数据显示，爱尔兰经济在 2008 年至 2010 年间将萎缩 11.6%。[①] 欧盟此时发挥了积极作用：欧盟的统一大市场和共同货币欧元使成员国免于陷入贸易战和汇率战，有利于爱尔兰经济稳定；成员国联手推出 1 万多亿欧元的救市措施，在一定程度上提振了市场信心；欧盟批准爱尔兰 35 亿欧元的银行援助计划，使深陷困境的爱尔兰银行免于破产，也使爱尔兰经济形势不致进一步恶化。

在这场经济危机中，民众最直接的感受是生活水平下降、负债上升和偿债能力下滑，最担心的问题是失业，最关心的议题是经济增长。爱尔兰总理考恩认为，“现实将告诉我们，在经济危机中，作为欧盟群体中的一员远比单独求生容易得多”。尽管爱尔兰民众对考恩政府的表现极为不满，但是越来越多的爱尔兰人认识到爱尔兰作为欧盟成员国的重要性，认同政府支持《里斯本条约》的立场。爱尔兰在很大程度上要靠欧盟的支持和援助才能摆脱经济困境，要对抗经济衰退和保持未来繁荣发展就不能游离于欧洲之外，毕竟这是一个以出口外向型经济为特征的国家，2/3 的就业依赖于同欧盟各国的贸易。金融危机爆发以来的一系列民意调查显示，支持《里斯本条约》的人数逐渐上升，而反对者的比例不断下降。

（三）广泛深入的宣传对爱尔兰人的心理产生一定作用

支持派吸取了上次全民公决时的教训，采取多种方式加强对《里斯本条约》的宣传。爱尔兰政府，几乎所有的主要政党，包括共和党和绿党这两个执政党，统一党和工党等在野党，以及雇主协会、工会和农

---

① 根据中国驻爱尔兰经商参处的材料整理。

协，都积极参与宣传《里斯本条约》，向人们解释《里斯本条约》的内容。爱尔兰政府还利用报刊、电视、互联网全面介绍欧盟机构的组成和职能，详细解释《里斯本条约》的内容和全民公决的目的；说明欧盟扩大后进行改革的必要性，表明更透明、更民主的欧盟体制符合爱尔兰人民和欧盟人民的利益；解答民众关心的问题，澄清民众担心的问题与传言，同时强调欧盟满足了爱尔兰提出的全部要求。爱尔兰政府还与企业合作，邀请摇滚歌星、体育明星吸引民众，提高宣传的效果。

许多社会团体和民间组织深入基层进行宣传，许多企业纷纷资助宣传活动。爱尔兰雇主协会（IBEC）声称《里斯本条约》得以通过对该国经济的复苏至关重要。86% 的企业表示支持《里斯本条约》，高达 89% 的出口类企业相信批准《里斯本条约》有利于扩大爱尔兰产品出口和提高就业，98% 的雇主认为，爱尔兰作为欧盟成员国对于其企业发展具有重要意义。一些工商界领袖打破往日的沉默，表态支持《里斯本条约》。例如，欧洲瑞安航空总经理奥雷莱拿出 50 万欧元，发起支持《里斯本条约》的宣传活动和广告。

与此同时，反对派也在大造声势。新芬党在全国各地张贴 9000 幅海报，声称《里斯本条约》本身没有什么变化，只会加重爱尔兰现有的经济危机；欧盟的所谓保证并无法律效力，不过是政客蒙蔽选民的惯用伎俩，劝说民众继续对《里斯本条约》说“不”。还有一些社会团体则指出，《里斯本条约》只看重商业利益，并不关注普通民众的福祉，特别是一些社会问题，呼吁民众继续拒绝《里斯本条约》。

支持派与反对派的针锋相对一直持续到了投票当日。尽管多项民意调查显示，《里斯本条约》的支持率超过半数，但支持派始终不敢稍有懈怠。政府官员和一些政党领袖甚至发出警告，如果爱尔兰继续拒绝《里斯本条约》，爱尔兰将会陷入孤立，可能导致外资大量出逃，危及欧洲中央银行对爱尔兰银行系统的资金救助计划，减少就业岗位，影响整个经济大局。支持派的宣传显然促使一些人改变了立场，并且减少了以反对票来发泄对政府不满的人数。大多数爱尔兰人相信，爱尔兰应当继续作为欧盟大家庭的一员，《里斯本条约》对爱尔兰利大于弊。根据投票结果计算，约有20.5%去年投了反对票的人改投了赞成票。反欧洲一体化团体“人民运动”领导人帕特丽夏·麦克纳认为，“赞成票”游说团体熟练利用民众的经济恐惧。

（四）投票率大幅提高是《里斯本条约》获得通过的直接原因

2008年《里斯本条约》在爱尔兰全民公决中受挫，一个重要因素是投票率过低，只有53.1%的爱尔兰公民参加投票：犹豫不决者不去投票，支持者没有都去投票，而反对者是最积极的投票者。这样的投票率没有反映出大多数民众的意见。欧盟对爱尔兰的承诺、恶劣的经济形势和广泛深入的宣传活动，使一些人转入支持派阵营，也使潜在的支持者积极参与投票。为了提高投票率，政府还设法为民众投票提供各种便利。政府在鼓励民众亲自前往投票站投票的同时，还允许人们通过邮递的方式投票，让病患和残障人士在所在的医院或养老院里投票，让社会工作者陪同或协助有视力障碍或者读写困难的人投票。政府的这些措施显然有助于提高投票率。

在这次全民公决中，都柏林及其他城市的投票率明显高于2008年，中产阶级的投票率也比较高，而不去投票的人中包括一些仍然担心禁止堕胎法受冲击的天主教徒、一些因经济危机而失业的工人以及担心补贴减少的农民。由于爱尔兰人比较积极地参与，这次全民公决的投票率达到59%，并且以67.1%的压倒性多数通过了《里斯本条约》。反对派领导人甘利表示失望，并且认为“我们犯了一个错误”，但是他也不得不承认，这显然是支持派阵营的压倒性胜利。

三、爱尔兰全民公决成功的影响

《里斯本条约》在爱尔兰全民公决中获得通过，为处境艰难的爱尔兰总理考恩减轻了压力，也使欧盟领导人深感欣慰。一年多以前，反对派把公布爱尔兰全民公决结果的6月13日称为“好日子”“伟大和愉快的一天”。而一年多以后，在爱尔兰全民公决成功的这一天，欧洲到处是“美好的一天”“伟大的一天”“欧洲的好日子”之类的欢呼声。爱尔兰全民公决的结果有助于消除最后的障碍，使《里斯本条约》可能在年内正式生效。

（一）波兰总统兑现其承诺

波兰总统卡钦斯基一直对《里斯本条约》持保留态度，尚未正式签署条约，爱尔兰全民公决的结果给他带来了压力。波兰自2004年5月1日正式加入欧盟以来，得到了欧盟的大量援助，但是卡钦斯基仍对欧盟的发展趋势感到忧虑，担心《里斯本条约》的实施会削弱国家主权。卡钦斯基曾参加《里斯本条约》文本内容的谈判，并且于2007年代表波兰签署了《里斯本条约》，但是在波兰参众两院2008年4月1日和2日先后通过《里斯本条约》后，卡钦斯基却迟迟不肯签字，其理由是爱尔兰全民公决拒绝了《里斯本条约》，他是否签署条约已经毫无意义。

2009年1月23日，波兰众议院通过决议敦促卡钦斯基尽快签署

《里斯本条约》，而卡钦斯基重申波兰不会成为欧盟通过《里斯本条约》进程中的障碍，但还是拒绝签署条约，把德国和爱尔兰批准条约作为他签字的先决条件。他表示，如果爱尔兰第二次全民公决通过《里斯本条约》，他将马上签署条约完成批准程序。如今爱尔兰第二次全民公决通过了《里斯本条约》，卡钦斯基在签字问题上已无可推诿。10 月 10 日，卡钦斯基兑现了他的承诺，终于在波兰总统府举行的签字仪式上签署了《里斯本条约》。卡钦斯基强调，《里斯本条约》的通过将给欧盟带来“质的变化”，但欧盟仍然是“主权国家的联盟”，波兰也始终是一个主权国家。欧盟轮值主席国瑞典首相赖因费尔特、欧盟委员会主席巴罗佐和欧洲议会议长布泽克等欧盟领导人亲自出席卡钦斯基的签字仪式，既是为了显示隆重，也是对捷克间接施压。

（二）捷克总统可能妥协

捷克总统克劳斯曾说过，他将是最后一个对批准《里斯本条约》作决定的人。现在，他的确成为唯一没有签署条约的总统了。《里斯本条约》的命运似乎掌握在克劳斯总统一人的手里，但内外的压力也落在这位以“疑欧派”著称的总统身上。捷克是 2005 年加入欧盟的 10 个国家之一，也在欧盟援助以及经贸方面得到了一些实惠。但是克劳斯一直对欧盟的发展模式持怀疑和批评态度，指责《里斯本条约》赋予欧盟太多权力，侵犯成员国的民族特性和国家主权。前任总理托波拉内克赶在卸任之前，推动捷克众议院和参议院分别于 2009 年 2 月 18 日和 5 月 6 日通过了《里斯本条约》。克劳斯则认为“参议院通过《里斯本条约》是个悲剧性错误”，拒绝签署《里斯本条约》，也把爱尔兰批准《里斯本条约》作为他签字的先决条件。尽管捷克宪法法院曾于 2008 年 11 月 26

日作出《里斯本条约》符合捷克宪法的裁决，但克劳斯又授意一些参议员于2009年9月29日再次要求宪法法院审查《里斯本条约》是否违宪。

爱尔兰第二次全民公决的结果公布后，克劳斯拒绝说明他是否将签署《里斯本条约》，只是表示他要等待宪法法院的裁决。波兰总统签署《里斯本条约》后，克劳斯出人意料地提出了签署《里斯本条约》的新条件：他希望在签字批准条约前，在作为《里斯本条约》组成部分的《欧盟基本权利宪章》里增加对捷克的豁免条款，以确保第二次世界大战后从纳粹德国侵吞的苏台德地区驱逐德国人并没收其全部财产的贝奈斯法令继续有效，避免被驱离的德国人来追索当时被没收的财产。其实，《里斯本条约》和贝奈斯法令没有什么关系，克劳斯不过是为《里斯本条约》生效设置新障碍。

克劳斯以保护公民财产为由来阻挠《里斯本条约》，得到一些国民的支持，但是也遭到国内外的反对。一些成员国的领导人，几乎毫不掩饰他们对克劳斯拖延签字的不满，公开批评克劳斯。法国总统萨科齐警告说，如果克劳斯继续拖延，拒不签署《里斯本条约》，捷克将为此承担“后果”。在捷克国内，执政党内在批准《里斯本条约》问题上出现严重分歧。现任总理菲舍尔对克劳斯的表态表示遗憾，认为推迟批准《里斯本条约》将对捷克在欧盟的地位和影响力产生消极后果，呼吁克劳斯尽快签署《里斯本条约》。反对党毫不客气地批评克劳斯，认为他的行为伤害了捷克，甚至有人要求克劳斯总统辞职。一些政治家、专家和学者纷纷表态，批评克劳斯总统的担心是多余的，希望捷克尽快完成批准程序。现在的民意调查显示，超过半数的捷克人支持批准《里斯本条约》。根据捷克宪法，总统只是名义上的国家元首。捷克参众两院已经批准了《里斯本条约》，克劳斯几乎没有权力拒绝签署。按照欧盟委员会主席巴罗佐的说法，克劳斯是由议会选举出来的，他不尊重议会的决定将是个大矛盾。因此，国内外出现了有关罢免克劳斯总统的议论，尽管罢免总统并非一件容易的事。

在《里斯本条约》即将正式生效的最后关头，欧盟领导人针对克劳斯的要求进行磋商，寻求最有效、可行的办法。最终各方还是会达成妥协，克劳斯除了签署条约以外，似乎别无选择，克劳斯本人也承认无法阻止《里斯本条约》最终生效。实际上，克劳斯反对《里斯本条约》，是担心欧盟发展的超国家趋势，并不是要捷克退出欧盟。

在欧盟各国，从来不乏“疑欧派”，而且还有相当大的力量，但是爱尔兰第二次全民公决的成功，对“疑欧派”是一个沉重打击，意味着《里斯本条约》正式生效即将成为现实。随着《里斯本条约》的实施，欧盟从《尼斯条约》时代走向《里斯本条约》时代，欧洲一体化深入发展的趋势已不可阻挡。欧盟内部的争论仍然会继续下去，但是欧盟将以更强的行动能力应对各种挑战，在世界舞台上发挥更重要的作用。

欧盟进入一个新时代*

在一片呼吁和批评声中，经过反复磋商和相互妥协，捷克总统克劳斯终于在11月3日签署了《里斯本条约》。欧盟及其成员国领导人如释重负，西方媒体则将这一天称为欧盟具有历史意义的日子。27个成员国全部完成了《里斯本条约》的批准程序，《里斯本条约》将于年内正式生效，欧盟将进入一个重大变革的新时代。

一、最后的障碍

爱尔兰第二次全民公决通过《里斯本条约》后，波兰总统卡钦斯基兑现了他的承诺，于10月10日签署了《里斯本条约》。捷克总统克劳斯也曾把爱尔兰批准《里斯本条约》作为他签字的先决条件，但此

* 原载于《学习时报》2009年11月30日。

时他除了表示尊重爱尔兰全民公决结果，拒绝说明他是否签署《里斯本条约》，只是表示要等待捷克宪法法院的裁决。克劳斯成了唯一没有签署条约的总统，捷克成为 27 个成员国中唯一没有完成批准程序的国家。

为了使《里斯本条约》在年内生效，欧盟领导人敦促捷克总统尽快签署条约。克劳斯出人意料地提出签署《里斯本条约》的新条件：欧盟应在《里斯本条约》中增加补充条款，使捷克在《欧盟基本权利宪章》某项条款方面享有与英国和波兰同样的豁免权，以确保第二次世界大战后从纳粹德国侵吞的苏台德地区驱逐德国人并没收其全部财产的贝奈斯法令继续有效，确保捷克公民的财产不受损失。克劳斯的首席政治顾问亚克勒表示："如果捷克的条件没有得到满足，总统将不会签署这项条约。"

克劳斯以"疑欧派"著称，一直对欧盟的发展模式持怀疑和批评态度，曾公开批评欧盟追求一体化的目标可能是悲剧性错误，会对欧盟国家经济增长产生负面影响。克劳斯指责《里斯本条约》赋予欧盟太多权力，侵犯成员国的民族特性和国家主权。对于爱尔兰第一次全民公决否决《里斯本条约》的结果，克劳斯称赞为"自由和理智战胜人为精英工程和欧洲官僚主义的胜利"。捷克宪法法院曾于去年 11 月 26 日作出《里斯本条约》不违反捷克宪法的裁决，但克劳斯认为宪法法院的裁决多半是政治性的，而不是严格意义上的法律裁决。今年上半年，捷克担任欧盟轮值主席国，克劳斯拒绝在官邸外悬挂欧盟旗帜，拒绝担任欧盟峰会主席。捷克众议院和参议院分别于 2 月 18 日和 5 月 6 日通过《里斯本条约》，克劳斯则认为这是"悲剧性错误"。他表示，只有在爱尔兰通过这一条约后他才会签字。在克劳斯的授意下，一些参议员于9月29日再次要求宪法法院审查《里斯本条约》是否符合捷克宪法。

二、内外的压力

《里斯本条约》的命运似乎掌握在克劳斯总统一人的手里，但是来自欧盟及其成员国、国内反对党乃至执政党内部的多重压力也落在这位总统身上。欧盟及其成员国领导人以各种方式向捷克施压，呼吁克劳斯尽快签署《里斯本条约》。对于克劳斯提出的新条件，欧盟轮值主席国瑞典首相赖因费尔特10月10日明确指出，这是在错误的时间向外界释放出的一个错误信息。赖因费尔特说，“捷克共和国依然需要通过总统克劳斯签字来完成条约的批准程序。欧盟国家在急切地盼望着这一时刻，我们不想这一程序被继续延迟”。10月13日欧盟委员会主席巴罗佐表示，捷克应尽快履行承诺批准《里斯本条约》，“在这一问题上继续拖延对包括捷克共和国在内的有关各方都没有好处”。

在捷克国内，克劳斯的立场得到一些政界人士和国民的支持，但是没有得到政府支持。在是否批准《里斯本条约》问题上，执政党内出现严重分歧。克劳斯总统是捷克公民党的创始人，坚决反对《里斯本条约》，而前总理托波拉内克作为公民党主席，积极推动捷克批准条约。托波拉内克赶在卸任之前，推动众参两院通过了《里斯本条约》，而克劳斯不肯签署条约。现任政府也不支持克劳斯的新条件。捷克总理菲舍尔认为推迟批准《里斯本条约》将对捷克在欧盟的地位和影响力产生消极后果，公开呼吁克劳斯尽快签署《里斯本条约》。10月12日捷克内阁召开紧急会议，菲舍尔总理和内阁部长一致认为《里斯本条约》不会对贝奈斯法令产生追溯效力。菲舍尔表示要通过谈判解决问题，“我要解决他的错误”。捷克的一些主要政党和多数政治家毫不客气地批评克劳斯，认为他的行为伤害了捷克，严重损害了捷克在欧盟内的威信，要求克劳斯尽快批准条约，甚至有人要求克劳斯总统辞职。一些专家和学者纷纷表态，批评克劳斯总统的担心是多余的，希望捷克尽快批准《里斯本条约》。民意调查显示，超过半数的捷克人支持批准《里斯本条约》。

克劳斯的固执使捷克国内面临一场宪法危机。根据捷克宪法，克劳斯是名义上的国家元首。捷克参议院和众议院已经批准《里斯本条约》，克劳斯几乎没有权力拒绝签署这个条约。克劳斯是由议会两院选举出来的，他不尊重议会的决定将是个大矛盾。对此，捷克宪法专家提出了几种解决办法，其中包括由议会指控克劳斯违反捷克民主程序，对其进行弹劾。

三、妥协的结果

为了消除最后的障碍，欧盟采取磋商、谈判的方式，争取各方达成妥协。欧盟领导人展开密集的斡旋行动。欧盟轮值主席国瑞典首相赖因费尔特发挥了积极作用，一方面派遣特使同捷克政府和捷克总统保持密切接触和商谈，另一方面与其他欧盟成员国针对克劳斯的要求进行磋商，共同寻求最有效、可行的办法。捷克总理菲舍尔与总统克劳斯就补充条款的具体内容进行磋商，提出克劳斯总统在各项要求得到满足后将保证签署《里斯本条约》。

10月29日，在欧盟布鲁塞尔峰会上，27国领导人一致同意欧盟将“以一种令捷克及其邻国都能接受的方式”，让捷克在履行《欧盟基本权利宪章》方面享有一定豁免权，贝奈斯法令在《里斯本条约》生效后继续有效。欧盟峰会的这一决定，为《里斯本条约》生效清除了最后一个政治障碍。捷克总统克劳斯10月30日发表声明，对欧盟峰会同意捷克提出的条件表示欢迎，表示这是可能取得的最大成果，他不会为批准《里斯本条约》再提出任何新的条件。

捷克宪法法院10月27日公开审理《里斯本条约》是否违宪。11月3日，宪法法院15名法官一致裁定《里斯本条约》不违反捷克宪法。这一裁决为《里斯本条约》生效清除了最后一个法律障碍，使克劳斯失去了拒绝签署《里斯本条约》的最后一个理由。克劳斯于当天下午3时在总统办公室签署了《里斯本条约》。一个小时后，克劳斯在新闻发布会上宣布，他签署了《里斯本条约》。但他批评宪法法院的法官做决定时“太轻率和鲁莽”，法院的裁定也带有政治动机。他不赞成宪法法院决定的内容和论点，但是他尊重宪法法院的这一裁决。

在国内外的多重压力下，在其要求得到满足的情况下，克劳斯除了签署条约以外，似乎别无选择。捷克是2004年5月1日加入欧盟的10个国家之一，在欧盟援助以及经贸方面得到了一些实惠，但克劳斯坚决反对《里斯本条约》，因此被称为最坚决的“疑欧派”。不过，克劳斯本人认为自己是欧盟现实派。克劳斯之所以坚持强烈反对的立场，是因为他认为条约赋予欧盟的权力过大，将推动欧盟接近于联邦国家，将会改变捷克的国际地位，削弱捷克的主权。他不是要捷克退出欧盟，而是认为欧盟应该是一个松散联盟。克劳斯和波兰总统卡钦斯基都认识到《里斯本条约》的生效将给欧盟带来本质性的变化。卡钦斯基在签署条约时说，欧盟仍然是“主权国家的联盟”，波兰也始终是一个主权国家。而克劳斯在签署条约后指出，“捷克将不再是一个主权国家”。克劳斯本人也承认他无法阻止《里斯本条约》最终生效。他说：“这列火车行驶得如此之快、如此之远，不可能像我们许多人希望的那样停止或走回头路。”他的行动不过是在大国主导制定欧盟“游戏规则”的过程中争取小国的发言权。《欧盟宪法条约》制定乃至《里斯本条约》审批中的风波，充分反映出有关欧洲一体化路径选择以及国家利益之间的矛盾。

四、欧盟翻开新的一页

随着捷克总统克劳斯签署条约，欧盟 27 个成员国全部完成批准程序，《里斯本条约》有望 12 月 1 日正式生效，从而结束了这一漫长的立法过程。英国保守党曾试图借助克劳斯的拖延，争取在明年大选上台执政后举行全民公决，把《里斯本条约》推倒重来。而如今尘埃落定，那一企图已成泡影。《里斯本条约》的通过已成事实，开启了欧洲一体化的新时代。

《里斯本条约》的主要目标是改革欧盟组织机构、运行体制和决策程序，保证欧盟运作更有效率、更加透明、更加民主，从而使欧盟以更强的行动能力应对各种挑战，在世界舞台上发挥更重要的作用。《里斯本条约》生效在即，欧盟各方立刻为新设立的职位物色适当人选，即选举近似于“欧盟总统”的欧洲理事会常任主席和近似于“欧盟外长”的欧盟外交和安全政策高级代表。经过激烈竞争，欧盟 27 国领导人最终达成共识，在 11 月 19 日的布鲁塞尔特别首脑会议上一致同意比利时首相赫尔曼·范龙佩和英国籍的欧盟委员会贸易委员凯瑟琳·阿什顿分别担任这两个高级职务。范龙佩和阿什顿这两位国际知名度和影响力并不太高的政治家之所以成为“带领欧洲走向未来的领导人”，是欧盟内部在地缘政治、政党派别、国家利益等方面平衡的结果。但是欧盟毕竟迈出了实施《里斯本条约》的重要一步，有了自己的“总统”和“外长”。

欧盟的未来不会一帆风顺，但它会继续“在曲折中前进”。欧盟会逐步实施有关扩大“特定多数表决制”适用范围、改革欧盟理事会表决制、增加欧洲议会权力等规定，而且新一轮扩大的议题也会提上议事日程。随着《里斯本条约》的实施，欧盟将会发生历史性的变革，会更有效地协调各成员国的意愿，推进欧洲一体化进程，增强凝聚力和行动能力，并且开始展示准联邦的形象，在世界舞台上“用一个声音说话”，对世界格局产生重大影响。

希腊债务危机的背后 *

三个多月来，希腊债务危机一直困扰着欧洲。直到 3 月 25 日，在“欧元区有史以来的第二次峰会”上，欧元区 16 国领导人终于通过了《欧元区国家和政府首脑声明》，决定在必要时与国际货币组织联手救助希腊，向希腊提供贷款。这个协议如同一份“担保书”，希腊可以用来以较低利率融资，避免债务违约。希腊债务危机有所缓解，欧元汇率反弹回升。但是希腊债务危机的阴影并未散去，融资利率仍然居高不下，因为引发这场危机的因素还没有消除。

一、希腊信用的丧失

希腊是欧元区的一个小国，经济总量只占欧元区的 2.5%，财政赤字和公共债务超标问题早已存在，然而在欧盟经济经历金融危机而出现复苏之际，希腊债务危机突然爆发，进而引发欧元危机，使欧盟经济遭到重

* 原载于《学习日报》2010 年 5 月 10 日。

创。这场债务危机实际上是在内外因素作用下形成的一场主权信用危机。

希腊的GDP不过2500多亿欧元，公共债务几乎高达3000亿欧元。欠债总是要还的，还要付出不断增加的利息，而且随着欧元贬值，希腊要用更多的欧元来偿还美元等外币债务。希腊2010年约需融资550亿欧元，其中4月和5月至少需要200亿欧元来偿还到期债务，否则将陷入债务违约或破产的困境。投资者出于对希腊经济前景的担心，纷纷卖空希腊国债，致使希腊股票和债券市场大跌。希腊政府不能再把债券作为抵押品从欧洲央行获得优惠贷款，而希腊政府债券投资风险上升，导致融资困难和成本提高。葡萄牙、西班牙、意大利和爱尔兰等欧元区成员国同样债务负担沉重，财政状况恶化，因此投资者担心希腊债务危机引起多米诺骨牌效应，对欧元信用也产生怀疑。国际炒家趁机推波助澜，沽空欧元套利，致使欧元汇率急转直下。短短两个多月，欧元对美元汇率跌幅超过10%。

希腊政府为应对债务危机，努力重建信誉，一方面采取削减财政赤字的措施，另一方面求助于欧盟救援。希腊政府1月15日向欧盟委员会提交2010—2013年的财政稳定计划，承诺2010年将财政赤字占GDP的比例削减4%，降到8.7%，之后在2011—2013年再分别降至5.6%、2.8%和2%。由于相关的具体措施没有得到欧盟的充分认可，希腊政府于3月3日又公布了削减48亿欧元开支的新方案和新增税政策，其中包括更大幅度削减公务员津贴，冻结一年养老金，进一步增加燃油税，增加增值税，征收更高的奢侈品关税，等等。

由于欧盟现有条约的约束，欧盟和欧元区内部在是否援助希腊、如何援助希腊的问题上存在严重分歧。尽管媒体传出欧盟在酝酿总计250亿欧元的救助计划，但是欧盟拒绝为希腊债务提供担保或其他融资便利，只是敦促希腊最大限度地采取“自救措施”，大幅削减其财政赤字。欧盟和欧洲央行迟迟不拿出救助希腊的具体方案，媒体炒作希腊财政困难和社会混乱，投资者怀疑希腊政府财政稳定计划的可行性，于是希腊债务危机恶化，欧元危机加剧。

二、扩张性财政政策和金融危机的影响

希腊经济的结构性缺陷和过度扩张性的公共财政政策，造成财政收支长期失衡，为希腊债务危机埋下了隐患，而国际金融危机严重冲击希腊经济，造成公共债务急剧增加，使长期潜在的危机爆发出来。

希腊经济基础比较薄弱，但希腊利用欧盟的大量援助资金，实行扩张性的公共财政政策，促进了经济发展。加入欧元区后，希腊抓住欧元汇率稳定和融资便利的有利时机，利用欧元区低利率政策，大量借入外债，继续实行负债投资策略，刺激经济较快增长。2001 年至 2007 年间，希腊保持 GDP 年均增长近 4%，高于欧盟平均水平。但是，希腊经济增长的 70% 以上是靠借贷拉动的，而且社会工资水平增速一直超过 GDP 增长，每年高于 5%，2008 年甚至高达 8%。工资增长与劳动生产率提高相脱节，削弱了希腊经济的竞争力。在经济相对繁荣的时期，希腊政府没有对财政结构和经济结构进行有效调整，以降低财政赤字和巨额债务。希腊 2004 年借债举办奥运会，留下 91 亿美元的财政缺口，加重了债务负担。10 多年来，希腊财政赤字增加，公共债务占 GDP 的比重长期在 90% 以上。这种财政状况当然易受外部危机的影响。

希腊的经济结构不尽合理，产业门类不够齐全，难以抵御周期性经济衰退的冲击，在国际金融危机中遭到重创。希腊工业基础较弱，技

术水平低，生产效率低，劳动成本高，管理水平落后，工业产值只占GDP的20%多，而国民经济在很大程度上依靠旅游业和航运业。金融危机袭来时，希腊银行业没有过多涉及美国不良资产，没有遭受很大损失，但是工业企业因缺少竞争力而出现出口萎缩，旅游业则因全球经济衰退，收入锐减，而且随着国际贸易降温，航运业降到21世纪初以来的最低水平。同时，希腊政府为应对金融危机的冲击，紧急启动经济刺激计划，投入大量资金救市，以致2009年财政赤字达到GDP的12.7%，公共债务余额从GDP的100%左右骤然上升到近130%，远高于欧盟80%左右的平均水平。但是，希腊GDP出现负增长，经济陷入衰退，延续了十余年的繁荣就此告终。巨额财政赤字和公共债务进一步升高，成为债务危机爆发的重要原因。

三、社会结构和制度以及欧元体制的缺陷

希腊在政府效率、企业效率、基础设施、经济竞争力等方面都存在严重问题，但在欧盟成员国社会福利政策的带动下，逐步建立了高福利的社会保障制度。经济发展速度低于社会福利水平的增长，高福利政策只好通过财政赤字来维持。再加上过于庞大的公务员队伍，以及管理不善的财税体系，使国家财政入不敷出，国家债务负担沉重。这些都是希腊债务危机的深层次原因。

希腊实行从摇篮到坟墓的社会福利制度，但是这种制度缺少坚实的经济基础。希腊失业率常年在10%左右，是欧盟中失业率最高的成员国之一。希腊15—24岁的年轻人中，失业率高达1/3，超过欧盟平均

水平。失业者应得到失业救济，但庞大的失业救济支出对国家财政是一个沉重的负担。希腊人口老龄化严重，并且维持着世界上最昂贵的养老金体系，这是造成财政困难的根本原因之一。希腊老龄人口占总人口的比例高达18.6%，是欧盟人口老龄化程度最高的国家之一。养老金支出约占GDP的15.9%，这在欧盟国家中是最高的。一方面，由于人口老龄化，劳动人口减少，生产产出降低；另一方面，为维护老年人的权益，社会福利支出不断增加。希腊和其他一些欧洲国家一样，国家财政难以支撑目前的养老金体系。

希腊劳动力市场机制僵化，失业率高企，青年就业困难，但是希腊政府维持着一支过于庞大的公务员队伍。希腊公务员数量占全国劳动人口的10%，另外还有养老金管理机构等公共部门的大量从业人员。公务员作为特殊利益群体，工资收入提高更快，造成巨大的财政负担。政府机构和其他公共部门人员臃肿，行政费用攀升，管理水平和工作效率并未提高。与庞大的财政开支相对照，希腊政府在增加财政收入方面似乎无计可施。就税收而言，希腊政府对大量偷税漏税现象管控不严，导致大笔财政收入流失。据估计，希腊灰色经济占GDP的30%左右，每年税收损失至少相当于国内生产总值的4%。希腊财政收入常年维持在GDP的40%，但是由于过度提高工资，维持高水平的养老金等社会福利待遇，国家财政已不堪重负。公共支出逐年增加，只有继续提高财政预算赤字，因此公共债务越积越多。

近年来，希腊历届政府试图整顿财政，把不断膨胀的财政赤字降到欧盟规定的3%以下，但是降低公务员工资、减少失业救济、改革养老金制度、改革财税体系和增加税收的措施遭遇重重障碍。希腊民众习惯了高福利的生活，反对削减福利制度的改革措施。在工会组织的压力下，希腊政府难以推行激进的改革措施。2008 年底爆发全国骚乱的一个主要诱因是希腊政府试图实施改革措施。在当前希腊陷入债务危机的情况下，政府削减预算赤字的努力依然遭遇抵制。希腊民众为抗议大幅削减赤字的措施，已举行了两次全国性大罢工，还有不少行业多次举行罢工和抗议游行。

欧元区体制也不利于希腊摆脱债务危机。欧元区实行统一的货币政策，无法充分照顾欧元区成员国经济发展的差距。关于预算赤字和债务的标准实际上只是软约束。希腊失去了利率与汇率两大工具，只能运用依然保留的财政政策来调节经济。相对低廉的融资成本，助长了希腊财政赤字，而长期实行赤字财政政策的结果必然是沉重的债务负担。在陷入债务危机时，希腊无法通过货币贬值或降低利率等货币政策手段来刺激本国经济，也不能通过通货膨胀的方式缓解偿还债务的压力。在融资方面，希腊面对着市场的制裁。希腊为了得到同等数额的贷款，要付出高得多的利息。希腊发售 50 亿欧元政府债券的利率高达 6.32%，远高于同期德国 10 年期债券 3.12% 的利率。只是由于欧元区救助方案的出台，希腊政府新发售债券的利率才略有下降。

希腊总理对欧元区援助计划表示“非常令人满意”，因为它可以减少市场对希腊的不信任，有助于希腊融资还债。但是，这个援助方案可以缓解但不能从根本上解决希腊债务危机。希腊的宏观经济前景不容乐观，希腊政府的艰巨任务依然是通过紧缩财政的措施来减少债务，重建投资信心，促进经济复苏，同时保持社会稳定。对于其他债台高筑的欧元区成员国来说，情况也是如此。长远地看，希腊只有针对债务危机暴露出的问题，进行全面改革，才能步入良性发展的轨道。欧元区也必须通过改革来消除欧元体制的结构性缺陷。从这种意义上说，希腊债务危机也许会成为欧盟成员国改革的契机。

希腊救助计划及其缘由*

2010年初爆发的希腊债务危机，使希腊处于破产的边缘，也动摇了市场对欧元的信心，引发欧元自1999年诞生以来的第一次严重危机。欧盟在救助希腊的问题上迟迟没有出手，欧元跌势不减，债务危机也呈蔓延之势。经历3个月的博弈，欧元区16国领导人终于在3月25日达成协议，决定向希腊提供救助。欧盟委员会主席巴罗佐说："我极为高兴，我们就希腊问题和欧元稳定达成了这个协议。"

一、欧盟不会放弃希腊

欧盟春季峰会的主要议题是欧盟未来10年经济发展战略和气候变化对策，但是在欧洲理事会常任主席范龙佩、欧盟委员会主席巴罗佐等欧盟领导人不遗余力地推动下，在欧盟轮值主席国西班牙以及法国的联合提议下，希腊债务危机问题成为峰会议程中的第一个议题。在3月

* 原载于《当代世界》2010年第4期。

25日晚间召开的“欧元区有史以来的第二次峰会”上，欧元区16国领导人经过磋商，一致通过了《欧元区国家和政府首脑声明》。这个声明阐述了救助希腊摆脱危机的方案。范龙佩认为这个协议可以使“全体希腊债券持有人放心”，并且表示欧盟不会放弃希腊。

自希腊爆发债务危机以来，欧盟内部在是否救助以及如何救助希腊的问题上一直争论不休。除了要求希腊采取削减财政的措施外，欧盟一直没有作出决定。3月15日和16日，欧元区和欧盟成员国财政部长会议同意必要时向希腊提供财政援助，并且明确了采取协调行动的各种技术方式，但是仍然没有作出关于救助机制和救助办法的决定。西方媒体报道，欧元区成员国可能向希腊提供250亿欧元的双边贷款或贷款担保，但这一说法未能得到任何官方确认。

在这次峰会上讨论救援希腊的问题，可以说是准备充分的，因为各方对这个问题已经进行了很长时间的争论；也可以说是仓促的，因为直到峰会召开之前，还分歧重重，缺少共识。然而，在会前，法国总统萨科齐和德国总理默克尔经过单独会谈，终于统一了意见。欧盟峰会的第一天，德国总理默克尔、法国总统萨科齐、希腊总理帕潘德里欧、欧洲央行行长特里谢和欧洲理事会主席范龙佩专门举行会晤，敲定了救助方案的一些细节。16国领导人一致同意这个方案。范龙佩和巴罗佐连夜召开新闻发布会，宣布这个协议的具体内容。

这个协议首先指出，所有欧元区成员国都必须按照共同议定的规则实施健全的国家政策，都应认识到它们为欧元区经济和财政稳定所承担的共同责任。欧元区成员国支持希腊政府的努力，欢迎希腊政府宣布的足以维护2010年预算目标的额外措施，并且认为希腊政府采取的巩固措施是对提高财政可持续性和市场信任的重要贡献。这个协议指明了救助希腊的方式。根据协议，一旦希腊陷入严重困境，欧元区成员国和国际货币基金组织（IMF）将联手救助希腊，即欧元区国家提供双边贷款，IMF 提供大笔贷款。

按照这种救助方式，希腊将在必要时提出贷款申请，欧元区成员国将依据欧盟委员会和欧洲央行对希腊财政状况的评估，采取一致通过的原则，启动提供贷款的机制。救助方案附加了严格的条件：这个救助机制只能在希腊无法从市场上筹集到足够资金时作为“最后手段”；贷款不按欧元区平均利率提供，而是回归风险价格的市场融资；贷款利率不涉及任何补贴成分；成员国提供贷款是自愿行为；希腊必须完成削减赤字的目标，进行结构性改革，所作出的决定要与条约和国家法律一致，等等。鉴于希腊政府没有要求任何资金援助，因此目前不启动这一机制。

这个协议没有说明希腊可能得到多少贷款，没有规定欧元区成员国的出资比例，也没有涉及欧元区国家和 IMF 的分摊比例。据外交人士透露，贷款总额可能达到 220 亿欧元，其中欧元区成员国按自愿原则，以双边贷款方式提供 2/3，其余的由 IMF 负责提供。另外，协议也没有说明欧盟和 IMF 的具体合作方式，以及欧元区成员国的具体协调方式。这表明，欧盟试图在救助希腊问题上选择一个适当的平衡点，既要帮助希腊解困，又要继续督促希腊实施有效的财政紧缩措施；既要维持欧元区稳定，又要防范可能出现的道德风险；既要让希腊引以为戒，又要促使其他成员国进行改革，严格遵守财政约束。

无论如何，欧元区成员国领导人终于超越了分歧，达成了共识。这个协议成为欧元区成立以来的第一个成员国救助计划，也是 IMF 参与欧元区救援事务的第一个方案。确切地说，这个协议只是作为一个预案，并非立刻提供资金支持。其真正目的在于重振市场对欧元的信心，让外界知道欧元区不会对希腊债务危机置之不理，而是在必要时会动用集体力量予以支持，使投机者失去炒作的理由，从而避免希腊债务危机升级并危及整个欧元区的金融秩序。

这个协议得到欧盟机构和欧元区成员国的普遍欢迎。这个协议绕过了欧盟条约中的“不救助”条款，形成了一种很好的救助模式。在欧元区内，不少成员国的公共债务和政府财政赤字占 GDP 比例严重超标。特别是希腊、爱尔兰、西班牙、葡萄牙等国，面对着沉重的债务压力。希腊救助模式无疑有助于增强这些国家的信用。而且，有了希腊的先例，其他欧元区成员国一旦陷入债务危机，也可求助于这种救助方式。难怪葡萄牙债务信用评级于 25 日被下调时，葡萄牙总理苏格拉底异常激动，赞扬这个协议是“必要的信号”，展现欧元区的团结一致。这个协议的出台也引起市场的良好反应，巴黎、伦敦和法兰克福的股指开始上扬，欧元对美元的汇率也随之低位回升。

不过，对于这个协议，也有不少人持保留态度。尤其是对允许 IMF 介入希腊债务危机，一些人持强烈反对的态度。法国总统萨科齐等欧盟国家领导人本来强烈反对 IMF 参与，但最终不得不让步，因为德国这个实力最强的国家不肯“自掏腰包”为希腊提供贷款，同时坚持让 IMF 参与进来。欧盟和 IMF 联手，可以分担欧元区援助希腊的资金压力，暂时维护欧元稳定。但是人们认为，允许 IMF 的介入，等于承认欧元区无力解决自身问题，不仅沉重打击欧元的信誉，而且严重挫伤人们对欧盟这个经济政治实体的信心，影响欧盟的国际地位。在欧元区经济复苏尚未企稳的情况下，IMF 可能以苛刻的条件来控制欧元汇率，威胁欧元货币安全。更令人担心的是，美国是 IMF 中唯一拥有否决权的国家，IMF 的介入在某种程度上等于允许美国介入欧元区事务，影响欧元区国家的经济政策。然而，欧洲理事会常任主席范龙佩只是表示，这套救助方案本质上仍是一套“欧洲方案”。欧盟委员会主席巴罗佐则直截了当地说：“这是仅有的达成一致的方法。”

二、希腊的要求得到完全满足

希腊政府对这个救助协议“非常满意”。欧盟看起来是给希腊开了一张“空头支票”，希腊总理帕潘德里欧则赞扬说“这是一个非常积极的决定”。希腊政府一直强调，希腊并不需要外界的资金救助，而是得到欧洲的政治支持，平息市场对希腊可能出现债务违约的担忧，以遏制投机行为，方便希腊政府继续以合理的利率从金融市场上筹资。这个协议的规定正是希腊所需要的。

希腊的确需要“钱”，目前的主要挑战是在财政亏空的情况下还债，却面对着“迫在眉睫的融资困难”。为了在应对全球性金融危机中刺激经济，希腊 2009 年财政赤字和公共债务占 GDP 的比例分别达到 12.7% 和 113%，远远超过欧盟《稳定与增长公约》规定的上限。希腊公共债务达 3000 亿欧元，2010 年约需融资 550 亿欧元，仅 4 月和 5 月至少需要借款 200 亿欧元，才能偿还到期的债务。由于希腊政府财政状况显著恶化，3 大国际评级公司惠誉、标准普尔和穆迪相继调低希腊主权信用评级，投资者卖空希腊国债，致使希腊国债利率飙升，希腊债务危机爆发。投资者对欧元失去信心，国际炒家趁机推波助澜，沽空欧元套利，致使欧元汇率急转直下。短短两个多月，欧元对美元汇率跌幅超过 10%，而且下滑趋势并未停止。

债务危机爆发以来，希腊政府面临着偿还到期外债的压力，同时面临着国内经济增长乏力、失业率居高不下、社会福利无钱填补的局面。为了摆脱债务危机，希腊政府努力削减财政赤字，同时向外部求援。希腊政府于1月15日向欧盟委员会提交削减财政赤字的方案，承诺2010年将财政赤字降到GDP的8.7%，2011年降至5.6%，2012年降至2.8%，2013年降至2%。具体措施包括冻结公务员工资、削减各项福利、减少政府开支、提高税收、改革养老体系等。欧盟委员会和欧洲央行表示不会撇下希腊不管，但是拒绝为希腊债务提供担保或者其他融资便利，只是以削减财政赤字作为援助的前提条件。欧盟催促希腊在3月16日前拿出进一步降低预算赤字的具体补充措施。正是在欧盟和市场的压力下，希腊政府3月3日又公布了削减48亿欧元开支的方案和新增税政策。新措施包括进一步增加燃油税，增加增值税，征收更高的奢侈品关税，更大幅度削减公务员津贴，冻结一年的养老金，等等。希腊政府随后发行的50亿欧元国债得到超额认购，但是10年期国债利率超过6%，几乎是德国同期国债利率的两倍。由于违约风险上升，希腊不仅融资困难，而且国债利率大幅走高，融资成本骤增。

希腊政府面临的严峻考验是这些措施能否得到有效实施。在经济尚待复苏的情况下，为了削减赤字而大力紧缩财政，可能使希腊经济深陷衰退的泥潭。同时，紧缩财政的新措施可能引起社会动乱。近期希腊民众为抗议大幅削减赤字的措施，已经举行两次全国性大罢工，此外还有不少行业多次举行罢工和抗议游行。希腊政府向民众说明债务问题的严重性，安抚不断罢工和抗议的民众，说服他们接受政府采取的财政赤字削减方案。希腊总理帕潘德里欧表示，“今天我们必须尽最大努力对付这个紧急危险。明天就太晚了，后果会更加可怕”。希腊政府的立场已经被普遍认同，目前多数民众对政府的紧缩措施表示理解，准备“勒紧裤腰带”过日子：53% 的希腊人认为有必要进一步采取措施；58.7% 的希腊人表示，愿意作出牺牲；75% 的希腊人支持进一步削减公共开支。希腊政府采取的紧缩措施涉及公众切身利益，是否能够长期推行下去，还不得而知。

同时，希腊政府为解决债务危机展开一系列外交努力，希望得到欧盟和欧元区其他成员国的救助。希腊政府认为希腊的情况并不是那么糟糕，是国际炒家的投机行为放大了希腊债务危机的严重程度，导致希腊政府不得不付出高昂的融资成本。希腊总理奔走于欧美，谋求各国支持，希望它们出手遏止投机行为，防止国际炒家进一步“做空”希腊，导致危机持续恶化。希腊始终寄希望于欧盟的救助。帕潘德里欧指出，希腊履行了对欧元区伙伴国的承诺，“做了必须做的事情，现在理直气壮地等待欧盟支持”。希腊多次发出警告，如果得不到欧盟的帮助，准备请求 IMF 紧急贷款，但那也只是一个被迫的选项。

欧元区的援助计划正是希腊孜孜以求的。就在欧元区成员国达成救助协议之前，欧洲央行宣布，把对希腊实施宽松政策的期限延长到 2010 年之后，答应继续给予希腊国内银行低利率的贷款支持。欧元区的协议为负债累累的希腊提供了一个“安全网机制”，有助于提升投资者的信心，便于希腊市场融资。而欧洲央行的决定使希腊可以继续把国债作为向欧洲央行借贷的抵押品。现在，希腊拿到了两张“担保书”，可以用整个欧元区、欧洲央行和 IMF 作为后盾，重塑市场信心，增强希腊的贷款可信度。对于这个协议，市场随即作出积极反应：26 日雅典股市上涨 4.12%，希腊政府债券利率也大幅下跌。这样，希腊不仅可以通过发新债为到期债务再融资，还可能降低融资成本，避免希腊财政不堪重负。这将对希腊经济产生积极影响。3月29日，希腊顺利发售50亿欧元的7年期债券，可以偿还4月到期的债务。

对于这个协议，帕潘德里欧指出："欧盟用一个声音说话，这在以前从未发生过。"他还表示："我们认为我们不需要使用救助方案。只要这个机制存在就够了。它意味着在面临投机者冲击时，希腊并不孤立无援。"由于希腊占欧盟经济的份额较小，只占整个欧元区GDP的2.7%和欧元区公共债务的3.9%，在得到这个救援计划后，经济形势可能好转。希腊的长期财政和经济前景仍不明朗，但是如果希腊能坚决贯彻财政紧缩政策，信贷水平恢复，可望走出危机，至少在短期内其债务危机不会严重恶化。

三、希腊救助计划是相互妥协的结果

这个救助协议既显示出国家利益的博弈，又显示出共同利益的力量。它是欧元区成员国之间相互妥协的结果，但在很大程度上反映了德国的要求。正是由于共同利益不能涵盖国家利益，成员国之间存在很多重大分歧，欧盟迟迟难以出台救助方案，而最终导致各种利益和原则的相对平衡。

在是否救助希腊的问题上，欧盟面临两难处境。根据《马斯特里赫特条约》等法律法规，欧盟不能强制动用其他成员国资源去救援某一成员国，欧洲央行不能直接出钱对成员国提供全面金融救助。欧盟成员国没有义务协助一个债务危机国。欧洲央行行长特里谢反复强调不能为援救希腊而打破欧盟条约原则，反对向希腊提供低息贷款，表示不会给希腊"特殊待遇"。"特殊待遇"会带来极大的"道德风险"：先例一开，以后就无法拒绝了。即使欧盟向希腊提供直接救助，暂时稳住欧元跌势，西班牙、意大利、葡萄牙、爱尔兰等国的困难局面也会对欧元继续造成压力，拖累欧元区的经济复苏。如果那些国家只寄希望于欧盟救助，因缺少国民危机感和责任感而不致力于恢复国家经济的改革，那么对欧盟和欧洲中央银行来说，那将是一个填不满的无底洞。

对于上述情况，欧元区成员国存有不同的看法，实际上暴露出欧盟尤其是欧元区在统一货币政策下不同的财政政策和政治立场。希腊认为，拯救希腊就等于拯救欧元，以稳定欧元为由，希望各成员国伸出救助之手。鉴于欧盟现有条约和机制的约束，要援救希腊只能依靠成员国互助的意愿。就欧盟大国来说，各有各的主意。德国这个实力最强、受益最大的欧元区成员国，坚持稳定的欧元和稳健的货币政策，反对掏钱救助希腊；法国面临诸多经济难题，心有余而力不足；英国遭受英镑大幅贬值的打击，而且不是欧元区成员国，实在不想插手。所以各方只是敦促希腊最大限度地采取“自救措施”，理由是希腊目前不需要也没有要求财政救助。正是由于种种严重分歧，欧盟迟迟拿不出具体救助措施。

随着事态的发展，欧盟领导人大力推动救助希腊，认为不能继续在这个问题上犹豫不决。欧盟成员国中主要有两派意见。欧元区大多数成员国赞成采取变通办法救助希腊，而德国则是坚定的反对派，要求希腊自己解决债务问题，反对欧盟和其他机构介入。以德国为代表的一派意见认为，对于希腊这样多年来在数字上弄虚作假并且严重超支的国家，不仅不能救助，还要予以惩处；即使进行救助，也要由 IMF 而非欧盟来进行。以法国为代表的一派意见认为，欧元区成员国的利益在很大程度上是捆绑在一起的，如果不提供救助而听任事态发展，希腊债务危机可能向其他欧元区国家继续蔓延；希腊债务危机悬而未决，会加剧市场投机行为，造成整个欧元区的金融混乱。救助希腊应该在欧盟内部解决，而非求助于IMF，否则会破坏欧盟和欧元的形象和影响力。随着双方龃龉不断，德国总理默克尔提出强制退出机制的建议，驱逐屡屡违反财政约束规定的成员国，而欧元区其他成员国根本没有考虑过把希腊排除在欧元区之外。

德国政府反对救助希腊，当然出于多种原因，主要是基于国家利益。从经济形势上说，德国政府正在考虑采取措施来阻止国内债务膨胀，而欧盟此时为希腊75%到期债务提供再融资，德国将要提供大规模贷款，这有可能影响德国的经济复苏。况且整个欧盟经济，包括欧元区经济，形势并不确定，因此德国政府要捂紧钱袋子，以防不测，而不能轻易拿出纳税人的钱去解决希腊财政困难。德国一直实施审慎的财政政策，不赞成希腊、西班牙等国的高财政赤字政策，也希望借此机会加强欧元区成员国的财务纪律，惩罚违规的成员国。就欧元汇率来说，2009年欧元持续升值，的确存在高估的情况。在严峻的外贸形势下，欧元适度贬值有利于德国这个出口大国增强出口竞争力，缓解出口萎缩的状况。从国内民意来看，德国民众多年来忍受了工业重组和削减社会福利的痛苦，极为反对不负责任的政府开销，61%的德国人反对政府掏钱救助希腊。德国人口最多的北莱茵-威斯特伐利亚州将于5月举行选举，默克尔及其所在的政党不能不顾及民意，要避免为了他国事务而冒国内政治风险，甚至在下届选举中落败。另外，不仅欧盟条约，德国国内法也禁止直接出资救助另一欧盟成员国，默克尔不愿为救助希腊而引起国内诉讼。德国政府以前曾坚决反对让IMF插手欧元区事务，但后来坚持让IMF参与救助，也是为了减轻自己的援助负担，并且借这个外力对希腊削减赤字的努力加强监督。当然，德国不希望希腊出现信用破产，也不希望希腊债务危机最终演变为欧元区新的金融危机，因为这些都直接关系到德国的利益。

德国现在更关心本国的利益，而不是与其他国家分享共同命运。欧盟轮值主席国西班牙首相萨帕特罗则指出，欧元区当初建立的基础就是“统一的货币”和“统一的责任”。现在希腊有难，所有欧盟国家对救助希腊都有不可推卸的“共同责任”。欧盟内部向默克尔施压，其他成员国几乎是群起而攻之。法国、希腊等国的官员公开指责德国把本国利益建立在牺牲欧元区伙伴利益之上，甚至有人抨击德国对希腊危机无动于衷，只是为了从中牟利。

德国和法国等欧元区核心国家都在进行艰难的权衡。这些国家既从欧元区获得了大量收益，也为希腊这样的国家承担了风险。就希腊债务来说，这些国家的金融机构持有希腊的大部分未偿债券，维护欧元区稳定符合它们的利益。无论希腊留在欧元区内还是退出欧元区，希腊继续陷于危机，其国债都会变成垃圾债券，德、法等国拥有的大量希腊债权都会遭受巨额损失，而且还要遭受政治上的伤害。欧元的命运关系到所有成员国的利益。特别是德国和法国，通过救助希腊摆脱危机，不仅可以提振欧元区经济信心，显示欧元区应对经济冲击的能力，而且可以展现作为欧元区大国的政治、经济责任，有利于内部各国的团结。由于《马斯特里赫特条约》的限制，援救希腊只能采取变通的办法，这需要欧洲政治家达成共识。

最终，欧元区 16 国还是达成了救助希腊的协议，救助方式是不同意见相互妥协的结果。虽然在赴会前，默克尔依然坚称德国目前没有救助希腊的计划，但是到峰会前的最后一刻，默克尔突然改变了立场，同意欧盟成员国救助希腊，但她坚持把救助作为最后手段，仍然坚持 IMF 的参与，同时要求欧盟制定更为严格的财政约束机制，对赤字水平“不达标”的成员国加大惩罚力度。欧洲央行和法国等国家坚持不同意见，尤其是反对 IMF 介入。然而，默克尔最终说服了萨科齐及其他领导人。

令她最为满意的是，她的意见几乎被全部采纳，而她只是在一个方面作出了让步：德国同意由欧盟牵头，提供贷款将以欧元区国家为主，IMF为辅。

总起来看，这个救助计划只是一种应急计划，标本兼治需要希腊和其他成员国进行全面改革，也需要欧盟和欧元区进行体制改革。希腊和欧元区的前景依然扑朔迷离，但这个救助计划有助于重建市场信心，希腊债务危机暂时得到缓解，欧元可望保持稳定。不过，恢复希腊和欧元区经济，也许要等两三年的时间，但是希腊债务危机为欧盟带来了一次改革的机遇。欧元区成员国的声明中提出了一些要求，包括实施旨在恢复强大的、可持续的和稳定的增长的政策，增进欧洲的经济政策协调，改善欧盟的经济治理，加强和完善现有机制，保证欧元区的财政可持续性，提高欧元区应对危机的能力，还要加强对经济和预算风险的监督和防范风险的工具，等等。特别实际的一点是，这个声明提议欧洲理事会主席与欧盟委员会合作，建立一个专责小组，在2010年底前向欧洲理事会提交达到这一目标所需要的措施，利用一切选择来加强法律框架。可以预料，经过这次危机的考验，欧盟成员国也许会推动欧洲一体化进入新的境界。

欧洲债务危机与欧元的命运*

几个月来，随着希腊债务危机爆发及欧元汇率急剧下滑，欧美媒体充斥着各种报道和评论，分析希腊债务危机的起因，剖析欧元机制的缺陷，探讨欧元本身的可持续性。关于欧元前景，人们作出了截然不同的判断。有人认为欧元区成员国终究会摆脱当前困境，坚信欧元将稳定发展；也有人断言欧元区必将解体，欧元“将在五年内走入历史”。欧元的确遭遇了1999年问世以来最严重的危机，但仅仅因此而断言欧元区将分崩离析和欧元崩盘，未免过度悲观。

一、生存还是毁灭？

2009年年底，欧洲人刚刚庆祝《里斯本条约》正式生效，欧洲经济开始从2008年全球金融危机的严重打击中缓慢复苏，然而一场债务危

* 原载于《当代世界》2010年第9期。

机突然降临。随着希腊新政府2009年10月自曝长期掩盖的债务黑洞，宣布希腊2009年财政赤字占国内生产总值的比例超过12.7%，政府债务占国内生产总值的比例攀升到120%，国际3大评级机构穆迪、标普和惠誉纷纷下调希腊主权信用等级，国际投机资本乘机炒作，使希腊债务问题演化为债务危机。在几个月的时间里，在是否援救及如何援救希腊的问题上，欧盟成员国互相扯皮，迟迟不采取具体的救助行动。希腊主权债务危机愈演愈烈，越来越多的欧元区成员国财政赤字和债务问题暴露出来，引发一场横扫欧洲的债务危机。金融市场对希腊等国的偿债能力失去信心，一边倒地看空欧元，致使欧元兑美元汇率急剧下跌，从2009年12月初的1∶1.51直线下降，迄今跌破1∶1.2，跌幅高达20%。

在希腊债务危机日益恶化并呈现蔓延之势时，大多数欧洲政治家主张救助希腊。欧盟与国际货币基金组织联手，在未来3年内，以5%的利率向希腊提供1100亿欧元的救助贷款，使希腊得以在大约1年的时间内不用从市场融资，避免希腊债务违约的风险。5月10日，欧盟和国际货币基金组织又出台7500亿欧元的紧急救助计划。同时，欧洲央行宣布将买入欧元区成员国政府和私人债券，以降低一些国家不断高涨的融资成本。美联储5月9日也重启了美元互换协议，表示支持欧洲紧缺的美元流动性。欧洲理事会常任主席范龙佩6月10日说，如果欧盟已出台的7500亿欧元欧洲稳定机制仍不足以应对债务危机的话，欧盟国家将会进一步扩大救助规模。然而，6月15日，穆迪投资服务公司宣布把希腊政府债券的信用评级一举下调4等，从“A3”直接降为垃圾级的“Ba1”。

尽管欧元持续走弱，但欧盟官员和成员国领导人纷纷表态，欧盟将采取一切必要措施维护欧元，并且宣称欧盟成员国最终能够消除危机。

欧盟委员会主席巴罗佐表示，对欧元的未来不存在任何疑问，欧元依然是全球最稳定的货币之一。

但是，有不少人担心希腊等国主权债务危机加剧，质疑欧元的前景。根据《欧盟时报》的报道，一家法国银行行长说，欧元正面临着“不可避免的崩溃”。他警告说，救助希腊将只是为欧元危机贴“橡皮膏”，掩盖欧元区内根深蒂固的缺陷，向希腊提供的任何援助不过是延迟欧元区不可避免的崩溃。开放欧洲智库的主任马茨·佩尔松指出，欧元区面临着全面危机。他认为，欧元区的真正问题是穷富成员国之间竞争力的巨大差别。“如果要消除这些差别，欧盟需要单一预算和共同税收，因此可以重新分配资源。”①

不少学者认为欧元不可持续的原因在于欧元体制的缺陷。欧洲中央银行前首席经济学家、欧元创始人之一伊辛提出，欧元的宗旨是成为一个货币联盟，而不是一个政治联盟。2006 年伊辛曾说，没有一个成熟的政治联盟，货币联盟也能运行和存续。但是他现在承认，“在尚未建立政治联盟的情况下就创立货币联盟，是本末倒置”。伊辛反对欧元区援助希腊，认为那样的行动将给欧元一个“巨大打击”，将重创整个货币联盟的信誉。他指出，希腊应采取措施控制财政赤字，如改革养老保险制度。

美国著名投资人索罗斯赞同伊辛的说法，把欧洲债务危机归因于欧元结构的明显缺陷。2008 年的危机充分暴露了欧元机制的缺陷，各成员国不得不独自拯救本国的金融体系。希腊债务危机使事态达到了一个高潮。他认为，欧盟的临时援助措施足以救出希腊，但这种办法难以救

---

① Collapse of Euro is “Inevitable” Warns French Banking Chief,Feb 16th, 2010,http://www.eutimes.net/2010/02/collapse-of-euro-is-inevitable-warns-french-banking-chief/.

出西班牙、意大利、葡萄牙和爱尔兰，因为它们加在一起，构成欧元区很大的一部分。即使希腊逃过一劫，欧元的前景仍然存有疑问。索罗斯主张采取的解决办法是更严格的介入性监控，有条件援助的机构安排，以及建立一个组织良好的欧元债券市场。问题是欧元区成员国能否产生采取这些措施的政治意愿。①

诺贝尔经济学奖得主克鲁格曼认为，希腊和其他欧洲国家之所以陷入困境，是因为政治精英推动欧洲采用单一货币。克鲁格曼认为欧元不公正地束缚了希腊，希腊只有退出欧元区，通过货币贬值来刺激出口，才能推动经济增长。他还指出，希腊经济规模很小，它的麻烦主要是危机向其他更大的经济体蔓延。西班牙则不同，西班牙的债务总额达5600亿欧元，其债务危机一旦恶化，可能严重影响欧元的稳定，甚至给已经不容乐观的欧洲经济整体带来重创。鉴于重新采用本国货币会引发严重危机，欧洲又不会很快走向政治联盟，那么未来几年是一个勉强应付的过程：予以援救并且要求严苛的财政紧缩，同时出现紧缩造成的高失业率。

美国著名经济学家努里尔·鲁比尼认为，欧盟和国际货币基金组织推出的7500亿欧元的紧急援救机制稳定了市场，阻止了欧元崩溃。但著名投资大师罗杰斯却认为7500亿欧元救助计划只是对欧元的“又一次沉重打击”，因为更高的支出将增加欧元区的债务负担。这一举措意味着他们放弃欧元，可能预示着欧元的消亡。

谢国忠认为，美国金融危机标志着无约束资本主义的终结，欧洲债务危机则意味着无约束福利社会的终结。7500亿欧元的救助计划对解

---

① 翊海:《索罗斯：欧盟贷款成本过高　希腊危机未结束》，2010年4月14日，见http://finance.qq.com/a/20100414/005948.htm。

决主权债务危机毫无用处。欧洲过高的福利成本、竞争力的下降，才是其高债务和高财政赤字的根源。耗资高达7500亿欧元的救助机制，只能暂时缓解投资者的担忧，终究无法抚平债务危机给全球经济复苏带来的严重创伤。①

捷克总统克劳斯属于疑欧派，长期以来一直批评欧洲单一货币的概念。他认为，"这场悲剧的真实原因不在于希腊的经济政策是否合理，而是在于欧元"。欧元没有带来欧元区国家的高增长，经济增长反而降低了。欧元的10年里，欧元区国家平均每年经济增长只有1.1%。在经济增长速度上，欧元区国家和其他地区之间拉开了差距。欧元区国家没有融合，形成了两大群体，一部分国家低通胀，另一部分国家高通胀。但他又指出，是政治因素使欧元本身不致崩溃。在可见的未来，欧元区会继续，但是代价非常高，包括欧元区经济的低增长率。欧洲货币联盟虽然并没有被取消之忧，但是维护它的代价还将继续上升。

英国《星期日电讯报》对25位经济学家进行调查，询问欧元区现有成员在以后5年内存续的可能性。调查结果显示，大部分学者认为欧元的前景不容乐观，直接或间接地表示欧元会在5年内崩溃。

上述政治家和学者指出了造成希腊乃至欧洲债务危机的原因，其中不乏真知灼见，但是那些关于希腊脱离欧元区、欧元区解体、欧元消亡的结论未必站得住脚。

---

① 谢国忠:《欧元坠落世界对纸币的信心将破灭》,《新世纪周刊》2010年第21期。

二、欧元完不了

欧盟是世界上经济同质化、机制化程度最高的区域经济一体化集团，并且在一定程度上成为一个政治共同体。欧盟的发展被称为当代区域一体化最成功的范本，欧元的诞生被誉为20世纪中期以来人类最伟大的政治创举之一。无论是从希腊的角度还是从其他欧元区成员国的角度，无论是从经济的角度还是政治的角度，都无法断言希腊退出、欧元崩溃。

欧元汇率走低只是表明欧元疲软，并非欧元崩溃的依据。欧元启动时定为与美元平价，此后汇率时有起伏。欧元1999年1月4日面世当日对美元汇率收报1∶1.18，2001年曾下降到1∶0.82，2002年以后总体上是稳步上升，到2008年6月大幅攀升到1∶1.64。欧元区乃至整个欧盟的经济增长率一直落后于美国，通货膨胀率大体相当，2009年年底欧元对美元汇率达到1∶1.51，实际上存在对欧元的高估。几个月来欧元大幅贬值，正逐渐接近合理价值。即使欧元汇率再稍有下降，也在合理范围内，问题只是欧元汇率下降速度太快，引起金融市场的惊慌。欧洲债务危机在未来一段时间内仍可能拖累欧元，但欧元汇率下降并不表示欧元崩溃。欧元汇率低位运行实际上有利于欧元区出口，促进欧元区经济复苏。

欧元是以欧元区的经济实力为基础的，欧盟完全有能力帮助成员国渡过难关。欧盟27国拥有近5亿人口，2009年欧盟的国内生产总值约合164472亿美元，经济总量超过美国。欧元区16国的国内生产总值约占全球经济总量的1/5。希腊只是一个小国，经济总量仅占欧元区的2%，再加上爱尔兰、西班牙和葡萄牙等债务严重的国家也不到欧元区的20%。当前的债务危机并没有摧毁欧元区的实体经济，希腊3000亿欧元的政府债务不足以使欧元体系崩溃。欧盟债务问题没有美国和日本那么严重，而且主要是欧盟内部的问题。希腊债务问题之所以演化为如此严重的欧元危机，主要是因为欧元体制缺陷而错过了适当的救援时机，引发市场对成员国政府未来偿债能力的怀疑。尽管援救成本巨大，欧盟完全可以利用强大的经济实力来消除这场债务危机。

欧元是欧洲国家联合发展的产物，欧元区成员国都从中受益匪浅，不会轻言放弃。欧盟的多数成员国属于中小国家，易受市场变化和金融危机的冲击。正是由于感受到美元体系动荡的威胁，欧盟国家通过不断推进经济一体化进程，以整体实力和单一货币体系来维护自身利益。“欧元之父”蒙代尔认为，一个统一的货币联盟可以进一步增强欧洲的整体竞争力，对于每一个成员国也有好处。欧元的运行加快了欧元区内部商品和资本流通的速度，降低了资本和商品流通的成本，成员国在不同程度上获益于更加便利的区内贸易与跨境投资。欧元成为成员国经济发展的保障，缓解了国际金融市场动荡的冲击。如果没有欧元，欧元区在这次全球金融危机中会遭到更严重的打击。随着相互依存度大幅提高，欧元区成员国形成了一荣俱荣、一损俱损的关系。就成员国的债务而言，大部分是由欧洲国家交叉持有，一旦希腊等国出现债务违约，就会波及整个欧元体系，为这些主权债务提供担保的欧洲中央银行及大批欧元区银行就会面临巨大危险，一些大型金融机构甚至可能倒闭。由于经济的相互依赖性和利益的关联性，成员国都难以承受欧元区瓦解的风险。

欧元区成员国在迈出货币统一这一步之后，就很难回头了。伊辛提出，欧元国家的问题出在没有进行结构性改革，罪不在欧元；退出欧元区等于“经济自杀”。国际经济学者巴里·艾肯戈林指出，在未来10年里，不可能有一个或几个欧元区成员国退出欧元区，欧元区更不可能完全解体，因为一国退出欧元区，会付出巨大的经济成本、政治成本，遇到法律和技术上的障碍。任何成员国退出欧元区，都会动摇整个欧元单一货币体系。如果欧元区解体，重现多国货币并存的局面，那么一定会出现大规模的违约浪潮。这绝不是成员国希望看到的。

面对债务危机加剧和融资成本急剧上升的局势，希腊政府始终否认退出欧元区的可能性，并且竭力避免债务违约，谴责关于希腊可能退出欧元区或债务违约的谣言。① 对于希腊人来说，欧盟意味着现代化，是赶上发达国家的好机会。对西班牙、葡萄牙等国来说，情况也是这样。希腊严重的债务问题不是因为加入欧元区，而是由于希腊政府的政策失误。如果希腊退出欧元区，进行债务重组，可以采取本币贬值手段来刺激本国出口行业，抵消财政紧缩对内需造成的负面影响。而实际上，希腊要为此付出更加沉重的代价，会立刻动摇国内外投资者的信心，出现灾难性的银行挤兑和资金外逃；货币贬值后，公共债务占国内生产总值的比例也会大幅上升；在一定时期内仍然难以在国际金融市场上以合理的成本融资，不再能得到欧盟的各种补贴和支持。那种行动无法改变希腊糟糕的经济局势，而且可能动摇希腊金融系统的根基，进而加剧经济衰退，难以实现经济增长。更重要的是使希腊处于孤立状态，动摇民众的信心，使现代化的梦想落空。

希腊政府为得到欧盟的援助而实施严厉的财政赤字削减措施，希望能以合理成本融资，支付到期债务；最终还是寄希望于经济形势好转，以财政盈余来还债付息。希腊民众强烈抗议政府的财政紧缩措施，但是

---

① 梁业倩：《希腊政府澄清将退出欧元区谣言》，2010 年 6 月 9 日，见 http://news.sina.com.cn/w/2010-06-09/002520437386.shtml?source=1。

很少有人要求退出欧元区，更不用说退出欧盟了。希腊民众都很清楚，回归过去的货币意味着回到更贫困的生活，以及希腊国家信誉的毁灭。西班牙、葡萄牙、爱尔兰等国也会由于政治、经济、社会、文化等多方面因素，在处理财政赤字和公共债务方面遇到种种困难，但都不会退出欧元区。如果陷入债务危机的弱国不会退出欧元区，经济实力强大的国家就更不可能退出欧元区，除非出现政局激烈动荡的情况。

欧元区成员国，特别是始终作为欧洲一体化发动机的法、德两个大国，尽管在处理希腊债务问题上争论不休，行动迟缓，坐失处理危机的最佳时间，但不可能因为希腊债务危机而承受欧元区解体和欧元崩溃的风险。德国政府担心希腊等债务沉重的国家殃及德国经济，迟迟不肯采取行动。一些法国人抱怨德国犹豫不决，以致稳定欧元的成本从 150 亿欧元上升到 7500 亿欧元。

德国政府显然对希腊债务问题的严重性认识不足，并且持有不同的经济发展思路，还要面对国内民众的反对意见及国内选举的压力。德国总理默克尔看起来也许不像前总理科尔或施罗德那样热衷于推动欧洲一体化，但是当她看到希腊债务危机危及欧元体系的正常运行时，也不会听之任之。默克尔深知统一市场和欧元对于欧洲统一的重要性，明白德国利益与欧洲利益重叠。欧元区建立以来，德国是最大的受益者。作为出口大国，德国得益于内部统一大市场和欧元区以欧元支付商品贸易的要求，其出口占国内生产总值的比例从 20% 增至 40% 以上。德国 2009 年有 1360 亿欧元的贸易顺差，其中近 30% 来自欧元区伙伴。而且德国借助欧盟和欧元区，提升了在世界舞台上的影响力。德国人如果退出欧元区而重启马克，就可能减少在欧洲统一大市场的份额，而且马克大幅度升值，会严重损害德国的出口竞争力。德国多家大银行持有大量希腊等国的国债，一旦希腊或其他成员国退出欧元区或进行债务重组，势必对欧洲银行系统造成沉重打击，并且重创德国金融业，直接冲击德国经济。为了救助希腊，德国需要付出很大的代价，但是长远看来，欧元区的稳定符合德国的根本利益。德国政府不会因为国内一些民众的反对而听任希腊政府破产引起欧元区混乱，导致欧元体系崩溃，更不会主动退出欧元区。默克尔 4 月 28 日指出："如果欧元稳定面临危险，欧元区每一个成员国对稳定欧元都有义务，其中当然包括德国。"默克尔试图让德国选民与国际金融市场都相信，德国政府将不惜一切代价捍卫欧元的稳定。

在欧元存续的问题上，更不应忽视欧元的政治意义和成员国的意志。正如尼尔·梅勒指出，欧元是 50 多年通过经济一体化而实现政治一体化的产物。只要有欧洲政治统一的信念，欧元将处于中心。欧洲统一的梦想孕育于欧洲频繁的冲突和战争中，成为欧洲一体化的内在动力。欧洲政治家怀着美好愿望和理想，20 世纪 50 年代初建立 6 国的欧洲煤钢共同体，启动欧洲经济一体化进程，逐步推进内部统一大市场建设。他们把经济一体化作为政治一体化的手段和基础，促使欧洲国家特别是法德的历史性和解，实现欧洲的持久和平与繁荣。在内在动力和外部压力的驱动下，欧洲人团结自强，试图摆脱美国的控制。正是由于 20 世纪 70 年代布雷顿森林体系崩溃、第一次石油危机和第二次石油危机，欧洲国家尝试货币一体化，实现货币政策趋同，建立欧洲汇率机制。种种挑战加快了欧盟成员国创设欧元的步伐，欧元区终于建立，欧洲成员国以共同货币应对国际金融市场动荡的威胁。强烈的政治意图贯穿于欧洲一体化进程，而欧元则是一体化成就的集中体现，是欧洲统一梦的一个标志。

欧元区不像主权国家那样迅速地推出解决欧洲债务危机的"一揽

子”援助方案，这并不表明欧元会崩溃。欧盟国家领导人深知，任何一个欧元区成员国退出或者被赶出欧元区，都意味着整个欧元系统崩溃，都意味着欧洲一体化进程的失败，所有成员国在经济、政治和社会方面都会遭受巨大损失。

三、改革是关键

欧盟的救助计划不可能解决欧元区的深层次问题，欧元依然面临着严峻的挑战。但是欧元区成员国得到了进行改革的时间，可以致力于解决欧元区经济结构问题和欧元体制缺陷。从根本上说，欧元的未来取决于欧元区成员国深层次的体制改革和可持续发展。

全球金融危机过后，大多数欧盟成员国财政赤字高企，公共债务攀升，政府财政不堪重负，由此暴露了经济社会结构的问题，表明了发展模式的弊端。各国的具体情况有所不同，但都必须直面人口老龄化、福利体系负担沉重的挑战，同时要应对生产效率低下、国际竞争力减弱、公共财政恶化等问题。它们都必须采取措施来巩固公共财政，提升投资者信心，推动经济复苏，同时进行深入的经济社会结构改革，修正发展模式，实现可持续的经济增长。

针对欧元区的金融混乱局面，默克尔主张强力改革，开出的药方是实施紧缩政策，严控财政赤字，削减公共开支，尽快达到《稳定和增长公约》规定的标准，使欧元重新稳定。为了保证财政可持续性，欧元区成员国根据各自具体情况，纷纷推出财政巩固计划。为了防止债务危机深化，希腊、爱尔兰、西班牙、葡萄牙等国大幅度紧缩财政，试图到

2013年把财政赤字占国内生产总值的比重降至3%以内。欧盟两大经济体也采取削减公共开支的措施。德国政府推出为期4年、总额达800亿欧元的财政紧缩计划，以确保可持续增长。法国政府一直不愿意采取严格的紧缩措施，担心大幅削减开支影响微弱的经济复苏，但终于决定在未来3年内削减财政预算950亿欧元。欧元区经济情况较好的国家，如荷兰和卢森堡，也决定削减财政预算，减少公共开支。然而，财政紧缩政策能否达到预期效果，这成为欧元面临的重大考验。

各国政府必须解决财政紧缩和经济复苏的矛盾，以免导致通货紧缩，影响欧元区经济复苏，拖累经济增长。各国只有加强财政管理，实现经济增长，才能有钱还债，走出公共支出大于经济产出的困局。但是，欧盟经济刚走出最困难的境地，加上世界经济形势不稳，希腊、西班牙和葡萄牙等国采取严苛的紧缩政策，可能影响经济复苏，使债务危机恶化，由此陷入进一步削减预算的恶性循环。

同时，各国政府必须处理好财政紧缩和社会稳定的关系。随着公共开支的大幅削减，劳动者收入减少，失业率上升，福利待遇降低，这会激化社会矛盾，造成社会动荡。事实上，很多国家都爆发了大规模罢工和抗议活动，民众强烈抵制政府的财政紧缩措施。就希腊来说，帕潘德里欧政府暂时解决了眼前的还债困难，决心实施“一揽子”财政紧缩计划，试图改变多年来入不敷出的局面。面对国内民众的强烈抗议，总理帕潘德里欧只有用“爱国”来感动民众。他说：“为了保护希腊，为了我们的生存和未来，好让我们能立足于世，采取经济措施是必要的……无论付出什么政治代价，这也是我们展现爱国所必须承担的责任。”民众似乎已开始准备接受节衣缩食的生活。民调显示，大多数希腊人还是理解财政紧缩和改革计划的必要性，接受政府为控制财政赤字而采取的措施，以避免负债累累的国家破产。[①] 债务沉重的国家只有得到欧盟援助和民众配合，才能闯过改革这一关。

财政的巩固，欧元的稳定，最终取决于欧洲经济增长。目前，欧盟是全球经济复苏中最薄弱的环节，欧盟委员会预计 2010 年欧盟国内生产总值增长 1.0%，2011 年增长 1.7%。为应对这种挑战，欧盟 6 月 17 日布鲁塞尔峰会通过了《欧洲 2020 战略》，提出欧盟未来 10 年创造就业和实现灵巧、可持续和包容性增长的新战略。这个新战略要通过提升竞争力、生产力、增长潜力、社会凝聚力和经济融合，帮助欧盟从危机中恢复，在内部和国际层面的行动力变得更加强大。新战略提出创造就业、增加科研投入、减少温室气体排放、提高教育普及率和消除贫困等 5 个方面的指标，欧盟成员国将把这些指标落实到各自的国家行动计划中，试图做到削减赤字和刺激增长两不误。

“欧元之父”蒙代尔认为，欧元不会崩溃，但需要更多体制性改革。欧洲债务危机及其处理过程充分暴露出欧元体系的结构性缺陷：统一货币政策和独立财政政策的内在矛盾；有财政纪律而无有效监督和干预手段的矛盾；有严格要求而无危机援助机制的矛盾；货币统一和经济发展不平衡的问题；国家利益和欧洲认同的问题，等等。如何进行欧元体制和欧盟制度改革，已成为不可回避的问题。

欧洲政治家和学者们提出了许多关于改革的建议。有人提出，欧盟要想彻底解决欧元问题，就必须从根本上改变欧盟体制，让财政与货币都统一起来，最为迫切的任务就是实现财政政策的集权化，建立一个共同的财政体制，把国家主权交给一个中央财政机构。联邦主义者的想法

---

① 《避免国家沦入破产深渊　希腊人愿接受节约措施》，2010 年 5 月 10 日，见 http://www.afinance.cn/new/gjcj/201005/269421.html。

是推动货币联盟发展成为财政联盟，成立单一的欧洲财政部，统一成员国的财政，进而走向政治联盟和欧洲联邦。但是，这需要欧元区成员国让渡国家主权。欧洲一体化的历史表明，涉及主权让渡的每一步都非常艰难，“多速欧洲”不过是回避矛盾的一种方式，尤其是进入政治一体化阶段，主权让渡更为艰难，《欧洲联盟宪法条约》受挫只是最近的一个例子。目前，“小步走”更为现实，尽管这不能解决根本问题。实际上，欧盟救助机制的出台，已经改变了欧元区的既有构架，打破了“不纾困”条款，启动了欧洲一体化深化的进程。

欧元区国家领导人都认为，欧元区内部需要加强一体化建设，加强经济政策协调。欧元区成员国在加强欧盟经济治理方面达成了一些共识，反映在《欧洲 2020 战略》里。这个新战略提出强化财政纪律，加强对成员国的宏观经济监督，加强经济政策协调。通过严格财政纪律、解决成员国之间宏观经济失衡、建立永久性危机应对机制和加强欧元区经济政策协调等改革举措，避免债务危机重演。要求在尊重各国预算主权的前提下，欧盟委员会应对成员国的预算方案进行评议，对违反欧盟财政纪律的成员国实施惩罚。《欧洲 2020 战略》提出调控金融服务业，推进相关立法，加强对银行、金融和证券交易的监管，遏制导致危机加剧的投机行为。要求完成恢复欧洲金融体系健全和稳定的必要改革，形成一个稳固和健康的银行系统，并且迅速通过金融监管立法，涉及对冲投资基金、信用评级机构、裸卖空和信用违约掉期等金融衍生品市场的监管，引入对金融机构征收税费的制度，等等。《欧洲 2020 战略》还对立法进度提出了要求。

《欧洲 2020 战略》的全面实施，将成为欧元历史上最重大的改革，标志着欧洲一体化向前迈出一大步。毫无疑问，这些措施将有助于化解欧洲债务危机，维护欧元的稳定。但是，在此后的立法过程中涉及国家主权让渡问题，需要修改有关条约，因此这将是一个曲折的立法审批过程。欧元的未来取决于欧盟国家的政治意愿。如果欧洲利用这次危机使自身更具竞争力，控制福利国家制度，欧元区会更好地利用一个为稳定货币和低通胀所支撑的巨大统一市场。若是如此，欧元的第二个十年会比第一个十年更好。

意大利风险骤升，欧元区何去何从*

2011年7月以来，从希腊开始的欧洲债务危机在欧元区蔓延，债务危机引发政治动荡，而政治动荡又反过来加剧债务危机。11月9日，希腊总理帕潘德里欧为换取反对党支持欧盟新援助方案而辞职。11月12日，意大利总理贝卢斯科尼也因债务危机而被迫下台。与此前爆发债务危机的希腊、爱尔兰、葡萄牙等国家不同，意大利是欧元区第三大经济体，在稳定欧洲金融体系中扮演着更为重要的角色。如今，意大利彻底转换了身份，从向其他国家提供援助的施救者，转变为需要他国救援的受助者。意大利一旦发生债务违约，将会对欧元区乃至全球经济造成巨大的冲击。因此，意大利债务问题成为人们关注的焦点，不仅是出于对意大利局势的担忧，也是出于对欧元区未来的关切。

---

* 原载于《当代世界》2011年第12期。

一、债务问题日益恶化，“千面总理”被迫辞职

今夏之前，意大利债券市场的流动性在全球名列前茅，并对几个债务危机国承诺 787.85 亿欧元救助资金。但是，意大利长期积累下多达 1.9 万亿欧元的公共债务，接近国内生产总值的 120%，不能不说是一枚随时可能引爆的炸弹。为了缓解国际市场对其债务问题的担忧，贝卢斯科尼政府于 2011 年 6 月推出一项财政稳定计划，希望通过削减开支、增加税收、降低福利、提高退休年龄等措施，在未来 3 年削减 766 亿欧元财政赤字，并在 2014 年实现财政平衡。然而，随着欧洲债务危机愈演愈烈，市场日益对负担巨额债务的意大利表示担心，开始抛售意大利债券，致使国债收益率突然升高。7 月 12 日，意大利 10 年期国债收益率超过 6% 的警戒线，与德国国债的利差接近 400 个基点，为欧元创始以来最高值。在市场的重压之下，意大利参众两院分别于 7 月 14 日和 15 日通过了财政紧缩计划。

尽管欧盟领导人对意大利财政紧缩计划给予正面评价，但金融市场却并不看好。8 月 2 日，意大利 10 年期国债收益率升至 6.27%，与德国国债的利差大幅上升。欧洲央行出手相助，购买意大利国债以恢复市场信心。作为交换，8 月 12 日，贝卢斯科尼政府又出台新一轮财政紧缩方案，作为对 7 月方案的补充，计划两年内削减开支 455 亿欧元，控制公共债务增长，确保 2013 年实现预算平衡。这个方案包括提高增值税、对富人征收特别税、加大打击偷税力度、减少政府开支和议员津贴等措施。意大利参众两院分别于 9 月 7 日和 9 月 14 日通过了总规模为 540 亿欧元的紧缩财政方案，超过了此前版本中计划的 455 亿欧元。这个方案设定了削减财政赤字、降低负债率等具体目标，但回避了长期以来困

扰意大利经济发展的深层次问题，而且大部分紧缩措施集中在2013—2014年实施，2013年前实施的紧缩规模仅为100亿欧元，实际上是把主要减赤任务甩给了下届政府。因此，这个法案没有带来令市场信服的效果。

国际评级机构穆迪警告可能下调意大利主权债务评级后，意大利国债收益率大幅攀升。鉴于意大利政治局势不稳和债务前景不佳，标普9月19日把意大利长期和短期主权信用评级分别从A+和A-1+下调至A和A-1，前景均为负面。11月7日，意大利10年期国债收益率攀升至6.596%。在此背景下，贝卢斯科尼政府受到来自国内外各方的压力，遭遇空前的“信任危机”，贝卢斯科尼的支持率下降到22%，要求总理辞职的呼声日渐高涨。

11月8日意大利众议院的投票结果推动了贝卢斯科尼政治生涯的转折。意大利众议院就2010年度政府财政报告进行投票表决，全体反对派议员为了防止对正遭受债务危机威胁的意大利经济造成负面影响，采用不参与投票的方式“放过”财政报告，于是财政报告以308票赞成、1票弃权的结果获得通过。贝卢斯科尼表示，他将在议会通过财政紧缩法案后辞去总理职务。贝卢斯科尼冀望提前选举，反对派阵营希望组建联合政府。市场普遍认为这可能会延续不稳定的政治局势，拖延意大利政府承诺的经济改革措施。贝卢斯科尼辞职的消息对提振投资者信心有利，欧元兑美元汇率当天涨0.48%，报1.3843。然而，11月9日晚，结算机构伦敦清算所宣布提高对意大利各期限债券的初始保证金要求，使意大利10年期国债收益率大幅上升82个基点至7.40%，创下欧元区建立以来的历史最高点。意大利债务问题恶化的速度远远超过预计，11月10日意大利拍卖50亿欧元1年期国债，收益率为6.087%，创下欧元问世以来的新高。意大利债务违约风险急剧上升，投资者纷纷抛售意大利债券，意大利债券市场几近崩盘，全球金融市场剧烈震荡，股市全线下跌。

意大利参众两院分别于11月11日和12日投票通过包括新的紧缩措施在内的2012年预算案。贝卢斯科尼只好履行承诺，向总统纳波利塔诺提交了辞呈。而1个月前，贝卢斯科尼还在众议院强调自己不会辞职，将带领本届政府继续前进。贝卢斯科尼驰骋意大利政坛17载，3度出任总理，丑闻缠身，官司不断，出庭1800多次，挺过50多次不信任投票，无论是性丑闻还是涉嫌腐败都没有把他击垮，但最终被愈演愈烈的债务危机风险赶下了政治舞台。

二、过渡政府任务艰巨，债务危机风险难消

意大利著名经济学家马里奥·蒙蒂临危受命，出任过渡政府总理，延揽银行家、学者、企业主管组成“技术型”政府。蒙蒂曾担任欧盟委员会负责竞争事务的委员，如今得到各党派的支持，也受到经济界的欢迎。稳定的政局无疑是消除危机的重要条件，但是意大利债务负担非常沉重，并非更换总理就能解决。过渡政府面对着不容乐观的经济前景，市场也没有因为新政府上台而表现出乐观情绪。

蒙蒂表示，他组阁后的主要任务是稳定财政、促进增长、解困危局、推动改革。11月17日，蒙蒂在议会宣布了旨在应对意大利债务危机的新财政紧缩措施，将以“严格预算、经济增长、公平公正”3大原则为支撑，对公共开支和税收系统进行全面复审，使经济发展回到正

轨。相关措施包括：重新征收被前政府废除的房产税，减轻工薪阶层和企业的税收；增加消费附加税，提高燃油价格，出售国家资产；提高领取养老金年龄，为年轻人和妇女求职提供便利；反偷税漏税，打击庞大的地下经济等。然而，新政府面对着严峻的挑战。

第一，新政府面临的首要问题是如何偿还居高不下的巨额公共债务。意大利1年内到期的债务为3500多亿欧元。意大利国债收益率大幅飙升，不仅增加了融资成本，还大大提高了国债拍卖流标的可能。11月24日，意大利5年期国债收益率为7.38%，10年期国债收益率为7.01%；11月25日，6个月期国债收益率为6.504%，而10月底时为3.535%；2年期CTZ国债收益率为7.814%，而10月底时为4.628%。如此高的融资成本是不可承受、不可持续的。希腊、葡萄牙、爱尔兰都是在国债收益率突破7%以后，融资变得极为困难，最后不得不寻求国际紧急援助。意大利10年期国债收益率突破7%，将难以通过市场发新债还旧债，很可能成为继希腊、爱尔兰和葡萄牙之后欧元区第四个被迫寻求外援的国家。

第二，意大利的改革措施无非是加大削减福利的幅度和力度，但这些措施有可能催化政治危机和社会动荡，能否顺利实施尚成问题。蒙蒂宣布改革措施后，呼吁意大利人民配合“新政”，作出更多牺牲。罗马、米兰等多地立刻爆发示威游行。意大利国家统计局10月31日数据显示，2011年9月失业率重新上升至8.3%，15至24岁年轻人的失业率为29.3%。如果政府强力推行财政紧缩计划导致福利下滑，失业率攀升，可能引发类似于希腊的政治危机和社会动荡，使消除债务危机风险的过程充满悬念。意大利新政府必须精心处理的问题是，如何让人民明白，要真正摆脱高额财政赤字和庞大债务负担，需要全体人民勒紧腰带，降低工资福利和生活水平；如何凝聚民心和民意，有效实施改革措施。

第三，意大利财政紧缩方案主要是削减公共开支和增加税收，没有促进经济增长的措施，未触及阻碍经济增长的深层次问题。意大利公共债务问题是多年来福利制度僵化、人口老龄化、经济体制缺乏活力、产业竞争力相对下降、全球竞争愈演愈烈等多种因素共同作用的结果，“高福利、高负债、低增长”是削减财政赤字和缓解债务危机的最大障碍，靠紧缩财政并不能阻止债务问题的恶化。2011 年第一季度，意大利经济增长率仅为 0.1%，同时期德、法的经济增长率分别为 1.5% 和 1%，连深陷债务危机的希腊经济增长率也达到 0.8%。第二季度德国 GDP 增速同比增幅只有 0.8 个百分点。受意大利经济低迷的影响，标普将意大利 2011—2014 年的年均增长率预期从此前预测的 1.3% 下调至 0.7%。

第四，意大利财政紧缩方案并未对财政结构进行大刀阔斧的体制性改革，财政压力难以根本缓解。意大利公共机构为其雇员支付的工资占国内生产总值的 10% 左右，养老金支出占国内生产总值的 14%。意大利人均寿命达 83.2 岁，居欧盟之首。意大利人口老龄化严重，养老金制度给国家财政造成了沉重负担，超前消费的高福利模式不可持续。如果不进行一番伤筋动骨的体制性改革，就难以解决长期存在的结构性问题，几乎不可能在短期内消除沉重的债务负担。意大利经济严重依赖公共财政，财政支出占到国内生产总值的近 50%，任何削减公共开支的计划都会遭遇巨大的压力。

第五，意大利财政紧缩方案可能降低经济增长速度，使意大利难以实现 2013 年前实现预算平衡的目标。意大利必须通过削减公共开支以达到预算平衡，但是仅靠削减公共开支，不可能重振经济，也就不可能走出经济困境，改变债台高筑的局面。削减公共开支和提高税收可能导致失业率继续攀升，进一步拖累经济。经济增长缓慢，税收难以增加，公共债务总额占国内生产总值的比例可能继续攀升。至关重要的是，在努力削减财政开支、实现预算平衡的同时，意大利必须迅速进行经济体制改革，推行刺激经济增长的方案。只有真正进行结构性经济改革，优化财政收支结构，意大利才能避免重蹈希腊的覆辙。

三、负面影响日益凸显，重大方案议而不决

随着意大利国债收益率的新一轮飙升，欧洲债务危机正进入一个更加危险的新阶段。意大利的国内生产总值占欧元区的17%，远超希腊的2.5%。意大利的债务规模占欧元区的23%，远超希腊的4%，甚至超过了西班牙、葡萄牙、爱尔兰、希腊4国债务总和，而且意大利债务规模2011年可能达到2万亿欧元。如果意大利发生债务违约，不仅会导致意大利经济二次衰退，而且势必影响欧元稳定，冲击欧元区其他成员国乃至国际金融市场，其他国家也难逃负面影响。因此，意大利被认为“不仅大到不能倒，也大到救不了”。

目前，意大利债务问题的负面影响已经凸显，欧洲债务危机正向欧洲核心国家蔓延，欧元区很可能走向经济衰退。欧元汇率连续下跌，11月26日兑美元汇率跌至1∶1.3239，创下10月4日以来的最低水平。法国作为意大利国债的最大持有国，其公共财政状况优于意大利，但是其主权信用评级遭到穆迪降级警告。法国10年期国债收益率已升

至 3.46%，与德国国债收益率的利差达到欧元时代的新高。由于经济增长乏力，法国 2012 年公共债务占国内生产总值的比重可能升至 87% 以上。为保住最高的 AAA 信用评级，法国政府出台第二轮财政紧缩方案，以实现削减预算赤字的目标。德国是欧洲最大的经济体，其财政状况是欧元区内最好的，但是德国 10 多家银行的评级已遭穆迪下调。德国央行 11 月 23 日拍卖 60 亿欧元 10 年期国债，也出现投标规模不足的情况，最终分配的债券金额仅为 36.44 亿欧元，德国央行保留用于二级市场操作的国债金额高达 23.56 亿欧元，占到拍卖总额的 39%。此次国债收益率为 1.98%，但此后升至 2.09%，超过了美国 10 年期国债 2.03% 的收益率。这说明投资者对德国也不再是满怀信心了。

其他一些国家的状况也不容乐观。希腊深陷债务危机，不能自拔。爱尔兰财政紧缩，经济低迷，11 月 10 日，10 年期国债收益率升至 8.63%；如果这一趋势延续下去，爱尔兰有可能步希腊的后尘。11 月 22 日，西班牙拍卖近 30 亿欧元债券，其中 3 个月期国债收益率已由上个月的 2.292% 飙升至 5.11%，10 年期国债收益率升至 7.088%。11 月 24 日，惠誉把葡萄牙主权信用评级从 BBB-下调至 BB+ 的垃圾级。穆迪把匈牙利主权信用评级下调至 Bal 的垃圾级。11 月 25 日，标普把比利时主权信用评级从 AA+ 下调至 AA，前景展望负面。根据欧盟委员会 11 月 10 日发布的经济预测报告，欧洲经济增长恐将进入停滞状态。

欧洲金融稳定基金的规模只有 4400 亿欧元，对于拯救全部重债务国是杯水车薪，仅意大利 1 年内到期的债务就有 3500 多亿欧元。欧盟决策人决定将欧洲金融稳定基金扩大为 1 万亿欧元，甚至考虑将其扩大到 2 万亿欧元，以稳定意大利、西班牙和其他国家的局势，但是否能很快筹集到所需的资金，仍然是未知数。如果市场依然信心不足，投资者抛售意大利债券，那么仅意大利就会耗尽欧洲金融稳定基金，而且其需求还得不到完全满足。

欧洲央行看到了意大利债务问题的严重性，因此持续购入意大利债券，以保持意大利债券市场的稳定。自 2010 年希腊债务危机以来，欧洲央行共购买 1870 亿欧元的重债务国国债，其中包括 700 亿欧元的意大利国债。若不是欧洲央行出手购债，这些国家债券的收益率还会涨得更高。欧洲央行的举措在一定程度上遏制了债务危机的蔓延，但购买债券的力度不够，不足以挽救市场信心。按照欧盟条约的规定，欧洲央行的主要职能是确保货币稳定，因此欧洲央行的购债计划是“暂时性的举措”，同时购债规模是“有限的”。欧洲央行不能直接或间接通过欧洲金融稳定基金等特殊机构来为成员国政府融资。

欧洲债务危机可能继续恶化，进而危及欧洲统一货币、统一市场和欧洲建设。然而，由于成员国利益与欧元区整体利益并不完全一致，欧盟国家领导人在救援成本分摊问题上争论不休，总是议而不决，难以采取有效措施，遑论增强市场信心，潜在的投资者也没有信心出手相救。强国救助弱国的意愿在下降，“双速欧洲论”浮现出来。法、德曾讨论欧元区退出机制，以求隔离重债务国对欧元区经济的影响。法国总统萨科齐提议双轨制欧洲，德国总理默克尔予以呼应，并呼吁修改《欧洲联盟条约》。有些人认为，希腊、意大利等国脱离欧元区，是皆大欢喜的最好办法，有利于各自国家的经济，有利于欧元的稳定，有利于全球金融市场的稳定。希腊、意大利等国退出欧元区，重新采用本国货币，可以通过货币贬值的办法维持工业命脉，进而提高企业效率，改革不合理的福利制度，发展基础设施，同时欧元可以恢复稳定，欧元体制逐步完善。等各方面条件成熟时，希腊、意大利等国再加入欧元区。这听起来是个不错的主意，但实施起来很难。重债务国是否准备好退出欧元区而不遭受更大损失？欧元区其他成员国是否会因重债务国退出而不遭受更大损失？如果欧元区听任重债务国退出而不全力予以援助，欧元区是否还能保持政治信誉？

欧元区国家也在讨论统一发行欧元债券，以防止欧洲债务危机蔓延。11 月 23 日，欧盟委员会提出欧元区“稳定债券”（共同债券）的建议。欧盟委员会在《关于发行“稳定债券”可行性的绿皮书》中提出 3 种方案：一是欧元区发行共同债券，17 个成员国为共同债券提供共同担保并停止发行各自的国债；二是欧元区发行共同债券，为部分重债务国融资，所有成员国提供共同、有限的担保，但各自仍发行国债；三是欧元区发行共同债券，替换一部分成员国国债，各成员国根据所替换的份额提供相应担保。在这 3 种方案中，前两种涉及欧元区财政一体化的相关法规，需要对禁止纾困的《里斯本条约》进行大幅修改。由于修改条约是一个非常复杂的工程，前两种方案在短期内几乎没有实施的可能。第三种方案对欧盟现有机制影响不大，是目前多数专家相对看好的一个方案。

欧盟委员会主席巴罗佐强调发行共同债券的积极意义，他认为这体现了欧元区实现一体化进程和经济治理的决心。发行共同债券的实质是以欧元、欧盟经济总量和欧盟成员国的信誉作为担保，增强市场信心，以便重债务国更容易在金融市场上以较低成本融资。巴罗佐还把发行共同债券计划和扩大对欧元区成员国的财政监管权力结合起来。欧盟将强化对各成员国经济和财政政策的监管，有权在各国政府批准本国财政预算之前对该预算进行审核。

欧盟委员会的建议得到部分欧元区成员国的支持。法国总统萨科齐表示支持欧元区发行共同债券，意大利总理蒙蒂也明确表示赞成这样的解决方案，但是德国总理默克尔拒绝把共同债券作为克服欧洲债务危机的有效手段，芬兰总理卡泰宁认为共同债券的3种方案都存在问题。德国和北欧国家经济状况相对较好，国债收益率稳定，融资成本较低，而南欧国家在各方面都无法与德国相比。发行共同债券并共同为债券提供担保，就摊平了各国债券收益率，而不管经济发展水平如何。此举降低了南欧国家的融资成本，使之相对轻松地摆脱经济困境，却推高了德国的融资成本，不利于德国经济增长。而且，共同债券的发行减轻了南欧国家的压力，也使之失去了进行改革的动力，南欧国家可能会继续挥霍无度。另外，德国和北欧国家必须向民众解释，他们为什么要为那些过去不遵守规则的国家负责，为什么要分担那些国家的负担。当然，发行共同债券还涉及法律问题，例如德国可能需要修改宪法，而修宪需要各党派的广泛共识。在实行选举政治的国家里，国家领导人必须赢得民意的支持以保证执政地位，因此必然寻求适宜的援助方式，尽可能看起来没有损害自己的国家利益。

四、利益融合于一体，危机转化为动力

欧洲债务危机并非无药可治，欧元区不缺少技术上可行的应对之策，欧洲也不是没有足够的资源。欧洲央行增加购买欧元区成员国债券和发行欧元区共同债券，被普遍认为是解决欧元区债务危机的两种有效方法。但是，欧元区成员国仍未达成一致。从根本上说，欧元区成员国

之间存在利益差异，缺乏政治认同，也就缺少解决问题的政治意愿，难以迅速出台有效的解决方案。欧洲经济增长有所放缓，但欧元区还没到崩溃的程度。就意大利而言，虽然已接近债务危机的边缘，但还不至于无可挽救。意大利人坐拥 8.6 万亿欧元净资产，其中 3.6 万亿欧元以金融资产形式存在。只要意大利人甘愿降低生活水平，或者不惜承受个人损失的风险，坚持购买和持有本国国债而不把家庭资产转移到国外，意大利债务问题并非不可解决。

第一，欧盟内部和各国政党之间存在博弈。相关争论主要源于欧元区成员国之间的利益分歧；各国都想用最小的代价来解决本国和欧元区的问题。欧盟坚持“不紧缩不救”的原则，利用重债务国国债收益率攀升、债务风险加大的时机，加紧对这些国家施压，迫使各国进行国内体制改革，调整经济结构，修正经济政策，进一步减少财政支出，加大基础设施投资。在选举政治的条件下，倘若没有危机发生，根本不可能削减福利开支。重债务国希望得到援助却不愿受制于紧缩财政的附加条款。贝卢斯科尼就曾因担心国内政治动荡，拒绝了国际货币基金组织此前向意大利提供贷款的建议。欧盟内部不愿分摊风险，外部国家当然更没有必要为欧元区埋单。只有危机到了最后关头，各国才会达成妥协，作出符合共同利益的决定。

第二，欧洲债务危机给欧元区成员国一个思考和选择的机会。欧元机制的确存有“致命的缺陷”。一是欧元区只有统一货币，而没有统一财政。没有统一的财政预算机构作为基础，欧元的信用非常脆弱。欧元区成员国没有货币发行权，也没有独立的货币政策，一旦陷入债务危机，无法通过货币贬值来缩小债务规模，改变不利局面。二是欧盟缺少财政监管机制，财政纪律形同虚设。没有一个成员国严格遵守《欧洲联盟条约》规定的财政纪律，几乎所有成员国都突破了财政赤字不超过国内生产总值3%和公共债务不超过国内生产总值60%的红线，包括欧元区核心国家德国和法国。三是欧元区也没有适当的救助机制，各成员国没有义务拿钱去救助别的成员国。

但是，无论欧元机制有多少缺点，欧元毕竟是欧洲一体化的重要产物。现在，成员国要么向前迈出艰难的一步，让渡更多的主权，制定新的规则，完善欧元机制，调整欧元区南北经济结构，促进财政、税收、劳务政策一体化，建立更加统一的财政和税务体系，要么接受欧元区的分裂，听任希腊、意大利等重债务国陷于债务危机，被迫离开欧元区。问题是欧盟成员国是否愿意承担欧元区分裂的高昂代价。或许当前应该深入探索如何消除欧元区制度缺陷、加强银行监管、推进内部协商、逐步清除债务等问题，寻找解决危机的持久方案。欧元区需要深化财政一体化，否则欧元区衰落和欧盟分裂恐怕是早晚的事。

第三，欧元区成员国有必要对发展道路问题进行反思。欧盟内部经济发展不平衡，意大利、西班牙、葡萄牙、爱尔兰等国或多或少都存在工业基础薄弱、对外依赖严重、服务业比重过大、房地产泡沫严重等结构问题。事实上，重债务国都有超前享受、“寅吃卯粮”、经济增长赶不上福利水平的问题。重债务国要么寻求援助或退出欧元区，勉强度过这次危机，依旧维持超出自身生产能力的消费，继续面对“入不敷出”引发的各种严重问题，要么利用这个机会进行机制体制改革创新，修正过度超前消费的财政政策，解决长期过度举债、政府严重失职等问题，调整经济结构，促进经济增长，偿还几十年累积下来的巨额债务。意大利引进外资及企业发展署引进外资事务部总监朱赛佩·阿尔库奇表示，政治动荡将是意大利重新改变经济政策的好机会，意大利需要进一步减缩财政，加大基础设施投资。

第四，欧洲债务危机恶化到一定程度，压力有可能转化为推动欧洲一体化的动力。在危机风险的重压之下，共同利益可以促使各方达成新的妥协。意大利新政府可以按照欧盟的要求进行更彻底的改革，欧盟及国际货币基金组织也会提出新的救援措施。欧盟领导人不会听任债务危机恶化，也不会听任欧元区分裂。实际上，欧元是成员国共同利益之所在。从政治层面上，“欧元是德、法永久和好的产物，是欧洲政治一体化的产物，是欧洲经济一体化的产物，是整个欧洲大陆和解的产物”。对于欧洲精英而言，“欧洲统一”的浪漫主义梦想始终具有超凡的魅力。欧元是实现欧洲统一梦想、提升欧洲政治和经济地位的重要一步。欧元区是一个基于共同利益的共同体，每个成员国都得益于统一货币和统一市场。反对共同债券的德国实际上是统一货币和统一市场的最大获益者。希腊、葡萄牙、意大利、西班牙 4 国的经常账户逆差合计为 1830 亿欧元，而德国则有顺差 1820 亿欧元，两者大体相当。在经济竞争日益全球化、地区化、集团化的大势中，欧元对内减少了金融秩序混乱，对外抗衡美国、日本等经济强国的竞争。从全球货币霸权争夺的态势来看，欧元是美元的唯一国际货币竞争者，华盛顿最希望看到欧元区解体。现在欧元占各国央行储备的 30%，欧元区各国债券市场加总后占到了全球的 45%，超过了美国大约 32% 的份额。美国实施货币量化宽松政策，把通胀输出到世界各地。若无欧元，欧元区成员国会遭受更大的损失。

第五，虽然希腊、爱尔兰、葡萄牙、意大利、西班牙等国出现抗议削减公共开支的大规模示威游行，但大多数民众并不要求退出欧元区。根据美联社和捷孚凯（Gfk）民调机构11月22日发表的民意调查，高达93%的意大利人表示，政府必须处理国债问题，大多认为削减国债是当务之急，但支持改革劳工法的民众却只有大约1/4；尽管欧盟要求意大利进行严苛的经济改革，多数意大利人还是认为应继续留在欧元区内。希腊、爱尔兰、葡萄牙等国濒临债务违约时，欧盟和欧元区还是设法向它们提供了援助，以解燃眉之急。对于希腊债务名义价值减记50%的问题，债权人政府最初表示反对，但为了避免新危机爆发，金融机构最终不得不接受。意大利国债收益率飙升，可能引发大规模债务违约，这可能促使欧洲加大援助速度和力度。无论如何，欧洲银行业持有重债务国的大量债券，所持有的意大利债券达到7500亿欧元以上，各国的利益交织在一起，一荣俱荣，一损俱损。

第六，欧元区大国领导人在有关欧元命运的原则问题上是一致的。萨科齐、默克尔和蒙蒂11月24日会谈后表示，3国决心全力保证欧元的永恒持久。萨科齐说，法、德希望通过修改《欧洲联盟条约》，加强欧洲一体化和经济趋同性，改善欧元区治理。默克尔强调力保欧元稳定的必要性，并且指出："在条约修改方面，我们要处理的是建立金融联盟并且加深政治合作。"蒙蒂认为，当前的首要目标是确保欧元区健康，意大利将进行结构性改革，在2013年实现预算平衡。默克尔反对欧洲央行作为"最后贷款人"，坚持欧洲央行应该维持独立性，但是她也提出，"欧洲正处于二战后最困难的时刻。如果欧元体系失败了，欧洲也就不能幸免于难。我们的任务就是要完善欧盟的经济和货币体系，逐步建立一个政治联盟"。

在欧洲一体化进程中，每一次危机都转化为前进的动力。德国前总理施罗德认为，解决欧洲债务危机的最终办法是建立一个联邦制的欧盟，即“欧洲合众国”。欧洲正沿着货币一体化—财政一体化—政治一体化的方向前进，只有进行一场完全彻底的改造才能拯救欧洲。12 月 9 日，除英国外的 26 个欧盟成员国在欧盟峰会上达成了制定新财政条约的共识。这是欧洲向财政联盟一体化方向迈进的重要一步。如果各国之间能够重拾信任，在深化一体化的道路上继续前行，就有希望恢复市场信心，吸引更多投资，走出欧洲债务危机的泥淖，实现欧洲经济形势的好转。

继续推进“欧洲外交”，发展中欧战略伙伴关系*

在欧洲主权债务危机仍未平息、经济复苏乏力之时，时任中共中央政治局常委、国务院副总理的李克强于2011年1月4日至12日对西班牙、德国、英国3国进行正式访问。李克强副总理的欧洲之行，是在胡锦涛主席、温家宝总理等国家领导人2010年访欧后的一次重大对欧洲外交行动，进一步深化了中欧友好合作，增进了相互理解，巩固了战略互信，帮助欧洲缓解了债务危机，加强了双边经贸关系，同时扩大了中国在欧洲的影响，推动中欧关系在新的历史起点上向前发展。

一、加强经贸合作，实现互利共赢

李克强副总理的欧洲之行，向欧盟传递了信心，提供了实实在在的帮助，加强了与3国的经贸关系，增进了共同利益，进一步扩大和深化了中欧合作。中方与3国签署了多项政府协议和商业合同，总金额超

---

* 原载于《当代世界》2011年第3期。

过 200 亿美元；购买欧元区成员国政府债券，并承诺中国将视情况继续购买欧元债券，帮助欧盟摆脱公共债务危机。中国支持欧元区国家，是互利共赢的重要举措，既帮助陷入债务危机的欧盟成员国渡过难关，稳定欧元区金融和经济局势，促进欧盟经济复苏，又直接关系中国的切身利益。

第一，中国增加从欧洲的进口，有利于实现可持续贸易。近年来，中欧经贸关系总体健康平稳发展，双边贸易额持续增长。欧盟已连续六年稳居中国第一大贸易伙伴、第一大出口市场，而中国则是欧盟第二大贸易伙伴、第二大出口市场。经过中欧双方的努力，2010 年前 11 个月的双边贸易额达到 4339 亿美元，同比增长 3 成多，其中欧盟购买了大约 2820 亿美元的中国产品，约占中国出口总额的 1/5。[①] 双方经贸关系保持良好发展势头，成为拉动不少欧洲国家经济复苏的重要动力之一。

欧盟成员国爆发主权债务危机后，建立了应对债务危机的救助机制，并且推进财政整合。但是欧盟迄今尚未摆脱困境，欧元区经济疲软，通货紧缩压力巨大。欧洲已成为全球经济复苏中最薄弱的环节，欧元区 2009 年经济增长为-4.1%，2010 年 GDP 增长仅为 1.7%，低于美国，也低于英国、加拿大等发达经济体。欧盟成员国为摆脱危机，努力扩大出口，吸引更多的投资，希望扩大同中国的经贸往来。中国增加从欧盟成员国的进口，有助于欧盟成员国减少贸易逆差，实现经济复苏，进而保持经济健康发展。而欧盟保持经济稳定与繁荣，可以继续吸纳中国出口，缓解中国出口压力，拉动经济增长。如果欧盟经济继续萧条，欧盟成员国的财政支出、就业和消费信心都会受到影响，中国产品的对

① 《李克强 4 日上午离京　开始出访西班牙、德国、英国》，2011 年 1 月 4 日，见 http://www.gov.cn/ldhd/2011-01/04/content_1777941.htm。

欧出口必然会受到严重制约。而且，任何一个欧盟成员国的经济崩溃，都会拖累整个欧盟经济，并给世界经济复苏蒙上阴影，那就会间接影响中国的对外贸易，阻碍中国经济快速发展。

中国要保持经济平稳较快增长，既要注重扩大内需，又需要良好的外部环境。2008 年全球金融危机爆发，中国实体经济的产能过剩问题凸显出来。中国政府近年来致力于扩大内需，人民群众的生活水平普遍提高，消费力与日俱增。扩大内需是实现“十二五”规划目标的一个重要方面。但是，目前在中国经济发展和社会稳定中，出口依然发挥着重要的作用，欧盟仍然是中国产品的重要出口区。中国增加进口，缓解全球化条件下造成的贸易不平衡，就是帮助欧盟阻止债务危机进一步恶化。李克强副总理说，扩大内需和增加进口都是中国的战略。当前增加进口，有利于我们继续引进国外优势产品、先进技术和管理经验，也有利于我们促进贸易平衡、用好外汇储备。这样帮助了别人也帮助了自己。

第二，中国购买欧元债券，帮助欧元稳定。欧洲经济为债务危机所累，欧元大幅贬值。为应对主权债务危机，欧盟成员国被迫采取财政紧缩政策。欧元区各国需要为数千亿欧元的债务再融资，迫切需要找到买家，但希腊、葡萄牙、西班牙等国背负沉重的债务负担，债券价格下跌，融资成本高昂，偿本付息的巨大压力拖累其经济复苏。中国此时挺身而出，购买欧元债券。实际上，2008 年国际金融危机爆发之后，中国加大了对欧元债券的投资。现在中国购买这些国家的债券，并且承诺根据情况购买更多的欧元债券。这如同雪中送炭，既帮助这些国家解决燃眉之急，使这些国家避免经济崩溃或债务重组，也对一些投资者产生镇定作用，使疲弱的欧元企稳，防止欧元债券陷入收益率攀升、财政基本面恶化的恶性循环。

另外，美国采取量化宽松的货币政策，加大了全球通货膨胀的压力。而中国和其他主要经济体采取“宽松对宽松”的货币政策，面临巨大的通胀压力。中国购买欧洲债券，稳定欧元汇率，可减少欧元出现量化宽松的概率，也有助于缓解中国内部通胀压力，并且通过赢得欧洲的支持，在一定程度上降低美国强求人民币升值的经济外交压力。

第三，中国购买欧元区国债，维护欧元稳定，拯救欧元区，同时中国可以加强外汇储备的多元化，避免中国对欧投资出现损失。欧元是欧洲经济一体化的最高成果，承载着欧洲人的“光荣与梦想”。然而，希腊、葡萄牙、西班牙等国的主权债务危机，拖累了整个欧元区和欧盟。欧盟成员国无力自救，不得不与国际货币基金组织联手，设立总额达7500亿欧元的救助机制，帮助陷入债务危机的欧元区成员国，防止债务危机蔓延。对欧元区成员国来说，任何一个成员国退出欧元区的显性和隐性成本都是难以承受的，欧元崩溃和欧盟解体的政治代价更是无法接受的。中国把部分外汇储备投资于欧元区国家债券，帮助这些国家解决资金短缺问题，从而尽快摆脱危机，但从更广泛的意义上说，这不只是援救欧元或几个欧元区成员国，而是援救整个欧元区，甚至整个欧盟。

对于中国来说，购买欧元债券并非都是投资风险。目前，这些国家的国债收益率都创下了欧元时代的历史新高。欧洲金融市场稳定基金发行AAA级的债券，并得到德国的担保。中国投资欧元债券，既阻止出现债券违约或债务重组的情况，避免投资遭受损失，还可以在将来获得合理的投资回报，保证中国外汇储备的总体安全和保值增值。另外，中国通过调整资产配置，分散对美国国债的投资，减少对回报较低的美国国债的依赖。中国一直把美元作为主要外汇储备货币，2008年成为美国国债的最大持有国。到 2010 年 10 月，中国持有的美国国债总额达到 9068 亿美元，占美国政府全部未偿债务的 21%，同时也占中国外汇储备的近 1/3。[①] 美联储 2010 年 11 月 3 日宣布推出第二轮量化宽松货币政策，导致美元竞争性贬值，中国持有的大量美元资产遭受严重损失。现在中国把一部分投资转向欧元债券，持有多样化的投资组合，可减少外汇投资的风险。

第四，中国支持欧元的地位，关乎未来国际货币体系格局。在推动全球经济治理结构改革、摆脱美元霸权的议题上，中国和欧盟的目标是一致的。长期以来，美国是世界经济和金融规则的制定者，美元则是美国霸权的重要构成部分。尽管布雷顿森林体系已经瓦解，但现行的国际货币体系本质上是以美元为主导的结构。美国为自身利益操纵美元汇率，其他国家深受其害。在这次金融危机中，美国为缓解国内经济萎靡困境，推行量化宽松的货币政策，滥印美钞，把美国的危机输出到世界各地，加剧汇率波动，导致全球金融市场混乱，加大其他国家通胀压力，影响全球经济复苏。

欧元问世以来，在全球外汇储备中的份额不断上升，到 2010 年 9 月上升为 26.9%；而美元地位则大幅下滑，在全球外汇储备中的份额从 1999 年的 71.0%，下降到了 2010 年 9 月的 61.3%。[②] 欧元已成为世界第二大储备货币，对美元作为世界经济贸易的货币本位角色构成真正的挑战。欧盟成员国一直推动国际货币体系改革，希望改变美国主导的国

---

① 《国务院副总理李克强在柏林会见德国总统武尔夫》，2011 年 1 月 8 日，见 http://www.gov.cn/ldhd/2011-01/08/content_1780348.htm。

② 《欧元仍是国际外储多样化的最大受益者》，2011 年 2 月 17 日，见 http://finance.sina. com.cn/money/forex/20110217/00383592745.shtml。

际金融秩序，改变全球经济活动过度依赖美元的局面。近年来，美国随意对中国施压，强迫人民币大幅升值，干扰中国对外贸易和经济发展。中国致力于重塑国际货币体系，希望参与制定新规则。在人民币还是非自由兑换货币的情况下，支持欧元继续存在和稳定是节制美国损人利己、滥印美钞的方法之一。

第五，中国帮助欧元区国家脱困，对欧盟度过危机具有重大意义。中国领导人明确表达了中国对欧洲经济和欧元的信心，向国际市场表明中国相信欧盟能够应对主权债务危机、实现经济复苏和增长。中国领导人支持欧洲经济的态度、购买欧元区国家债券的行动以及继续提供帮助的承诺，提升了国际市场对欧元的信心，缓解了市场对主权债务的持续担忧，也增强了欧洲民众对政府根治欧元区经济失衡问题的信心。实际上，信心是结束这场危机的关键。中国对欧盟的支持，使欧洲债务危机得到缓解，由此显示出中国的影响力。在中国表明对欧元的信心后，日本也计划购买欧洲金融援助基金发行的债券。

当然，要从根本上解决欧元体系的问题，还需要欧洲的政治意愿和努力。欧洲政治领袖们需要重新凝聚社会共识，采取有效措施，全面解决造成赤字、影响增长的难题，让欧洲经济持续复苏，恢复可持续增长。在 2010 年 12 月举行的欧盟峰会上，欧盟成员国领导人为确保欧元稳定、密切财政合作，就修改《里斯本条约》、引入欧元的长期稳定机制达成了共识。

在经济全球化日益深化的时代，中欧经济相互依存，中国帮助欧盟成员国摆脱债务危机，维护欧元稳定，实际上也有益于中国经济发展。李克强副总理通过这次访欧，进一步深化中欧经贸合作，巩固了中欧全面战略伙伴关系的基础。

二、增进相互了解和互信，深化中欧务实合作

李克强副总理访欧期间，中国采取支持欧盟成员国的具体措施，为帮助欧盟摆脱严峻的主权债务危机作出实际贡献，并把经贸合作扩展到新的领域。同时，李克强副总理的欧洲之行，增进了中欧相互了解和战略互信，丰富了中欧合作的内涵，更加重视并妥善处理了彼此重大关切，使中欧关系的政治基础更加坚实。

中国和欧盟在相互尊重和平等互利的基础上加强中欧在各领域的对话交流与合作，致力于发展中欧全面战略伙伴关系。近年来，中欧政治互信不断增强，经贸关系向前推进，形成了全方位、多层次、宽领域的合作格局。但是由于历史背景、文化传统、社会制度以及经济发展水平等方面的差异，中欧之间还缺乏充分的理解，存在一些分歧和矛盾，有一些问题需要解决。而且随着中国综合国力的增强和国际影响力的扩大，一些欧洲人对中国的发展持有疑虑和戒心，甚至在一些问题上猜疑和指责中国。

李克强副总理 9 天的欧洲之行，会见西班牙、德国、英国的领导人，介绍中国的发展形势和经济政策，深入讨论并积极推动解决彼此关切的问题，增进了相互了解，为中欧互信打下良好基础，深化了与 3 国及欧盟的合作。同时规划了双方在政治、经贸、能源、人文等领域的交流与合作，双方将共同致力于建立面向未来、平等相待、互利共赢、可持续发展的伙伴关系。李克强副总理还与 3 国领导人就国际经济形势、20 国集团、世贸组织多哈回合谈判、气候变化、朝核、伊核、反恐、防扩散等国际和地区性问题深入交换意见，推动了中欧在国际事务中的协调与合作，有利于促进世界的和平、发展和稳定。

李克强副总理利用会见、会谈等各种机会，广泛接触3国工商界人士，发表重要演讲，全面介绍中国改革开放30多年来的成就和未来发展战略，阐述中国国情和发展理念，说明中国未来五年的经济工作重点，并提出进一步发展双方经贸关系的思路和建议，从而推进了与3国以及欧盟的经贸合作关系。李克强副总理在3国的重要报纸上分别发表了《携手互利合作　共创美好未来》《以更加开放的姿态面向世界》《中国同世界共成长》3篇文章，客观介绍中国的真实情况，说明中国政府对经济、金融关系的重要立场和观点，阐述中国的外交外贸政策，指出中国的发展对其他国家的重要意义。他强调中国仍然是发展中国家，并希望通过加强与欧洲的交流与合作，实现互利共赢。李克强副总理还表达了中方期待与3国同舟共济、共迎挑战、共谋发展的愿望，拓展了公共外交，树立了中国的正面形象。

3国领导人对中方支持欧盟成员国克服主权债务危机表示感谢、赞赏和欢迎。西班牙首相萨帕特罗说，西班牙对中国在关键时刻给予的支持将永志不忘。英国副首相克莱格说，“英中两国是共同增长的完美合作伙伴”。德国总统武尔夫表示，德中两国应在相互信任的基础上发展更加紧密的战略伙伴关系。3国领导人对中国的发展成就表示钦佩，表示将会准确、全面地看待中国的发展，理解中国的发展道路和发展方向，同时对加强中欧经贸合作表现出极大的热情和期待，希望寻找更多的合作机遇。3国领导人高度赞赏中国在国际事务中发挥的重要作用，表示要在国际问题上继续加强与中方的磋商与协调，在国际多边场合开展更紧密的合作。3国领导人认识到，欧洲国家和中国没有战略性的利益冲突，而是拥有广泛的共同利益，中国的发展是欧盟成员国的机遇而非威胁，欧盟成员国的繁荣稳定也是中国的机遇。中欧作为世界上两大经济体和两支重要力量，进一步加强合作对世界和平、繁荣和稳定有利。3 国领导人愿意与中方共同努力，不断推进 3 国与中国的双边关系及欧中全面战略伙伴关系。

当然，也有一些欧洲人对“中国的拯救”怀有一种矛盾心理，既希望利用中国的市场和资金挽救欧洲，同时又担心中国崛起意味着欧洲没落。一些西方媒体把中国投资作为炒作的话题，怀疑中国“援欧”的背后隐藏着一种政治策略，是为了寻求欧盟给予中国市场经济地位，“拉拢欧盟以解除对其的武器禁运，获得欧洲高科技等”。对于中国在欧洲最危险时刻施以援手却引来无端猜疑，西方也有声音认为“有些过分”。越来越多的欧洲民众更加全面、客观地了解真实的中国，理解中国的发展与进步，认识到中国的发展是欧洲的机遇，中欧互利合作前景广阔。这为中欧加强互利合作，夯实了民意基础。

领导人通过对话，扩大了共识。双方都认识到，中欧经济互补性强，欧洲技术和中国市场结合潜力巨大，希望通过中欧在许多领域的合作，更好地实现互利共赢。双方正视中欧之间的分歧和摩擦，坦率交换意见，消除误解，化解分歧。对于欧方关心的贸易逆差、人民币汇率、知识产权、市场开放、稀土出口等问题，李克强副总理坦诚地说明中方立场和政策，耐心细致地做了增信释疑工作。双方都表示支持自由贸易，反对贸易保护主义。中方欢迎欧洲企业来华投资兴业，愿意进一步改善投资环境，并鼓励更多中国企业赴欧投资。对于一些问题，例如贸易摩擦、中国市场经济地位、对华军售禁令等问题，出于各种原因而暂时不能得到解决，但双方表明各自的立场，相信随着相互依存和战略互信的日益加深，这些问题会在中欧互利合作的深化中逐步得到解决。

李克强副总理希望 3 国在推动欧盟承认中国完全市场经济地位和解

除对华军售禁令这两大问题上继续发挥积极作用。实际上，欧盟不承认中国完全市场经济地位，是一个政治决定，而非技术决定。欧盟采用贸易救济措施，对中国产品发起反倾销调查，征收“反倾销”税，实质上是搞贸易保护主义，限制了中国产品出口，干扰了正常的贸易，损害了中欧双方的利益。欧盟若承认中国的完全市场经济地位，改善中国的外贸环境，向中国出口商品进一步开放市场，保证中国正常的外贸出口，也有利于更多有竞争力的欧洲商品参与竞争，进入中国市场。同时，欧洲国家放宽向中国出口高科技产品的限制，也有利于提高对中国出口的数额，减少贸易逆差。西班牙、德国、英国都同意承认中国的完全市场经济地位。只是由于欧盟成员国在这个问题上的立场不一致，按照欧盟内部的运作机制，目前还没有作出对中欧双方有利的决定。3国领导人表示将继续推动欧盟尽快承认中国完全市场经济地位。

在维持对华军售禁令的问题上，欧盟也并非铁板一块。欧盟对华军售禁令一直是中欧关系中的一个焦点问题，与中欧确定的全面战略合作伙伴关系非常不相称，而且欧盟成员国并没有从中得到任何好处。欧盟成员国在解除对华武器禁运的问题上存有分歧，法国、西班牙、德国、意大利等国都明确主张取消这项禁令。近年来，欧盟成员国领导人经常主动提出解除对华军售禁令。欧盟外交与安全政策高级代表阿什顿向2010年12月欧盟峰会提交了一份报告，认为“当前的武器禁运是欧盟和中国在外交政策和安全措施方面加深关系的一大障碍”，强调要促进和中国的全面合作战略关系，建议欧盟取消对华武器禁运。中国要求欧盟解除禁令，主要不是为了买欧洲的武器，而是反对政治歧视，寻求中欧平等相待。中国在国防工业方面一直强调自主创新，通过自主研发，武器装备方面的技术水平迅速提高，建立了完整的国防工业体系，许多新型武器装备已经接近或达到世界先进水平，甚至超过世界同类产品。如果欧盟解除这个带有冷战色彩的对华军售禁令，无疑会加强双方的政治信任，有利于中欧政治和经贸关系的健康发展。

李克强副总理的欧洲之行，增进了中欧双方的相互理解，促进了中欧关系以及中国与欧盟成员国双边关系协调发展。中欧战略互信，以及欧盟内部谋求中欧合作的政治气氛，将有助于解决中欧之间的具体分歧，为中欧关系进一步深入发展扫除障碍。

三、发展中欧伙伴关系，重构中美欧战略三角

李克强副总理的欧洲之行，促进了中欧在广泛共识的基础上扩大合作，丰富了全面战略伙伴关系的内涵，展示了中欧友好合作的光明前景。中欧关系的健康发展，对中美欧三角关系产生深刻影响，正在使中美欧三角关系呈现出更加平衡的特征，并促使单极的国际格局向多极格局逐渐转化。

在中美欧三角关系中，欧美互为最重要的盟友和伙伴。长期以来，欧洲依靠美国提供安全保护，在经济、政治和外交上都依附于美国。苏东剧变之后，国际格局发生根本性变化，共同威胁消失，欧洲对美国的向心力逐渐减弱。欧美在经济贸易、对外战略、军事防务等领域里都产生了深层次的分歧和矛盾。但是，由于共同的基本价值取向、大致相同的经济制度和社会政治制度以及密切的经济联系，欧美之间形成一种竞争与合作并存的关系。随着中国的快速发展，欧盟和美国都积极发展同中国的经贸关系。欧美因战略利益不同而时起摩擦，但欧盟对中国的立

场始终深受美国的影响。美国和欧盟时常在民主、人权等问题上联手抨击中国。

进入21世纪，特别是“9·11”事件后，欧美之间全球战略的差异凸显。美国发动伊拉克战争、阿富汗战争后，欧美分歧日益扩大。布什政府继续奉行其全球称霸战略，极力维持唯一超级大国的地位，凭借其强大的经济和军事实力，实施“先发制人”的战略，把单边主义推向极端。而欧盟独立自主意识增强，强调欧洲特性，谋求欧洲安全的主导权，主张建立平衡的新型多边秩序，倾向于多边主义和多极世界，反对美国单极世界。欧盟从政治、经济、外交等领域公开挑战美国的霸主地位，争取成为多极格局中的一极。欧美关系出现新的紧张，但欧美为了维护重大的共同利益，又相互支持和积极合作。

中国一直致力于同世界各国的友好交流与合作，遵循相互尊重、不干涉内政的原则发展同欧美的关系。随着经济快速发展和综合实力迅速增强，中国已成为国际政治舞台上不可或缺的成员。中欧之间没有直接的地缘战略冲突和历史遗留问题，也没有根本利害冲突，而且双方在坚持多边主义、促进世界和平与发展等重大问题上持有相同或相近的看法和主张，积极发展全面战略伙伴关系，推进国际政治多极化进程。美国把日益一体化的欧洲和正在崛起的中国看作潜在的竞争者。由于欧美互信不足，双方摩擦持续不断。美国对欧洲的影响力减弱，但仍然希望联合欧盟来制衡中国。欧盟在一些问题上常常随同美国对中国施压，例如双方联手逼迫人民币升值。美国为了遏制中国，坚持对华武器禁运，并且阻挠欧盟解除对华军售禁令。欧盟也屈从美国的压力和要挟。

全球金融危机爆发，国际力量对比发生变化，推动了世界格局的转变。欧美的金融和经济双双受挫，经济复苏步伐依然疲软，国际影响力相对下降。而中国成功应对全球金融危机，继续保持经济强劲增长，国防科技水平大幅上升，缩小了与美国和欧盟的差距。欧盟爆发主权债务危机后，中美欧的互动方式发生变化。金融危机进一步激化了欧美之间的经济发展模式之争，双方在如何应对经济危机、气候变化、贸易改革、全球金融治理等问题上也产生争执。在20国集团峰会上，欧美的冲突达到高潮：欧盟希望以紧缩战略应对经济危机，而美国则主张继续实施财政刺激政策。欧盟积极推动国际金融体系改革，力图摆脱对美元的过度依赖，消除美国金融霸权，打破美国独大的国际经济秩序。美国为维护自身利益，首先要解决的问题是美国经济复苏，而不是重建国际货币体系。

中国成为当今世界第二大经济体和最大的外汇储备国，开始显示出在全球的经济影响力。面对中国崛起，美国很不适应，进而深感焦虑不安，试图通过外交、经济和军事手段阻碍中国发展。美国在人民币汇率问题上对中国施加前所未有的压力，在贸易领域里制造摩擦。美国还宣布战略东移，重返亚洲。2010年7月美国国务卿希拉里高调开启亚洲4国之行，10月又访问亚太6国；11月奥巴马总统也开启亚洲之旅，试图整合对中国怀有嫉妒和警惕的力量，压缩中国在亚洲的外交空间，遏制中国日益增长的影响。

中国坚决反对美国挑战中国底线的行为，努力突破美国的围堵，寻求更大的外交空间，以减轻在亚洲面临的外交压力。中国向欧盟伸出援手，扩大中欧经贸合作，购买欧元债券，挽救欧元于危难。欧盟希望利用中国的市场和资金来缓解债务危机，实现经济复苏，根本不担心中国军事实力的增强。欧盟充分认识到中国在应对国际挑战方面发挥的重要作用，承认“中国在欧元风波中具有举足轻重的作用”，不愿成为美国围堵中国的马前卒。法国总统萨科齐表示，法国不会与美国一起要求人民币升值。

欧盟希望成为多极世界中的一极，而不是作为中美两强合作的旁观者。中国国家领导人2011年首次出访就把欧洲作为目的地，表明中国高度重视中欧关系，而且中国主动向欧盟提供援助，这就使欧盟感到中国并不寻求一个中美两极世界，而是把欧盟的发展视为世界多极化趋势继续发展的一个积极因素，希望欧盟能够成为多极世界中的一极。李克强副总理明确指出，中方坚定支持欧盟一体化进程，支持欧盟实现经济稳定增长和长远发展，支持欧盟作为多极世界中的重要一极，在国际事务中发挥重要作用。李克强副总理的欧洲之行拓展了中国的外交空间，使中欧成为紧密的战略伙伴，双方关系更加密切，充满活力。正如德国外长韦斯特韦勒所说：“中国和欧洲比任何时候都更需要对方。”当前，世界大发展、大变革、大调整的趋势继续深入发展，中美欧在应对各种全球性挑战中具有共同利益，同时相互之间又存在竞争关系，因此中美欧战略三角关系趋于相对平衡，欧美越来越难以形成制衡中国的战略联盟。

李克强副总理的欧洲之行，推动了中欧务实合作，为进一步发展中欧全面战略伙伴关系提供了新的起点。中国开始全面实施“十二五”规划，欧盟也开始全面落实“欧洲2020战略”，双方都致力于科学发展、和谐发展、可持续发展和包容性增长。中欧会继续秉持互利共赢的精神，加强沟通与协调，深化各领域的合作，实现共同繁荣发展。

欧债危机蔓延，欧洲一体化加速 *

随着欧债危机愈演愈烈，欧盟成员国领导人越来越清楚地认识到，欧债危机的根源在于金融业不负责任的行为、不可持续的公共债务、一些成员国竞争力的缺乏，以及欧元体制自身的结构性问题。进入2012年，欧盟实施了一系列短期措施，以化解一些成员国面临的偿债能力危机和流动性危机，并且推出了针对欧元体制固有缺陷的突破性方案，推进银行联盟和财政联盟建设，朝欧洲联邦的方向前进。

一、“财政契约”：迈向财政一体化的重要一步

欧元是欧元区成员国共同利益之所在。欧元区成员国在如何摆脱危机的措施上存有种种分歧，但在维护欧元的存在、保持欧元区统一方面是一致的。各国领导人意识到，债务危机肆虐的一个重要原因是欧元区

* 原载于《当代世界》2012年第11期。

实行统一的货币政策却没有统一的财政政策，成员国在税收和财政支出方面各行其是。希腊、葡萄牙、爱尔兰等外围成员国之所以深陷债务危机而难以自拔，既是因为其金融体系、经济结构、财政政策不健全，在经济增长上与德国等核心经济体拉开了距离，也是因为欧元区缺少财政联盟，以致南北差距不断扩大，各国的融资成本差别悬殊。其实，欧元的倡导者并非不知道欧元体制的问题。他们只是在一时难以促成财政联盟的情况下，通过创建货币联盟来迫使成员国加强财政政策协调，把货币联盟作为通向财政联盟和政治联盟的途径。

经济学界普遍认为，为了保证欧元区各国宏观经济稳定，必须推进银行联盟和财政联盟建设。随着欧债危机持续恶化并不断蔓延，欧盟成员国在完善经济治理上达成了一定的共识：为了维系货币联盟的存在，必须推进财政联盟建设。利用欧洲金融稳定工具或依赖欧洲央行注入流动性，可以暂时缓解债务危机，而根本的解决办法在于推进欧元区金融一体化和财政一体化。唯有建立财政联盟，实施更密切的经济政策协调，强化财政框架，实施严格的财政纪律，加强对各国财政预算的监控，才能切实约束各国财政开支，促进经济增长趋同，纠正欧元区内部竞争力失衡的状况，从根本上解决欧元区目前的危机。欧洲央行前行长特里谢多次呼吁，欧洲前进的方向应该是“财政联邦”。

欧债危机爆发以来，推进财政联盟建设的努力主要集中于加强财政纪律和监管。1997 年通过的《稳定和增长公约》规定成员国财政赤字不得超过 GDP 的 3%，以及公共债务不得超过 GDP 的 60%，但由于财政监管制度不完善，监管措施乏力，许多国家超标。为了加强财政金融监管，欧盟财长会议于 2011 年 11 月 8 日通过了由欧盟委员会提出的“六个立法建议”。在 2012 年 3 月的欧盟春季峰会上，除英国和捷克以外的 25 个欧盟成员国在此前达成共识的基础上正式签署《欧洲经济货币联盟稳定、协调与治理公约》(即“财政契约”),以加强和监管欧元区财政纪律。

“财政契约”引入“黄金规则”,在一定程度上强制要求各国平衡预算。签约国要做到预算平衡或保持盈余,年度财政赤字不得超过GDP的3%,结构化赤字率不得超过GDP的0.5%。对于公共债务低于GDP 60%的成员国,其结构化赤字率最高可达到1.0%。一旦结构化赤字率超标且幅度达到一定程度,签约国必须保证“自动化纠正”。签约国必须将新的财政管理规定纳入本国法律,最好是写入各自宪法。欧洲法院有权对持续违反契约规定的国家进行处罚,最高金额相当于该国国内生产总值的0.1%。欧元区国家的罚款将纳入欧洲稳定机制,非欧元区国家的罚款将纳入欧盟一般预算。非签约国将无法获得欧洲稳定机制的救助。

“财政契约”以政府间条约的方式来强化和监管欧元区财政纪律,监督成员国实施财政政策和结构改革,并赋予欧洲法院维护财政纪律和处理财政赤字问题的执法权力,从而强化对欧元区成员国预算的约束。“财政契约”要求成员国严格按照规定来控制财政赤字,实施特别的财政自律制度,以强大的内在自制力,尽力化解日益严重的债务危机。这显然有助于重塑市场对欧盟的信心,但更重要的是有助于通过深层次改革来推进欧元区财政一体化,预防与纠正成员国经济与财政不平衡,改变入不敷出的财政状况,确保公共财政的可持续性,并且提高经济竞争力,促进经济增长,从根本上消除债务危机。

“财政契约”的签署意味着成员国把部分预算主权让渡到超国家层面,标志着欧元区向更紧密的财政一体化和更有力的经济治理迈出了极为重要的一步,为德国总理默克尔呼吁的财政联盟和政治联盟打下基础。因此,“财政契约”被视为“欧盟历史上的一个里程碑”。

二、“增长与就业契约”：紧缩和增长齐头并举

“财政契约”反映了默克尔一直坚持的整顿财政、削减赤字、推进财政一体化的主张。对于克服当前的危机，“财政契约”难以立刻产生明显效果，“重紧缩”的负面效应却日益显现出来。欧元区成员国尤其是重债国的经济增长受到严重影响。欧盟经济陷入停滞，欧元区面临再次衰退的危险，多国陷入财政紧缩和经济下滑的恶性循环。各国民众早已怨声载道，执行减赤承诺的执政党纷纷下台。显然，依靠“紧缩”不可能很快恢复财政健康，实现经济平稳复苏。

欧盟官员和一些国家领导人从强调财政紧缩转向注重经济增长和就业，把经济增长作为摆脱债务危机并确保危机不再发生的根本保障。在2012年6月举行的“事关欧元未来命运”的欧盟夏季峰会上，各国领导人正式通过“增长与就业契约”，作为“财政契约”的补充，以促进就业与增长的新措施，避免紧缩政策阻碍经济增长。“增长与就业契约”的核心内容是德、法、意、西4国领导人2012年6月22日在罗马会晤时同意的总额1200亿欧元的一揽子刺激经济增长和创造就业计划。这笔资金来源于几个方面：一是向欧洲投资银行增加100亿欧元资本金，通过杠杆化操作使其借贷能力提高到600亿欧元，“这些钱将投向欧盟所有国家，尤其是那些处于困境的国家，以帮助它们通过增长步出危机”；二是动用欧盟结构基金的550亿欧元资金，主要用于支持中小企业发展，以及年轻人就业；还有约50亿欧元将通过发行“项目债券”来筹措，主要用于能源、交通与宽带等基础设施建设。这个一揽子计划扭转了此前偏重紧缩的政策，把促进经济增长作为各项工作的重心。

欧盟在完善经济治理、强化财政纪律等方面采取了措施，还需要推

出提振经济的计划。“增长与就业契约”和“财政契约”相互配合，把必要的公共债务缩减与不可或缺的经济刺激结合起来，通过创造就业来实现经济复苏，通过促进经济增长以走出经济衰退。只有实现经济的可持续增长，才能达到降低债务的目标，真正克服债务危机。

三、“单一银行业监管机制”：金融一体化的新起点

2012 年 6 月欧盟夏季峰会上取得的意义最为深远的成果是欧元区成员国领导人在银行业监管方面达成共识，同意在 2012 年底前建立“单一银行业监管机制”。在此基础上，欧盟委员会于 9 月 12 日就建立欧元区单一银行业监管机制（SSM）提出立法建议，要求以欧洲央行为核心实施对欧元区银行业的集中监管，以强化应对债务危机的手段，维护欧元区单一市场完整性。按照规划，欧元区银行联盟建设分为 3 步进行：第一步是，成立欧洲央行主导下的单一银行监管机制，监管欧元区所有银行，欧盟的非欧元区成员国银行可自主选择加入单一银行业监管机制；第二步是建立银行业清算机制，由各银行出资设立基金以应对可能出现的破产清算；第三步是建立完善的存款保险机制，保护欧元区银行储户的存款安全。

在 2012 年 10 月 19 日的欧盟秋季峰会上，各国领导人同意 2013 年 1 月 1 日前完成单一银行业监管机制的法律框架，并于 2013 年逐步运行。到 2014 年，欧元区所有 6000 家银行都将接受欧洲央行直接领导的监管机构监管，各国银行业监管机构主要负责日常监管，并执行欧洲央行的相关监管政策。

欧洲央行将在单一银行业监管机制中扮演核心角色，并具有直接利用成员国监管机制进行一般性监管的功能。欧洲央行承担维护金融稳定和检测银行生存能力风险的任务，监督银行遵守有关资本、杠杆率和流动性的规定。如果发现银行违规操作或存在违反监管要求的风险，欧洲央行有权对该银行采取干预措施，责令该银行采取补救措施。不过，欧洲央行必须将金融监管职能和货币政策调节职能隔离。欧洲央行有责任和权力重建货币政策的完整性，也有权在二级市场上购买债券。此外，单一银行业监管机制应该在单一市场的框架和理念内运行，并应向全体成员国开放并保持透明。

统一的货币需要一套统一的规则，欧元区成员国的金融关系日益密切，需要加强金融和银行体系的监管，那么货币联盟必然需要银行联盟。欧元区拥有一个欧洲央行参与的单一银行业监管机制，欧元区内的银行实行同样的规则并接受相应的跨境监管，就可以避免各行其是的现象发生。另外，一旦单一银行业监管机制正式启动，欧洲稳定机制将可以直接向成员国受困银行注资，隔离银行和主权国家间的风险转移，有助于打破“银行债务与主权债务的恶性循环”。

单一银行业监管机制的建立，将是欧元问世以来欧元区在金融治理上的最重大变革，既是应对欧债危机的重要举措，也是迈向银行联盟的第一步，是强化欧洲经济货币联盟的重要步骤。单一银行业监管机制可以弥补欧元制度设计上的缺陷，在具体法律框架下运行，这有助于重建市场对欧元区银行业的信心。

四、欧洲稳定机制：欧元区永久性金融“防火墙”

在欧盟夏季峰会上，欧元区成员国领导人同意调整欧洲稳定机制（ESM）和欧洲金融稳定工具（EFSF）的功能，以应对西班牙和意大利等国债务形势恶化、融资成本飙升的局面。作为欧元区永久性救助基金，欧洲稳定机制将取代计划运行到2013年中期的欧元区临时救助机制——欧洲金融稳定工具，向融资困难、需要帮助的欧元区成员国和银行提供资金支持。欧洲稳定机制由欧元区成员国按比例出资，由800亿欧元现金及6200亿欧元的通知即缴资本组成，放贷能力为5000亿欧元。

欧元区成员国同意欧洲稳定机制直接向陷入危机的成员国银行注资，前提条件是欧元区先建立单一银行业监管机制；对于已采取措施努力削减财政赤字和公共债务的成员国，欧洲金融稳定工具或欧洲稳定机制可直接购买其国债以降低其融资成本，而不必附加新的紧缩或改革要求。

10月8日，欧元集团主席兼欧洲稳定机制理事会主席容克在卢森堡宣布，欧洲稳定机制正式启动。欧洲稳定机制可直接向成员国政府提供贷款、干预债市、提供信用额度、提供可用于调整银行资本的贷款。欧洲稳定机制的初始放贷能力为2000亿欧元，在今后18个月内将增加到5000亿欧元。如果欧洲稳定机制将来被允许像欧洲金融稳定工具那样利用自身资本杠杆，其放贷能力将从5000亿欧元扩大至2万亿欧元。此外，还有欧洲金融稳定工具的1920亿欧元用于葡萄牙、爱尔兰、希腊的经济调整计划。欧洲稳定机制将承担对西班牙银行业提供救助贷款的任务，以及相应的权利义务，这一部分贷款也不具备优先偿还权。

对于应对债务危机，欧洲稳定机制具有重要意义。单一银行业监管机制 2013 年正式运行后，欧洲稳定机制将在很大程度上提高金融市场的稳定性，使欧元区应对危机的策略更加可靠。欧洲稳定机制可以直接向成员国银行注资，避免把对银行业的救助转嫁到政府头上而增加受援国政府的债务负担，因此而成为欧元区永久性金融“防火墙”。欧洲稳定机制不具有优先债权人地位，可以在一定程度上缓解市场的担忧，有助于解决部分成员国严重的财政问题和融资问题，有利于应对西班牙和意大利等重债国可能出现的债务风险。因此，欧洲稳定机制的正式启动是欧洲货币一体化进程中一个里程碑式的事件。

五、“直接货币交易”：欧洲央行充当“最后贷款人”

欧元区成员国在财政一体化、金融一体化、欧洲稳定机制等方面取得实质性成果，但在反复讨论的欧元债券方面却没有进展。一些经济学家认为，发行欧元共同债券是恢复市场信心、快速解决欧元区重债国融资问题的重要措施，也是纾缓债务危机的有效手段。从本质上看，发行欧元债券在一定程度上具有共担欧元区债务的特性，意味着德国和荷兰等债务较轻的国家有可能同西班牙、意大利、希腊等重债国分担风险。默克尔在一些短期措施方面作出让步，展示了“德国将不惜一切代价捍卫欧元”的姿态，但断然拒绝欧元共同债券，不愿分担弱势国家的债务风险。不过，德国的立场也留有余地，把实行充分的监管措施、建立财政联盟作为发行欧元共同债券的条件，坚持担保和监管必须并举，强调“没有统一监管就没有债务共担”。

欧盟峰会的成果传递了积极信息，但没有使市场的乐观情绪保持下去，欧债危机不断恶化，欧元区经济整体疲软。特别是欧元区第三和第四大经济体意大利和西班牙，两国经济深度萎缩，失业率持续攀升，公共债务不降反增，银行存款大量流失，融资压力不断增大。然而，欧洲金融稳定工具的救助资金难以应对欧元区国家10月到期的逾千亿欧元债务，欧洲稳定机制尚未正式运行，此时只有欧洲央行有能力行使最后贷款人的职责。实际上，欧元区不仅需要银行业联盟和财政联盟，还需要欧洲央行作为各国政府的最后贷款人。从理论上说，欧洲央行可以印钞，其购买债券的能力是无限的。

法国、西班牙和意大利等国强烈敦促欧洲央行尽快采取干预举措，平息主权债券市场的动荡局面，缓解重债国的融资压力。2012年9月6日，欧洲央行终于推出名为“直接货币交易”（OMT）的新购债计划，要在二级市场上无限量购买欧元区成员国的1到3年期债券，不对国债收益率水平设定上限，不拥有相对其他私人债权者的优先权。附加条件是，希望享受新计划的债务国须先向欧洲金融稳定工具或欧洲稳定机制提出申请，严格履行其减赤和改革承诺。此外，欧洲央行放宽抵押品原则，以便于进入欧元体系的流动资金供应交易。欧洲央行还再度松动它向欧元区银行提供贷款所要求的双边担保标准。

对于新购债计划，德国联邦银行行长魏德曼是欧洲央行23名理事会成员中唯一的反对者，理由是购买成员国债券的计划违反规定，因为欧洲央行不得通过发行钞票来干预国债市场。德国总理拒绝让欧洲央行担任最后贷款人的角色，但表示支持欧洲央行的购债计划。实际上，《欧洲联盟条约》虽然不允许欧洲央行向成员国政府提供融资，但允许在公开市场购买成员国短期国债。如果西班牙和意大利等欧元区成员国的国债收益率上升到一定高度，欧洲央行完全有理由采取某些形式的干预措施，包括承诺购买它们的债券，在某种程度上压低它们的融资成本，从而遏制欧债危机蔓延的势头，保障欧元的稳定和安全。

欧洲央行的新购债计划不可能解决重债国的问题，但传递出迄今最强烈的信号，表明它将全力维持金融市场稳定，坚决捍卫欧元，“不会让任何有偿付能力的成员国倒闭”。欧洲央行把购债计划和“欧洲稳定机制”挂钩，以防止欧元区成员国放松财政整固和深化改革的努力，并要求受援国交出更多的预算控制权。这一举措是向财政联盟迈进的又一步骤，而且这也预示欧洲央行有可能承担“最后贷款人”的角色。

欧洲央行的新购债计划可以鼓舞投资者购买并持有欧元区成员国高风险的股票和债券，因此新购债计划公布后，美欧股市全线上扬，一些重债国的长期债券收益率应声下跌，对于纾缓欧债危机产生了积极作用。

六、欧元区中央预算：建立财政联盟的新一轮努力

欧盟各国的欧洲事务部长 2012 年 9 月 24 日讨论欧盟 2014 年至 2020 年的预算问题，论及建立欧元区中央预算的计划。法国提出这项走向财政联盟的动议，试图以欧元区中央预算来缓解区内经济增长不平衡的状况。德国表示支持，荷兰和奥地利等国则予以抵制。在欧盟秋季峰会上，欧元区成员国领导人也探讨了设置欧元区统一预算的计划。

依照构想，中央预算资金来自各国部分税收，包括企业税和增值税等，在欧元区层面上安排财政投资，并在作出具体安排时附加财政约束

条件。关于中央预算的动议，实际上是尝试建立欧元区有限的财政转移支付制度，并要求成员国交出部分财政权，以此来解决欧元区的问题。建立中央预算的计划是推进欧元区财政一体化的一个重要措施，将会和加强成员国预算约束及建设银行联盟齐头并进。

不过，中央预算涉及预算规模、开支范围、批准机构、法律程序等多方面的重要问题，在具体操作和实施上会有很大难度，而且欧元区统一预算和欧盟预算之间的关系也有待厘清。鉴于欧元区成员国在财政预算统一的问题上有很大分歧，此事只能从长计议。但欧元区中央预算构想的提出将会促使欧元区领导人继续关注财政联盟的目标，因此有分析人士认为，这有望成为构建欧元区财政联盟的一个新突破口。

七、“欧洲联邦”：一个萦绕不去的梦想

欧洲一体化进程是以经济一体化为切入点，通过逐步深化和扩大，走向政治一体化。欧共体执委会第一任主席哈尔斯坦曾形象地将欧洲一体化的发展比作三级火箭：第一级是关税同盟，第二级是经济同盟，第三级是政治同盟。在这一进程中，联邦主义者不断提出“欧洲联邦”的方案，把建立欧洲联邦作为最终的政治目标。欧盟委员会主席巴罗佐2012年9月12日向欧洲议会发表讲话，在提议建立欧元区单一银行业监管机制的同时，呼吁把欧盟建成“国家联邦”。

巴罗佐指出，欧盟各国应停止用以前的方法来应对现在的问题，欧盟应该朝一个真正的政治联盟方向发展，弥补欧盟的民主化，自上而下地解决危机。一个深度的、真正的经济和货币联盟，一个政治联盟，以

及一致的外交和防务政策体系，最终意味着现在的欧盟必须演化成一个“民族国家的联邦”。巴罗佐说：“今天，我呼吁建立一个民族国家的联邦，而不是超级国家。这是一个民族国家的民主联邦，通过共享主权来解决我们共同的问题，同时保证每个国家和每位公民能够更好地掌握自己的命运。”在他看来，在全球化时代，集合的主权意味着更多而非更少的权力。他所设想的“民族国家的联邦”，不只是拥有统一的货币，还要有统一的财政和统一的政治。巴罗佐呼吁欧盟成员国签署一个新条约，创建民族国家的联邦。这个“国家联邦”的梦想似乎遥不可及，但还是有鼓舞人们推进欧洲一体化的力量。

在欧债危机的压力下，欧盟的决策者已经确定了多项“治标”和“治本”的应对方案，环环相扣，步步推进。然而，无论是欧元区银行联盟还是财政联盟都面临着巨大的政治障碍，更不用说“欧洲联邦”了。在单一银行业监管机制、预算监管措施、欧洲稳定机制、欧元债券、欧元区中央预算等方面，涉及国家利益或主权让渡问题，相关细节还有待商定和落实。但是，金融一体化、财政一体化甚至政治一体化的路线图已勾画出来。战后以来的欧洲一体化进程就是在各种巨大压力下逐步推进的。如今，“欧债危机正在从根本上改变欧盟的经济和政治体系的运作”。欧洲领导人也许还要花费很多时间，通过博弈和妥协找到兼顾各方利益的具体办法，进一步充实和完善这些方案，使之具有更强的可操作性。无论如何，欧元区成员国已走上不可逆转的一体化道路，速度的快慢毕竟取决于结成基于共同利益的命运共同体的政治意愿。

中国加入 WTO 与主权观念的调整*

在世贸组织（WTO）多哈部长级会议上，随着会议主席卡迈勒手中的木槌敲下，中国终于走完了15年的"入世"之路。2001年11月11日，中国外经贸部部长石广生签署了《中国加入世贸组织议定书》，向世贸组织总干事迈克尔·穆尔递交了中国国家主席江泽民签署的《中国加入世贸组织批准书》。12月11日，中国正式成为世贸组织成员。人们在欣慰和感慨的同时，纷纷议论中国面对的机遇和挑战：许多人期待中国经济迅速发展，商品价格下降，服务质量大幅提高；也有人担心国内市场竞争加剧，国内产业遭受冲击，国家主权受到损害。加入世贸组织是否会损害或限制国家主权，会造成多大影响，这确实是一个值得研究的问题。

一、自愿、自主的选择

按照《布莱克维尔政治学百科全书》的说法，主权是"构成最高仲

* 原载于《WTO 与国家主权》2003 年 3 月。

裁者（无论是个人或组织）属性的权力或权威，这类仲裁者对作出决策以及解决政治体系内的争端具有某种程度的最终权力。能够进行这种决策意味着对外部力量的独立性和对于内部团体享有最高权威或支配权”。《百科全书》中还提出：“任何外部权力都不得对该国行使任何法律或政治权力。国际法禁止外部列强的干涉，因此‘国家主权’的概念可以界说为不受外部控制的法律或政治自由，而不论国内主权者是否具有形成国家的条件。”这就是说，国家是独立自主的实体，国家主权是在国家领土范围内管辖对内和对外事务的最高权力。那么加入 WTO 是否损害国家主权？问题的答案首先在于中国在这一过程中是否保持了独立自主。

（一）加入 WTO 是中国政府采取的一个主动行动，是参与经济全球化的自主选择

20 世纪 80 年代以来，中国顺应经济全球化的潮流，把通过改革开放实现可持续发展和增强综合国力作为基本国策。中国于 1986 年 7 月正式提出恢复关贸总协定缔约国地位的申请，就是对外开放的重要举措之一，而加入 WTO 则是扩大开放的一个重要标志，符合中国的根本利益。

中国改革开放的发展战略无疑是正确的，20 多年来的辉煌成就清楚地证明了这一点。1978 年以来，中国经济年均增长率超过 9%；2000 年国内生产总值超过 10790 亿美元，在世界上居第六位；外汇储备达到 2000 亿美元，在世界上居第二位；进出口总值都跃居世界第七位。20 世纪 90 年代，中国吸收外资连续 8 年居发展中国家之首，成为继美国之后的第二大国际投资方向国，仅 2000 年外商投资就达到 410 多亿美元。中国经济实力和综合国力显著增强，在世界舞台上举足轻重。但是

中国人口多、底子薄，地区发展很不平衡，生产力不发达的状况还没有根本改变。中国的发展水平同发达国家相比还有很大差距，技术力量、管理经验等相对薄弱，人均国内生产总值只有850美元。因此，为了国家经济持续、快速发展，中国需要扩大开放，加入世界多边贸易体系，从国际分工和合作中获得经济发展的有利条件。

WTO是一个以规则为基础的多边贸易组织，其规则所有成员都必须遵守，其争端解决机构的裁决和成员的承诺具有法律效力。中国加入WTO，可以比较有效地解决对外贸易中遇到的一些问题。例如，在同其他国家发生贸易纠纷时，中国产品时常受到国外歧视性反倾销政策的不公正对待：迄今有30多个国家对中国产品发起了477起反倾销、反补贴和保障措施调查，涉及4000多种商品，严重制约中国出口贸易的发展。按照WTO的互惠互利和市场准入的非歧视原则，中国的产品、服务和知识产权可以享受多边、无条件的最惠国待遇和国民待遇，有利于中国企业开拓国际市场，扩大出口；中国可以利用WTO的争端解决机制，公平合理地解决贸易争端，维护自己的正当利益。

更重要的是，中国可以通过加入WTO为现代化建设营造一个公平、稳定的国际经济环境，可以更好地利用国际经济资源、资金、技术和管理经验，促进经济结构调整和技术进步，加快知识积累和技术创新。同时，中国可以借助外部压力及国际规范促进国内的改革，解决影响经济持续增长的深层次矛盾，完善社会主义经济体制，转变政府职能和行政方式，健全宏观调控体系；完善市场经济体制和市场法规，维护公平有序的市场秩序，改善投资环境，吸引更多的外国投资；推动国内企业的改革与调整，在激烈的国际竞争中提高效率和竞争力，提高国际化经营水平，充分利用国际市场上的发展机遇。总之，通过促进国内经济、政治体制的深层次改革，进一步发挥中国的经济潜力，增强中国的综合国力。

另外，中国成为WTO成员后，可以自主、平等地参与国际贸易新规则的制定。从发展趋势看，能否从经济全球化中受益，在很大程度上取决于“游戏规则”的制定。WTO的许多新议题，包括投资、贸易与环境、贸易与劳工标准、电子商务、政府采购、贸易便利措施、贸易与发展等问题，涉及中国的重大利益。中国参与新一轮多边谈判，将增强发展中国家的集体谈判能力，推动解决多边贸易体制不均衡、乌拉圭回合协议执行不力等问题，在制定新规则时维护自己和其他发展中国家的利益，保障各方利益的总体平衡，由此而推动贸易自由化朝合理的方向发展，推动建立公正合理的全球多边贸易体制和国际经济新秩序。

当然，WTO在为中国经济贸易带来发展机遇的同时，也会带来一些冲击。发达国家推动商品和资本流动的自由化，从中谋取巨大利益。少数发达国家企图通过操纵WTO来主导世界经济秩序，维持经济、贸易、金融、科技等领域里的优势地位，甚至试图利用WTO输出其价值观念和社会制度。一些发展中国家利用经济全球化提供的机遇，实现了经济腾飞，但是一些国家由于经济结构和管理体制不健全，国内产业遭到严重冲击，甚至遭遇金融危机。对于中国，同样是机遇和挑战并存。中国加入WTO，不得不接受别国制定的“游戏规则”，国内经济结构和市场政策将受到WTO规则的约束，管理制度和行政体制也会受到影响。但是如果游离于WTO之外，中国就只能被动地接受WTO规则，甚至无权利用那些规则来维护自己的利益，也不能参与国际贸易规则的制定，难以从国际分工中获得应有的利益，甚至有被边缘化的危险。总体上来说，中国加入WTO符合国家的根本利益和长远利益。正是出于清醒的利弊权衡，中国政府确定了深化改革、扩大开放的方针，积极参与“入世”谈判。

（二）在长达 15 年的谈判中，中国始终是主动的、独立自主的

一位美国经济学家说，中国加入世贸组织的谈判可能是 20 世纪最困难的一场贸易谈判。[①] 谈判中的困难主要涉及中国的发展中国家地位、经济体制和政策、司法审查等问题。由于中国经济快速增长，一些发达国家尤其是美国和欧盟为了迫使中国开放市场，故意忽视中国经济发展的现实水平，否认中国的发展中国家地位，要求中国承担超出实际发展水平的义务。有些国家的要求超出了贸易范畴。中国同有关国家进行了艰难的谈判，仅中美谈判就进行了 20 多个回合。中国政府的谈判代表始终据理力争，坚决维护国家主权和国家利益；同时采取灵活态度，寻求利益平衡点。中国要得到加入 WTO 的好处，也要作出一定的让步。中国最终和各方达成协议，接受 WTO 的基本原则，享有 WTO 的各项权利，同时承诺履行相关义务。

从中国的发展战略来看，加入 WTO 是为实现国家利益而采取的自愿、自主的行动；从整个谈判过程来看，中国政府始终坚持了独立自主的立场；从发展前景来看，这一举措有利于维护和增进中国的根本利益。因此，中国“入世”没有损害国家主权。但是这并不等于说国家主权不会受到影响。

二、WTO 规则对国家主权的影响

WTO 协定没有明确要求成员让渡国家主权，但是 WTO 协定第 16

---

① 王猛:《入世谈判十五年》,《中国电视报》2001 年第 46 期。

条第 4 项规定："每个成员应保证其法律、规章及行政程序符合各附件各协议规定的义务。"实际上，在主权国家签署 WTO 协定时，就把一些有关贸易的管理权授予了 WTO，使之成为一个具有一定自主性的国际人格，而成员的经贸活动必须遵循 WTO 协定，政府政策和行政行为要受 WTO 规则的约束。任何国家加入 WTO，接受 WTO 规则，即便是主动的、自愿的，其主权也会受到一定的限制。

（一）WTO 的职能权限和议事规则在一定程度上限制主权国家职能的发挥

WTO 是进行多边合作的政府间组织，不能否定或取代作为国际法主体的主权国家。从权利与义务平衡的角度看，一个国家履行条约义务，可以看作主权的行使。从权力来源的角度看，WTO 的权力是主权国家自愿授予的，其职能权限不能超越成员方的约定。但是这些并不排除一个显而易见的事实：WTO 确实因成员的权力授予而拥有某些管理职能，成员方管理经济贸易活动的权力受到约束，尽管这种约束是有限度的。尤其是从议事规则看，WTO 的部长会议和总理事会一般采取"一致同意"的原则，但是也在一些方面采取"多数表决"的决策方式，而这种方式正是"超国家性"的表现。[①] 例如，部长会议和总理事会拥有解释 WTO 协定及有关协议的专有权，采纳某项解释的决定由 3/4 多数

① 厄恩斯特·哈斯（Ernst Hass）在描述欧洲共同体进程时，使用了"超国家性"概念，并且认为超国家性指的是决策的过程或方式，虽然超国家性并不意味着欧共体在国家政府之上行使权力。罗伯特·基欧汉（Robert Keohane）和斯丹雷·霍夫曼（Stanley Hoffman）在使用这个概念时指出，多数表决的方式属于没有超国家机构的"超国家性"，认为欧共体是"汇集和共享主权的一种演习"。见 [美] 罗伯特·基欧汉、斯丹雷·霍夫曼:《八十年代欧洲制度的变化》，见李巍、王学玉编:《欧洲一体化理论与历史文献选读》，山东人民出版社 2001 年版，第 273—275 页。

成员通过；豁免某成员在WTO协定范围的某项决定由3/4多数成员通过；对WTO协定以及有关协议条款的修改，应以一致同意方式作出决定，但是如果部长会议未能在限定的时间内达成一致，则由2/3多数成员决定是否修订；服务贸易总协定最惠国待遇以外的第一、第二、第三部分及相应附录和第四、第五、第六部分及相应附录，由2/3多数成员决定通过修订，等等。因此，就作为个体的成员来说，并不完全掌握对WTO机构职能权限的最终控制权。特别需要指出的是，中国是作为后来者加入WTO，必须接受并实施别国制定的而非自己参与制定的规则，必须履行相关的承诺。中国需要在各个领域里进行一系列改革，以符合WTO规则的要求，从长远的观点看这可能有利于中国经济贸易的发展，但是在近期内，WTO规则会对中国产业结构造成一定的冲击，尤其是对经济体制、行政管理体制以及包括立法、司法权在内的国家主权造成深远的影响。

（二）WTO的经济达尔文主义精神对中国的产业结构和经济体制产生冲击

改革开放20多年来，中国逐步向市场经济过渡，但是市场体制还需要进一步完善，从经济运行到法律环境，离WTO规则的要求还有不小的距离，中国的产业结构也有待进一步调整。据估计，在“入世”初期，中国的纺织和服装等劳动密集型产业在国际市场上有望得到更多的机会，而农业、汽车产业、信息技术产业、石化产业、金融业和电信业等在国内市场上将面对严峻的挑战。随着大量国外企业和产品的进入，国内市场将会出现激烈竞争的局面。一些国内企业面对拥有资金、技术和人才优势的外国企业，可能因难以抵御激烈竞争而停产或倒闭，造成大规模失业。由于部分农产品难以与廉价进口产品竞争，一些农民可能收入减少甚至失业。这就要求中国政府采取有效措施，维护最广大人民的根本利益，防止贫富差距扩大，缩小地区发展的不平衡。

然而 WTO 规则的影响绝不仅限于企业和外贸部门，而更多的是涉及行政机构。本质上，WTO 规则约束的对象是成员方政府，政府机构对实施 WTO 规则负有法律责任。中国政府可以对国内产业提供合理保护，但是政府部门不能直接干预企业的生产经营，不能直接参与市场竞争。政府的角色是市场规则的制定者、市场秩序的监管者、公共物品的提供者。政府必须按照 WTO 原则转变管理经济的方式，进行行政体制和管理制度改革，依照符合 WTO 规则的法律法规施政；要依法维护公平的市场竞争秩序，平等对待各类市场主体，让市场这只无形的手在资源配置中发挥基础性作用。

由此可见，WTO 规则不仅仅是促进贸易自由化，实际上影响“国界背后”的国家政策和国内经济结构。无论是降低关税还是开放市场，无论是经济结构调整还是管理体制改革，都是主权国家的自主行动，都是为了实现国家的长远利益，不等于放弃国家主权。但是国家政府对领土范围内经济活动的管理和控制，即国家管理经济的权力，显然受制于外部规则的约束。按照传统观念，主权意味着“对外部力量的独立性和对于内部团体享有最高权威或支配权”。从这种意义上说，按地理和政治划分国家范围的传统主权受到影响。

（三）WTO 倡导的市场经济和法治经济规则会对中国法律体系造成深远的影响

WTO 规则是一个庞大的法律体系，主要体现于《乌拉圭回合多边贸易谈判结果最后文件》，包括《建立世界贸易组织马拉喀什协定》以及作为附件的乌拉圭回合所达成的各个协议。WTO 没有要求成员改变宪政和法律制度，但是 WTO 规则是在西方法律制度基础上建立的一套规则，与中国的政治经济体制和价值观念有很大差别，因此其影响波及中国立法、行政和司法的各个方面。中国可以利用这一时机推进法制建设，加速与国际体系接轨，但是不能完全按照自己的意愿进行法制建设，整个法律体系受到 WTO 规则的强制性约束。

WTO 规则直接影响中国的经贸法律法规，使国内经济立法权受到很大限制。中国改革开放 20 多年来，在立法特别是在制定市场经济的法律法规中，借鉴了市场经济发达国家和地区的经验，初步建立了与社会主义市场经济相适应的法律制度。现在，中国必须根据 WTO 规则来制定和修改国内法律法规，使有关法律法规和政策措施与 WTO 规则以及中国政府的承诺保持一致，符合 WTO 非歧视、透明度和法制统一的原则。江泽民主席在 APEC 会议上说：WTO 有一个规则，成员国法律要有透明度，并要和 WTO 规则一致，我国的有关法律法规与其不一致的就要修改，违反前者的就要废除，没有相关立法的就要尽快制定。① 全国人大已经修改了近 10 部法律，包括《合同法》《海关法》《药品管理法》《中外合资经营企业法》《中外合作经营企业法》《外资企业法》《专利法》《商标法》《著作权法》等。国务院修订或制定了一系列行政法规，包括《中外合资经营企业法实施细则》《外资企业法实施细则》《专利法实施细则》《集成电路布图设计保护条例》《对外合作开采海洋石油资源条例》《对外合作开采陆上石油资源条例》等近 20 件行政法

① 张毅、吴坤胜：《百姓看“入世”》，《人民日报》2011 年 11 月 12 日。

规。中国政府按照 WTO 规则的要求，对现行的法律法规规章以及其他政策措施已经进行了全面清理。这是中华人民共和国成立以来对有关贸易的法律法规的一次全面清理和完善。

WTO 规则对中国法律体系的影响，不仅体现在法律法规的修订、废止和制定上，而且体现在司法制度上。中国政府必须完善市场经济的执法机制，保证有关法律法规和其他政策措施在全国范围内统一实施；同时要改进司法审查制度，包括行政复议制度和行政诉讼制度，加强对行政执法的监督，确保政府依法行政；必须保证公民、法人及其他组织拥有对管理经济的行政行为向法院提起司法审查的权利。随着涉外经贸领域里的行政诉讼增加，对行政行为的司法审查会进一步加强，这既突出了政府的作用，也对政府职能造成很大冲击。

（四）WTO 的贸易政策审查机制把成员的贸易政策、立法程序和实际做法及其对多边贸易体制的影响置于 WTO 的审查之下

根据 WTO 协定附件 3，即《贸易政策审议机制》，成员方必须按照审议机构规定的格式定期提交报告，全面介绍自己的贸易立法和贸易政策措施与实践，其中包括货物贸易政策目标、进出口体制、贸易政策法规框架以及贸易政策的实践、对贸易政策进行评估的有关背景（如广泛的经济与发展需要以及外部环境等）、贸易与宏观经济统计资料，还要包括服务贸易政策与实践以及与贸易有关的投资措施和知识产权等方面。WTO 秘书处根据自己掌握的资料独立整理出一份报告；其他成员也可向秘书处提供有关被审议方贸易政策和实际做法的资料或报告。在此基础上，贸易政策审议机构根据 WTO 的基本原则和各项具体规定对成员的贸易政策和做法进行评审，并提出意见或建议。对于中国的贸易政策、执行 WTO

规则和有关承诺的情况，WTO在未来8—10年的时间里每年审议一次。

作为一种监督制度，贸易政策审议机制促使成员方遵循WTO规则，履行各项义务，改进贸易措施，因此有利于提高国际贸易的透明度和可预见性，防止或减少贸易争端。但是从成员方的角度来说，贸易政策和具体做法乃至统计资料都要受到外部的审查和评议，其国家主权无疑受到了影响。

如果说贸易政策审议机构的评审结果没有强制约束力，那么，WTO争端解决机制则具有强制性的作用。WTO协定附件2，即《关于争端解决的规则与程序的谅解》，构成了贸易争端解决机制的主要内容。对于成员之间的贸易争端，WTO争端解决机构具有规则解释权、司法管辖权和裁判权以及制裁权，其司法职能直接约束了国家主权。

首先，WTO争端解决机构拥有规则的解释权。成员之间发生贸易纠纷时，都只能以WTO的相关协定作为权利依据，而不是依据各自的法律。争端解决机构有权适用WTO规则对成员域内贸易立法或有关措施或裁定的合法性作出解释和判断。WTO协定中的有关规则本身含义不明时，争端解决机构采用国际公法关于条约解释的习惯规则予以解释。其次，WTO争端解决机构拥有“专属”管辖权和裁判权。成员之间的贸易争端应寻求WTO争端解决程序加以解决，而不得求助于其他组织和程序。争端解决机构在受理成员提出的申诉后，有权进行调解、斡旋直至作出正式裁决。只要申诉方提出诉讼请求，争端解决机构就应在接到申请后的第二次会议上设立专家小组，除非经协商一致决定不设立专家小组。专家小组的报告发出后60天内，除非一方提出上诉或者争端解决机构一致决定不通过专家小组报告，否则即应通过。这种表决机制使任何成员实际上无法回避争端解决机构的管辖权，也不可能阻碍专家小组的设立或者裁决报告的通过。最后，争端解决机构拥有裁决执行权。专家小组或上诉机构的裁决报告一经确定，各方必须遵守。败诉方可以在裁决报告通过后30天内或在确定的合理期限内将其履行裁决或建议的意图通知WTO，或者与胜诉方谈判协商以谋求双方接受的补偿方案。如果到期仍未解决问题，争端解决机构可在30天内授权胜诉方采取某些贸易制裁措施（如中止减让义务），直至针对败诉方的不同产业实施交叉报复。

WTO争端解决机制在保障WTO协定有效实施和解决成员间的贸易争端方面发挥了最强有力的作用。这种争端解决机制也表明，在处理成员间贸易争端方面，WTO拥有类似于国内法意义上的强制管辖、裁决和制裁等权力，实际上具有一定的超国家性。由于WTO采取签署一揽子协议的方式，任何国家选择加入WTO，就是同意接受争端解决机构的司法权。这意味着主动限制自己的管辖权，或者说将自己的部分权力交给WTO行使。中国在同其他成员发生贸易纠纷时，可以通过WTO争端解决机制求得公平合理的解决，维护自己的权益。但是在这样做的时候，国家主权无疑受到外部力量的制约。WTO是国际合作的产物，其争端解决机制不可能否定国家主权；当成员对裁决不满而不予接受时，当然可以退出WTO，但是退出的代价是巨大的。

（五）在司法方面还涉及WTO规则的适用问题

对于国际条约义务的履行，各国一般采取“并入”或“转化”的方式。[①]WTO协定属于国际贸易公法，其中没有对适用问题作出明确规

① 有些国家采用“并入”方式把国际条约纳入国内法律体系，原则上可以直接适用，并且具有高于国内法的效力；另一些国家对国际条约采取“转化”方式，通过国内立法间接纳入国内法律体系，国际条约不具有直接适用效力。直接效力问题关系到国家政府行为（包括立法行为）和司法活动。如果认定国际条约具有直接效力，那么法院可以撤销与国际条约规定相抵触的国内法的效力。

定。中国宪法中没有对国际条约的地位及适用问题作明确规定，在立法实践中主要采取两种方式：一是将国际条约转化为国内法律，二是在国内立法中确立处理国际条约与国内法律关系的基本原则。《中华人民共和国民法通则》第142条规定："中华人民共和国缔结或参加的国际条约同中华人民共和国的民事法律有不同规定的，适用国际条约的规定，但中华人民共和国声明保留的条款除外。中华人民共和国法律和中华人民共和国缔结或者参加的国际条约没有规定的，可以适用国际惯例。"①《民事诉讼法》第238条规定："中华人民共和国缔结或参加的国际条约同本法有不同规定的，适用该国际条约的规定，但中华人民共和国声明保留的条款除外。"②在民商事领域，司法部门多依据《民法通则》的规定对国际条约采取直接适用的方式。前不久，北京市高级人民法院对6个涉外知识产权案作出终审判决，引人注目之处在于判决中直接适用了《保护工业产权巴黎公约》。③

关于WTO规则的适用问题，有人提出中国"入世"后将会出现越来越多的涉外案件和国内还没有法律依据的新类型案件，不运用国

① 《中华人民共和国民法通则》，法律出版社1996年版，第34页。

② 《中华人民共和国第七届全国人民代表大会第四次会议文件汇编》，人民出版社1991年版，第239页。

③ 2001年11月15日，北京市高级人民法院对6个涉外知识产权案作出终审判决。美国杜邦公司、美国宝洁公司、荷兰英特艾基系统有限公司（宜家）、荷兰卡地亚国际有限公司，状告北京国网信息有限责任公司抢注其域名，一审法院判处北京国网公司败诉，北京国网公司不服，提起上诉；美国宝洁公司状告北京天地电子集团公司注册了其"TIDE"（汰渍）商标的域名，一审法院判处北京天地公司停止使用并撤销其注册的域名，北京天地公司不服，提起上诉；美国辉瑞公司状告深圳万用信息网有限公司注册了其"VIAGRA"（伟哥）的域名，一审法院判决后美国辉瑞公司不服，提起上诉。北京市高级人民法院知识产权庭审理了这6个案件，1个维持原判，1个撤诉，4个改判。判决书指出，原告方和被告方均系《保护工业产权巴黎公约》成员国的企业，中国法院应依据中国法律和《保护工业产权巴黎公约》的规定进行审判。有关案件的详细报道，见李罡：《入世预热——国际法断案》，《北京青年报》2001年11月27日。

际公约和 WTO 规则进行审理，就不能适应今后的要求。但是 WTO 规则是自成体系的国际贸易规则，用于调整政府间宏观经贸关系，对国家经济自主权形成严格限制。如果沿用《民法通则》的适用模式，在法院直接适用 WTO 规则，中国将会失去灵活调整的回旋余地，失去司法主动权和控制权，无疑会损害国家经贸主权。另外，WTO 规则的权利义务主体是成员政府而非私人（自然人或法人），其特殊的法律性质和司法程序不适合于国内法院直接适用，即便同时适用国内法和 WTO 规则也是不恰当的。WTO 规则的直接适用问题令人联想到欧洲联盟法律体系中体现超国家性的直接适用原则和优先原则。[①] 主要贸易国家普遍坚持 WTO 规则不具有直接效力，法院不能依据或援引 WTO 规则进行裁决。[②]

三、主权概念的演化

如上所述，中国加入 WTO，是为国家的长远利益而作出的自愿、自主的战略选择，并非外部力量强加的。但是中国“入世”后，产业结

① 欧洲联盟法律体系中的直接适用原则和优先原则体现了欧洲联盟的超国家性。欧洲联盟的一些法规直接适用于成员国法律体系，并且具有直接效力。在欧洲联盟法与成员国国内法发生冲突时，成员国法院应优先适用欧洲联盟法。欧洲联盟法具有比成员国国内法更高的效力。这两个原则削弱了成员国的司法独立自主。参见 Borchardt, Klatm-Dieter: *The ABC of Community Law*, ECSC-EG-EAEC, Brussels, Luxembourg, 1994，又见王世洲主编：《欧洲共同体法律的制定与执行》，法律出版社 2000 年版。

② 例如，欧洲法院一直坚持 WTO 规则不可直接适用；欧盟理事会于 1994 年 12 月批准欧洲缔结 WTO 协定的决定中，排除了 WTO 协定的直接适用效力。美国将国际法与国内法区别对待，《1979 年贸易协议法》第三节规定“发生冲突时美国（国内）法优先”的原则，《1994 年乌拉圭回合协议法》第 102 节（c）条同样规定乌拉圭回合协议与美国任何法律不相一致的条款均属无效。美国成为 WTO 成员后，对国内法律作了相应修改，并把相关法律纳入美国法典，但是没有废除一些带有明显的单边性质或贸易保护主义色彩的法律。

构、管理制度、行政体制、法律体系都会受到冲击，而且贸易政策和具体做法要受 WTO 的审查和评议，贸易争端要受 WTO 争端解决机构的管辖和裁判，甚至可能受到制裁，因此可以说国家主权受到一定限制。在这种情况下，显然有必要对主权概念进行历史的分析和重新认识。

（一）主权概念属于历史范畴，自提出以来始终处于发展变化中

当布丹提出国家主权是一个国家“超乎公民和居民之上，不受法律限制的最高权力”时，他是把世俗君主视为主权者，旨在消除封建割据状态，维护国内秩序。同一时期的格劳秀斯指出，主权是国家的最高统治权，“它的行为不受另外一个权力的限制”，主权国家在国际关系中是平等的，从而以国际法来规范国际社会的秩序。他们的主要目的是使国家摆脱罗马教廷普世神权的束缚，确立世俗君主政权最高权威的合法基础。洛克从“三权分立”的观念出发，提出“立法权就是最高的权力”，人民是最高权力的拥有者，“民选的”的议会受人民委托而代表人民的最高权力，从而否定了君主主权。卢梭进一步提出“国家主权应该属于人民”的人民主权论，并且提出主权不可转让、不可分割、绝对的、不能超出公共约定范围的基本原则。他们的主张反映了拥有经济权力的资产阶级的政治权利要求，为资本主义国家提供了合法性基础。1789 年的法国《人权宣言》明确宣布：“主权属于人民，它是统一的和不可分的，不可动摇的和不可让与的。”

随着欧洲民族国家的兴起和发展，国家主权原则得以确立。主权的对内方面表现为国家领土范围内排他性的控制权，旨在强化合法政权对内部事务的强制性控制，保证一种稳定的社会秩序。国家主权意味着国家自主和相互独立，任何国家无权干预别国内部事务，因此主权原则被

用来规范国家间关系，保证国际关系的相对有序化。主权作为国家最重要的属性，是国家存在的基础，体现为对内的最高权和对外的独立权。正是在这种意义上，主权使国家区别于其他组织；也是在这种意义上，主权是不可分割、不可转让的。

实际上，各国采取不同的政权组织形式和不同的国家结构，国家和作为国家代表的政府成为实际的主权者，对内主权体现为不同的实现形式。一些国家内部实行权力分立和制衡的制度：单一制国家实行立法、行政、司法三权分立、相互制约的横向分权形式，而联邦制国家实行中央和地方划分权限、各司其职的纵向分权形式，还有些国家同时实行这两种分权形式，目的在于防止政府滥用权力和对内施行暴政。由此可见，对内主权是通过转化为一系列具体的权力甚至不同的职能来实现的。从这种意义上说，国家主权是可分的，“这就排除了对整体的、无限的、永恒的和不可分割的权力的主张”。

在对外方面，国家主权主要体现为国家的独立自主。主权国家政府可以自由地签署它认为适当的任何协定，只要一个条约不是强迫签署的，它就是合法的。西方国家强调主权至高无上和绝对性，坚决维护各自的主权，维持彼此关系的相对稳定。但是它们在对外扩张时，肆意践踏别国主权，奴役和掠夺殖民地。而附庸国和殖民地遭受蹂躏，并无主权可言。进入20世纪，尤其是十月革命后，主权概念成为殖民地反抗宗主国、争取民族独立的武器。第二次世界大战后，民族独立运动迅速发展，大多数国家获得独立，为了维护来之不易的独立地位，自然将主权置于至高无上的地位，反对任何损害其主权的行为。为了发展民族经济，发展中国家提出经济主权概念；面对文化侵略和文化霸权，又提出文化主权概念。大多数国家特别是广大发展中国家坚决维护国家主权，目的在于保证独立自主、生存和发展的权利。

（二）主权概念始终服务于国家的根本利益和政治目标

国家主权是国家利益的最高体现，其核心内容是政治独立和国家安全。一个国家任何时候都不会放弃政治主权，但是随着国内和国际环境的变化，为了国家根本利益的需要，也可能对主权概念有所调整。说到底，一个国家维护主权的终极目标在于维护国家的生存和发展。

战后以来，经济全球化深入发展，国家的主权行为能力不断受到侵蚀。尤其是20世纪90年代以来，全球贸易的发展远高于经济增长速度，跨国投资和国际金融市场迅速膨胀，跨国公司、国际组织和非政府组织等非国家行为体的作用日益突出。经济全球化要求在全球范围内重新配置资金、资源、劳动力等要素，要求共享市场，因此要求国家更加开放。WTO和IMF推行贸易和资金流动自由化的标准，不但针对特定的经济目标，而且涉及国内制度变革；联合国推进有关人权、环境和移民等方面的普遍标准，也影响主权国家政府的权威。面对经济全球化不可阻挡的发展趋势，面对技术变革所造成的货物、资本、人员和思想观念的跨国流动，大多数国家一方面最大限度地维护控制本国经济要素的能力，抵制经济全球化的负面影响，另一方面又积极参与WTO的多边贸易体系，设法从中获益，因为闭关锁国的政策不利于国家经济发展，从根本上说不符合国家利益。

当今世界上，发达国家和发展中国家处于不同的境地。发达国家凭借经济政治实力的优势主导全球化进程，在推动全球贸易自由化的同时又试图实行贸易保护主义，在行使自己主权的同时又常常贬低发展中国家的主权，淡化乃至否认国家主权原则。发达国家损人利己、挑战主权原则的事例屡见不鲜。发展中国家由于经济发展水平落后，在竞争中处于弱势，面临着巨大的压力。如果担心主权受到损害而拒绝参与全球化进程，那么只会因经济落后而从根本上损害国家的主权地位和维护主权的能力。换句话说，如果不能改变经济不发达的状况，国家不但政治权威会受到内部的挑战，也难以保持对外的独立自主地位。发展中国家只有对传统的主权概念进行适当的调整，通过参与经济全球化来分享最大的经济利益，促进经济发展，增强综合实力，才能提高国际地位，有效维护国家主权。

在一个相互依存的世界上，需要一定的秩序和规范，需要协调与合作。日益扩大的经贸往来使国家间利益相互交融，过分强调绝对主权不利于促进共同利益，也就不利于增进本国利益，甚至损害自身利益。与经济全球化同步，全球性问题日益突出，核扩散、环境污染、人口膨胀、资源短缺、难民迁徙、毒品贩运、流行病蔓延、跨国犯罪、国际恐怖主义等问题关系到全人类的生存和发展。全球性问题的挑战，要求增强人类整体意识和全球意识，要求国际社会通力合作。各国在维护主权的同时，也应承担必要的国际义务和责任，在强调国家主权的同时不应排斥国际机制，而应为维护共同利益，在国际关系中主动约束自己的主权行为。

西欧是主权概念的诞生地，但是当绝对主权概念无助于维护国际秩序时，西欧国家就主动地进行了调整。出于对两次大战的教训的反思，西欧国家为消除战争和维护和平，走上经济一体化的道路；为应对外部的安全压力和全球化的挑战，逐步推进一体化，建立欧洲联盟，把更多的管理职能交给具有超国家性质的机构，甚至创造了单一货币欧元，把管理货币事务的权力交给欧洲中央银行，并且在加快政治一体化的步伐。世界各地出现的区域经济一体化趋势也是各国为应对外部压力、谋求共同发展而进行密切合作的一个表现。

（三）经济全球化正在改变国家控制的范围

任何国家都无法回避经济全球化的影响，但是主权国家并不是完全被动的，而是为增进国家利益，主动适应和利用经济全球化，顺应全球化趋势和跨国标准，改变国家的控制范围和管理方式。西方国家政府历史上曾放开对宗教、投资等方面的控制，20 世纪 50 年代以来又加强对货币的控制和对经济生活的干预，现在大多数经济发达国家倡导贸易自由化，同时加强对经济活动的宏观控制，政府活动突出地表现在增加税收和政府开支上，通过发展社会福利制度来减轻国际竞争的冲击。从某种意义上说，与以前相比，国家具有更强的反应能力，更容易得到经济全球化的好处，同时减小风险。①国家政府受人民委托来管理国家事务，负有保障人民安全和福利的责任；为了在新形势下维护和增进人民的利益，完全可以适当调整其控制范围和管理方式。

必须指出，经济全球化对传统的国家主权造成一定的侵蚀，但并不能从根本上否定国家主权，特别是国家的政治独立和安全主权。②主权国家即将消亡的观点是违背历史发展的逻辑的，也是没有事实根据的。世界舞台上的主要行为体仍然是主权国家，而不是国际组织，迄今还没有出现其他组织政治生活的新方式。WTO 的多边贸易体系是主权国家共同参与的，其规范功能的发挥主要取决于主权国家的态度。尽管国家行为受到一些有力的约束，但是在独立和安全遇到挑战时，国家会毫不犹豫地把主权利益放在第一位。在西欧国家向欧洲联盟机构让渡部分主权之际，其他地区的自由贸易协定中超国家条款非常有限，几乎没有向

① Stephen D.Krasner, “Sovereignty”, *Foreign Policy*, January/February 2001.

② 刘杰:《经济全球化时代的国家主权》，长征出版社 2001 年版，第 139—144 页。

经贸联盟或政治联盟演化的迹象。只要大多数国家还有维护主权的政治需要，国家主权就是不可超越的。

四、主权观念的主动调整

中国是一个发展中的社会主义大国。当前，对内的迫切任务是加快经济建设，增强综合国力，实现社会主义现代化；对外则是充分利用有利条件，营造良好的国际环境，同时尽快适应国际机制，维护世界和平。根据经济全球化的发展趋势、国际环境的变化以及国内经济、社会发展的需要，中国政府以维护国家根本利益为出发点，在对国家主权的认识进行必要的调整。围绕促进发展、振兴中华这个大目标，中国在维护领土完整和独立自主的前提下，可以在有关主权的具体问题上采取较为灵活的政策，而不拘泥于传统的绝对主权观念。

20 世纪 80 年代以来，中国在处理一些复杂的问题时，已经对主权观念进行了调整，突破了传统的主权观念。邓小平同志强调“国家的主权、国家的安全要始终放在第一位”[①]，同时以伟大的政治气魄和非凡智慧提出了“一国两制”的构想，为以和平方式解决港澳台问题、实现国家统一提供了一个切实可行的方式。“一国”是核心、是目标，体现了国家主权的统一和完整；“两制”是手段，是实现国家统一和主权完整的现实途径，反映了政治制度差异的现实。“一国两制”实际上体现了主权和治权的辩证统一关系。[②] 中国政府以“一国两制”方式成功地解

① 《邓小平文选》第三卷，人民出版社 1993 年版，第 348 页。
② 王丽萍:《联邦制与世界秩序》，北京大学出版社 2000 年版，第 204—205 页。

决了香港问题，成为运用主权原则的一个创新。中国对香港恢复行使主权后，中央拥有防务、外交、任命行政长官与主要官员、法律和一些法官任命的备案、“基本法”的解释和修改等权力，同时规定了完全或部分属于香港特别行政区的职权，包括立法、行政管理、司法、终审、治安、行政长官和立法会议员选举、法官任免等方面的职权，还包括金融货币制度制定、港币发行、财政管理、工商政策制定以及贸易、文化教育、社会服务等方面政策制定的职权，并且包括中央授权的处理对外事务的职权，例如单独签署协定和参加一些国际组织、香港居民使用香港护照等。“一国两制”方针的实施，使香港回归祖国的怀抱，并且维护了香港的繁荣。其后，中国政府又以“一国两制”方式解决了澳门问题，实现了澳门的胜利回归。正如江泽民主席指出的，“‘一国两制’在香港和澳门的成功实践，一定会对早日解决台湾问题起到积极的推动作用”[①]。

对于一些国际上的领土争端，邓小平也提出了解决问题的新思路。他指出：“有些国际上的领土争端，可以先不谈主权，先进行共同开发。这样的问题，要从尊重现实出发，找条新的路子来解决。”[②]这一主张被应用于解决南中国海的主权问题。中国政府采取灵活态度，提出“搁置争议，共同开发”，在条件成熟时同有关国家谈判，寻求解决主权问题的途径。中国的主张得到有关国家的赞赏，各方暂时搁置主权归属问题，通过共同开发资源都获得经济利益，减少了对立，避免了冲突升级，把主权问题留待以后通过谈判来妥善解决。

---

① 江泽民:《在中华人民共和国澳门特别行政区成立庆祝大会上的讲话》,《人民日报》1999年12月21日。

② 《邓小平文选》第三卷，人民出版社1993年版，第49页。

中国坚持国家主权原则，是为了维护国家利益；中国为解决历史遗留的问题而在主权问题上采取较为灵活的政策，也是为了维护国家利益，实现国家统一；中国顺应经济全球化的潮流，主动在经济主权方面进行必要的调整，同样是为了维护和增进国家利益，实现国家的繁荣富强。中国加入以 WTO 多边贸易协定为核心的世界经济贸易体系，可以充分利用诸多便利条件，发展开放型经济，拓展经济发展空间，实现经济快速发展，逐步提高国际竞争力，赶超发达国家。中国也要履行国际义务，遵守国际贸易规则，承认国际机制的作用。中国的经贸活动会受到 WTO 规则的直接影响，甚至会受到世界经济不稳定和不确定因素的直接冲击，国家主权也会受到一定限制。因此，为应对各种挑战，中国必须进行经济体制改革，建立比较完善的社会主义市场经济体制；需要推进法制建设，建立健全法律法规，与国际市场经济规则接轨；需要进行政治体制改革，增强政府依法管理国家事务的能力。在参与经济全球化的过程中，中国当然反对任何试图借机侵犯国家主权和干涉内政的霸权行为，抵制任何企图控制发展中国家和主宰世界的做法。但这并不意味着固守传统的主权观念。中国要在国内和国际环境发生重大变化的情况下，抓住机遇，迎接挑战，在全球化的大背景下实现现代化，最终改变主权不平等的状况。由此可见，中国加入 WTO，是在新形势下对主权概念的一个新的调整，是为实现国家长远的根本利益而作出的重大抉择。

就在中国加入世贸组织之际，中国和东盟于 2001 年 11 月 6 日宣布，决定正式举行旨在缔结自由贸易协定的谈判，计划在 10 年内建立中国-东盟自由贸易区，推动中国和东盟经济一体化，这意味着各国将在经济贸易领域里实行一些共同政策，共享某些经贸事务的管理权。这是中国扩大开放的又一个重大战略步骤，同样具有深远的意义。